W0088876

BASTEI
LÜBBE
TASCHENBUCH

Über die Autorin:

Annabelle Forest ist ein Pseudonym. Mehr als zehn Jahre war die junge Frau Teil der Cul-de-Sac-Sekte. Nach ihrer erfolgreichen Flucht half sie, Colin Batley, den Anführer der in Großbritannien berüchtigten Psycho-Sekte, zu fassen und durch ihre Zeugenaussage zu verurteilen. Heute lebt sie mit ihrem Lebensgefährten und ihren zwei Kindern glücklich in der Nähe von London.

Annabelle Forest
mit Katy Weitz

Der Teufel vor meiner Tür

Zehn Jahre missbraucht und manipuliert.
Wie ich der Hölle meiner Kindheit entkam

Aus dem Englischen übersetzt von
Axel Plantiko

BASTEI
LÜBBE
TASCHENBUCH

BASTEI LÜBBE TASCHENBUCH
Band 60869

Dieser Titel ist auch als Hörbuch und E-Book erschienen.

Vollständige Taschenbuchausgabe

Deutsche Erstausgabe

Für die Originalausgabe:
Copyright © 2014 by Annabelle Forest & Katy Weitz
Titel der englischen Originalausgabe: »The Devil on the Doorstep.
My Escape from a Satanic Sex Cult«
Originalverlag: Simon & Schuster UK Ltd., London

Für die deutschsprachige Ausgabe:
Copyright © 2016 by Bastei Lübbe AG, Köln
Umschlaggestaltung: Tanja Østlyngen
Titelmotiv: © shutterstock/altanaka
Satz: hanseatenSatz-bremen, Bremen
Gesetzt aus der Minion Pro
Druck und Verarbeitung: CPI books GmbH – Leck, Germany
ISBN 978-3-404- 60869-0

1   3   5   4   2

Sie finden uns im Internet unter
www.luebbe.de
Bitte beachten Sie auch: www.lesejury.de

Ein verlagsneues Buch kostet in Deutschland und Österreich jeweils überall dasselbe.
Damit die kulturelle Vielfalt erhalten und für die Leser bezahlbar bleibt, gibt es die gesetzliche
Buchpreisbindung. Ob im Internet, in der Großbuchhandlung, beim lokalen Buchhändler, im
Dorf oder in der Großstadt – überall bekommen Sie Ihre verlagsneuen Bücher zum selben Preis.

Inhalt

Was das Böse für seinen Triumph braucht,
ist einzig das Nichtstun der guten Menschen.

Edmund Burke

Prolog

Halt! Überlege. Atme, befehle ich mir.

Ich muss mich beruhigen. Die Tränen brennen mir in den Augen. Mein Herz rast wie verrückt, und ich ringe um Atem. Wo ist sie? WO IST SIE?

Es ist halb acht Uhr morgens, ein normaler Schultag. Vor ein paar Sekunden war alles noch in Ordnung. Ich war in Emilys Zimmer gehuscht, um sie zu wecken, hatte das Licht angemacht und war dann ins Bad gegangen. Meine siebenjährige Tochter ist eine Langschläferin. Schon von klein auf. Während andere Eltern morgens zu unchristlichen Zeiten geweckt werden und ihre Kinder um ein paar weitere Minuten im Bett bitten, schlummerte Emily schon immer gern ein bisschen länger. Mit vier Monaten schlief sie bereits regelmäßig durch, und seitdem ist es dabei geblieben. Ich bin ständig vor ihr wach. Daher gönne ich ihr gerne ein paar Minuten, um in ihren Kissen zu sich zu kommen, bevor wir uns zum Frühstück in die Küche begeben.

Als ich wieder in ihr Schlafzimmer gehe, ist sie immer noch nicht auf. Deshalb beuge ich mich über ihre weiche cremefarbene Bettdecke. Doch statt die Schulter meiner schlafenden Tochter zu berühren, versinkt meine Hand in der weichen Daunendecke, bis auf die Matratze. Ich ahne Schreckliches und reiße die Decke vom Bett. Leer.

Mit einem Mal beginnt sich die ganze Welt um mich zu drehen. Ich spüre, wie mir schlecht wird.

Wo ist sie? Wurde sie entführt? Wie lange ist sie schon weg?

Jetzt spüre ich, wie mir das Blut in den Schläfen pocht, während ich auf die Knie sinke und unter das Bett spähe. Panik ergreift mich, Arme und Beine beginnen zu zittern. Ich möchte mich zusammenrollen und erst mal wieder zu mir kommen. Doch ich muss Emily finden.

Plötzlich höre ich ein vertrautes leises Kichern hinter mir.

Mein Gott! Emily!

Am liebsten würde ich sie anschreien, schütteln, weil sie mich einer solchen Tortur ausgesetzt hat, doch ich lasse es. Stattdessen schließe ich die Augen, senke den Kopf und komme wieder auf die Beine. Erleichterung macht sich in mir breit. Ich atme tief durch.

Dann sage ich mit hoffentlich neckischem Unterton: »Nun, wo hat sich Emily an diesem Morgen herumgetrieben?«

Erneutes Kichern.

»Wo zum Teufel steckt sie nur? Vielleicht hinter der Gardine?« Ich tue so, als ob ich nach meiner Tochter suche, und mache ihr Versteckspiel mit, wie es eine normale Mutter getan hätte, obwohl ich jetzt natürlich genau weiß, dass sie wohlbehalten und sicher hinter der Tür steht.

Später, nachdem sie in die Schule gegangen ist, weine ich vor mich hin. Aus Erleichterung, Erleichterung darüber, dass es ihr gut geht. Sind dies die Reaktionen einer normalen Mutter?

Bin ich normal?

Ich weiß es nicht.

Es ist schwer zu beschreiben, welche Gefühle ich für meine Tochter Emily habe. Sie sind unglaublich tief. Ich liebe sie so sehr, dass es schon schmerzt. Sie ist mein Ein und Alles – sie lässt mich lachen, macht mich wütend, bringt mir

Glück und verletzt mich. Emily ist der Mittelpunkt meiner Gefühlswelt. Um sie kreisen alle meine Emotionen. Meine Geschichte wäre kaum zu verstehen ohne das Wissen darüber, wie sie in diese Welt gekommen ist.

Die Wahrheit ist, dass ich nie erwartet hatte, dass ich Emily lieben kann. Ich wollte sie nicht einmal. Emily ist ein Kind des Schmerzes – eine Frucht von Nötigung, Vergewaltigung und Missbrauch. Sie ist die Verkörperung all des Leids, das mir seit meinem siebten Lebensjahr angetan wurde. Mit achtzehn, als ich mein Kind zur Welt brachte, war ich eine leere Muschel – mein Leben war bedeutungslos für mich. Ich fühlte nichts, interessierte mich für niemanden und wollte mit nichts etwas zu tun haben. Bis ich meine Tochter zu Gesicht bekam. In diesem Moment zerbröselte der harte Stein, der sich um mein Herz gelegt hatte, und ich wusste endlich, was Liebe bedeutet. Es gab jemanden, für den ich leben, den ich lieben konnte. Emily schenkte mir mein Leben zurück.

Sie sehen also, dass meine Liebe für meine Tochter nicht normal ist. Ich weiß, dass ich sie zu oft herze und küsse; so oft, dass sie mich manchmal wegstößt, weil meine ständige stürmische Zuwendung ihr auf den Geist geht. Ich weiß, dass ich einen Schutzwall um sie aufbaue, so sehr, dass es für uns beide ungesund ist. Und ich weiß, dass der normale Alltag, den die meisten Eltern genießen – das Versteckspiel, das Jagen im Park oder das Suchen in den Gängen eines Supermarkts –, für mich keine Freude ist. Das sind höllische Momente, die mir das Herz stillstehen lassen, die Kehle zuschnüren. Ich weiß nicht, was ich tun würde, wenn ich Emily jemals verlieren sollte. Dass das geschieht, ist meine größte Angst.

Natürlich werde ich Emily irgendwann davon erzählen, wie sie gezeugt wurde, von dem Mann, der ihr biologischer

Vater ist, Colin Batley. Es sind Dinge, die ich ihr eigentlich nicht sagen möchte, die ich selbst kaum ertrage, doch ich werde sie nicht vor der Wahrheit schützen können. Ich werde sie nicht abschirmen können gegen die Erkenntnis und den Schmerz, den sie verursachen werden. Es hilft, dass Emily mir ähnelt – dass sie meine Mandelaugen, meinen kleinen schmalen Mund, die sommersprossigen Wangen und die Stupsnase hat. Würde sie ihm ähneln, wäre unser Leben sehr viel härter.

Wenn ich meine Tochter anschaue und spüre, wie mir das Herz überquillt, will es mir einfach nicht in den Kopf, dass es auf dieser Welt Leute wie meine eigene Mutter gibt – eine Frau, die imstande ist, ihrem eigen Fleisch und Blut das Leid anzutun, das sie mir zugemutet hat. Wenn eine Mutter ihre eigene Tochter dem ausliefern kann, dann kann jeder jedem alles antun. Daher traue ich niemandem. Gleichzeitig ist mir bewusst, dass ich meine Tochter nicht wie eine Glucke verhätscheln und vor dieser Welt schützen darf. Ich möchte, dass sie stark ist, immer in der Lage, gegen Ungerechtigkeit aufzustehen und für sich selbst zu kämpfen. Sie soll wissen, dass sie auch ohne mich überleben kann. Daher nehme ich mit ihr die Ziele in Angriff, von denen ich weiß, dass Emily sie erreichen muss – während ich noch den Kapiteln ihrer Kindheit nachtrauere, die sie jetzt schon hinter sich gelassen hat.

Werde nicht zu schnell erwachsen, flüstere ich und erinnere mich voll Wonne an die Momente, als sie sich klein und hilflos an mich, ihre Mama, kuschelte. Da sie trotz allem noch ein Kind ist, gehört sie mir, ganz mir. Und ja, wahrscheinlich knuddle ich sie zu viel, küsse sie zu oft, mache mir zu viele Sorgen und weine zu häufig. Aber das ist schließlich das Privileg einer Mutter, und nachdem Sie diese Geschichte gelesen haben, werden Sie vielleicht verstehen, weshalb ich so bin. Weshalb ich jeden Tag nach dem Aufwachen in Emilys Zimmer laufe, gierig darauf, ihr Gesicht zu sehen und mich an ihrer Liebe zu erfreuen. Weshalb ich ihr von Herzen dafür danke, dass ich mein Leben wieder lebenswert finde, dass sie mir gezeigt hat, dass ich lieben kann, nachdem ich die Hölle durchlaufen musste. Weshalb ich Emily keine Sekunde aus den Augen verliere. Weshalb ich sie immer im Blick habe.

Dies ist ihre Geschichte und gleichzeitig meine.

Kapitel 1

Colin

»Komm mit.«

Die Stimme meiner Mutter drang in meinen Traum.

Warm und mollig unter der Bettdecke zu einer Kugel gerollt, gab ich ein leises Seufzen von mir. Mir war, als habe ich mich gerade erst hingelegt, doch ich musste wohl eingeschlafen sein, denn draußen war es schon dunkel. Als ich blinzelnd die Augen öffnete, sah ich nur die große Silhouette meiner Mutter im Gegenlicht des Flurs. Ich war irritiert. Es war noch Nacht.

»Beeil dich«, drängte sie mich. »Steh auf und komm mit.«

Widerwillig krabbelte ich aus dem Bett und setzte die Füße auf die alten Holzdielen. In der Ecke des Zimmers schlief meine zwei Jahre alte Schwester Olivia tief und fest in ihrem Kinderbett. Mama wartete, bis ich aufgestanden war, dann drehte sie sich um und ging die Treppe hinab.

Es war Juli, Hochsommer, doch in diesem Haus schien es immer kalt zu sein. Ich zitterte in meinem dünnen gelbrosa geblümten Nachthemd. Vor wenigen Wochen erst waren wir aus unserer Wohnung in Ost-London in dieses Doppelhaus in Wales gezogen, aber ich hasste es bereits. Das Haus war abscheulich: schmutzig-braune Tapeten lösten sich von den Wänden, es gab keine Teppiche, nur blanke Holzbohlen, an manchen Stellen sogar bloß Zement als Fußboden. Alles war dunkel und abgenutzt. Es wirkte wie das Haus eines alten Mannes.

Barfuß trottete ich hinter meiner Mutter die knarrende Treppe hinab zum Wohnzimmer, das nur durch eine Kerze auf dem Fernseher in der Ecke beleuchtet wurde. Ich linste in den hinteren Teil des Raums, wo ich gerade noch die Umrisse eines Mannes ausmachen konnte. Er saß in einem dunkelroten Sessel in einer Nische.

»Komm her«, befahl eine tiefe Stimme.

Unwillig ging ich in Richtung der Stimme. Meine Mutter kniete sich neben den Mann. Während ich näher kam, konnte ich im flackernden Kerzenlicht nur sein Gesicht erkennen – schwarzes Haar fiel lang und fettig an seinen knochigen Wangen herab. Er hatte einen breiten Mund, schmale Lippen und eine große viereckige schwarze Brille. Als er sprach, sah ich, dass er kaum Zähne hatte. Genau genommen wirkte es, als habe er sogar nur einen Zahn. Die senfgelben Gardinen bauschten sich, als eine Brise ins Zimmer fuhr – und ich begann erneut zu zittern.

»Komm her, Annabelle«, wiederholte der Mann.

Ich wollte nicht noch näher treten. Mir gefiel dieser Mann nicht. Er machte mir Angst. Ich blieb einfach einige Meter von ihm entfernt stehen und ließ die Arme hängen. Er sagte: »Du weißt doch, dass deine Familie hierhergekommen ist, um Teil von etwas Besonderem zu werden.«

Seine Stimme rumpelte über mich hinweg wie ein Zug, der langsam einen Bahnhof durchquert. Ich war schläfrig und verstand überhaupt nichts. Ich wollte nur zurück ins Bett, mich einkuscheln und dem Schlaf überlassen. Doch die Stimme des Mannes rumpelte weiter: »Nun beginnt dein Leben in der Kirche. Du betrittst einen anderen Pfad. Das gilt auch für deine Mutter und deine Schwester. Und es ist wichtig, dass du lernst, was von dir erwartet wird, um deinem Pfad getreu deinem eigenen Willen zu folgen. Wir in der

Kirche werden dir zu helfen versuchen, dein Leben auf die richtige Weise zu führen, doch es ist dein Pfad, und du musst deine Entscheidungen sorgfältig überlegen.«

Seine Worte erreichten mich kaum. Ich schwankte leicht und kämpfte gegen die Müdigkeit, während ich mich auf den Mann vor mir zu konzentrieren versuchte. Wer war er? Sein Körper schien sehr groß zu sein, da seine langen, dünnen Gliedmaßen aus allen Winkeln des Sessels hervorzuragen schienen. Er trug eine graue Trainingshose, Turnschuhe, das Hemd eines Fußballvereins und eine schwarze Lederjacke. Er redete und redete, aber für mich ergab das, was er sagte, keinen Sinn.

»Die Kirche wird dich auf deinen Pfad führen, doch es liegt an dir selbst, ob du den Weg zum Palast wählst«, fuhr er fort. »Nur du kannst deinen Weg zum Palast finden und die ewigen Qualen der Hölle vermeiden. Die Kirche wird fortan dein Leben sein, und jeder innerhalb der Kirche wird auf dasselbe Ziel hinarbeiten wie du. Um deinem Pfad gerecht zu werden, musst du den Gesetzen der Kirche gehorchen und danach streben, den Weg in den Palast zu vollenden. Du hast jetzt die Chance, etwas Besonderes zu sein, etwas aus deinem Leben zu machen …«

So ging es immer weiter. Ein oder zwei Mal spürte ich, wie mir bei seinem Gerede die Augen zufielen, doch dann machte der Mann unvermittelt mit der Hand eine kleine Geste in Richtung meiner Mutter. Sie hockte ihm gegenüber auf den Knien und schaute ihn an. Plötzlich griff er mit der anderen Hand in seinen Schritt und riss den Bund seiner Trainingshose herunter. Mama rutschte auf den Knien zu ihm hin und legte den Kopf zwischen seine Beine. Dann begann sie, sich auf seinem Schoß auf und nieder zu bewegen. Es war fast dunkel, und im flackernden Kerzenlicht konnte ich nur die

Rückseite ihres Kopfes und ihr langes dunkles Haar um ihre Schultern sehen, während ihr Kopf auf und ab ging.

Er sprach noch immer: »Die Götter wachen über dich, Annabelle. Sie wachen jederzeit über uns alle.«

Was geht hier vor? Es ist gruselig und unheimlich.

Ich wollte mich nur noch umdrehen und weglaufen, zurück ins Bett, die Augen schließen und schlafen.

»Komm näher, Annabelle.« Jetzt hielt der Mann mir die Hand ausgestreckt entgegen, doch ich wollte nicht zu ihm. Ich war erstarrt, stand wie angewurzelt da.

Dies ist ein böser Traum. Es kann nicht wahr sein.

»Du brauchst dich nicht zu fürchten, Annabelle«, sagte er. »Das Einzige, was du in dieser Welt fürchten musst, ist, was geschieht, wenn du deinem eigenen Willen nicht folgst und den Palast nicht erreichst. Die Welt ist ein natürlicher und von Instinkten geprägter Ort, und wir müssen unseren Platz darin einnehmen. Jeder Mann und jede Frau ist ein Stern. Jede Zahl ist unendlich. Es gibt keinen Unterschied. Komm zu mir.«

Diesmal klang die Aufforderung strenger. Durch die Art, wie er es sagte, bekam ich das Gefühl, keine Wahl zu haben. Ich hatte Angst, und doch bewegte ich mich Zentimeter für Zentimeter auf ihn zu.

»Komm heran, oh Kind der Sterne, und hole dir deinen Anteil an Liebe!« Seine Stimme war jetzt lauter. »Komm heran, Annabelle. Du bist die Auserwählte. Komm heran!«

Ich wusste nicht, was er mit all dem meinte. Doch seine Stimme nahm einen scharfen Ton an. Ich hatte Angst vor dem, was er tun würde, falls ich nicht zu ihm trat. Daher schlich ich auf Zehenspitzen noch ein wenig näher. Als ich ihm nahe genug gekommen war, um den schalen Zigarettengestank seines Atems zu riechen, griff er nach meinen Beinen, schlang einen Arm um meine Knie und zog mich ganz zu sich heran.

Ich stolperte, verlor das Gleichgewicht und stieß einen kleinen Schrei aus.

Mama hörte nicht auf mit dem, was sie tat. *Was tat sie?*

Der Mann grinste, während sein Blick an mir auf und ab wanderte. Er bemerkte, dass ich nun nahe genug stand, um zu erkennen, was Mama tat. Das *Ding* des Mannes ragte aus der Trainingshose, und Mama hatte es in ihrem Mund. Sie hatte die Augen geschlossen, und ihr war anscheinend nicht bewusst, dass ich ihr nun von nahem zusah.

Ich wollte sie anschreien: *Hör auf damit!*

Doch ich brachte keinen Ton heraus. Meine Angst war zu groß. Das alles ergab keinen Sinn für mich. Ich war erst sieben Jahre alt, und vor ein paar Minuten hatte ich noch friedlich in meinem Bett gelegen.

Der Mann schien sich an meinem Missbehagen zu ergötzen. Er schaute mich streng an, und ich wand mich unter seinem Blick, verlegen und verwirrt. Schließlich sagte er: »Eines Tages werde ich dich haben, Annabelle.« Seine Stimme war nur wenig mehr als ein Flüstern. »Eines Tages, wenn du deine Periode bekommst, werde ich dich haben.«

Der Moment schien ewig zu dauern. Ich stand in dem halbdunklen Zimmer und beobachtete meine Mutter, der Mann grinste mich an, und seine knochigen kalten Finger rieben an der Rückseite meiner nackten Beine. Schließlich ließ er seinen Arm sinken und deutete mit einem Kopfnicken in Richtung Treppe: »Du kannst jetzt ins Bett gehen.«

Und schon stürzte ich davon. Mein Herz schlug wie wild, als ich die Treppe hinaufflog und ins Bett kroch, mir die Bettdecke über den Kopf zog und die Augen ganz fest schloss. Ich wollte sofort einschlafen, den Mann und das, was ich gerade gesehen und gehört hatte, vergessen. Doch es brauchte eine ganze Weile, bis ich mich beruhigt hatte und entspannen konnte. Die Bilder der Nacht gingen mir immer wieder durch den Kopf. Ich verstand nicht, was ich da gesehen hatte, und auch nichts von dem, was der Mann gesagt hatte. Aber ich war entsetzt.

Dies war meine erste Begegnung mit Colin Batley. Ich sollte erst später erfahren, was er mit seinen Andeutungen gemeint hatte. Doch diese erste fürchterliche Nacht habe ich nie vergessen.

Kapitel 2

Mama

Ich kann mich an keinen Moment erinnern, in dem meine Mutter nett zu mir war. Meine jüngere Schwester und ich wurden nie geküsst oder umarmt. Sie brachte uns nicht ins Bett und sagte uns nie, dass sie uns liebte. Sie sprach nicht einmal viel mit uns. Sie las uns nichts vor oder spielte mit uns. Tatsächlich war meine Mutter derart wenig präsent, dass ich mich bis zu meinem siebten Lebensjahr kaum daran erinnere, dass sie überhaupt anwesend war. Groß und schlank mit langem goldbraunen Haar hatte Mama das Tattoo eines Hais auf der Schulter, und rückblickend war sie während dieser ersten Jahre genau wie dieser Fisch. Sie glitt geräuschlos wie ein Hai durch meine Kindheit: als geschmeidiges, dunkles und grübelndes Wesen; als leicht bedrohliche Silhouette am Horizont. Wenn ich gelegentlich einen inneren Blick auf meine Erinnerungen werfe und Mama zu erhaschen suche, ist dort nichts, sie ist weg. Nichts außer dem Kräuseln des Wassers als Zeichen, dass es sie überhaupt gab.

Mama war die mittlere von drei Schwestern aus Ost-London, und bevor wir nach Wales zogen, hielt ich mich immer in der Nähe des Hauses von Tante Becca auf, Mamas älterer Schwester. Tante Becca war anders als meine Mutter. Sie war mollig und warmherzig, während Mama dünn und kalt war. Und das Beste war, dass Tante Becca so lieb zu mir war – sie ging mit mir in den Park, und wir veranstalteten gemeinsame Picknicks. Wir schauten uns Filme an und kuschelten dabei auf dem Sofa, und sie nahm mich sogar in den Urlaub mit ihrem Partner Alex mit.

Einmal waren wir auf einem Campingplatz in Devon, und das gesamte Areal wurde von Wasser überflutet. Es war ein seltsamer Urlaub, die ganze Zeit in Gummistiefeln herumzulaufen, aber ich weiß noch, dass wir viel gelacht haben. Tante Becca verfügte über ein ansteckendes Lachen, und es kam oft und leicht.

Tante Becca hatte noch keine eigenen Kinder. Allerdings wusste ich, dass sie irgendwann welche haben wollte. Und sobald wir zusammen waren, übte sie sich als gute Mama, indem sie mich mit Liebe überschüttete. Ich genoss es von ganzem Herzen.

»Eigentlich bist du *meine* Tochter«, pflegte sie zu sagen und zwinkerte mir zu, bevor sie mich in die Arme schloss. Das war unser gemeinsamer Scherz – wir taten so, als sei Tante Becca meine richtige Mama, und Mama sei nur die Frau, bei der ich wohnte. Irgendwie erschien mir dies realistischer als die Wahrheit. Zu Hause gab es nie Picknicks, Filme oder Spaß. Ich kann mich nicht einmal erinnern, dass ich irgendwelches Spielzeug hatte. Meine Eltern hatten sich getrennt, als ich zwei war, und ein paar Jahre später lernte Mama einen neuen Freund kennen, Alan. Er war sehr viel jünger als sie – gerade mal neunzehn, während sie vierundzwanzig war –, doch er war nett und süß. Zusammen bekamen sie meine Schwester Olivia, die fünf Jahre jünger ist als ich. Es war Alan, der mich jeden Tag von der Schule abholte und oft mit mir in den Park ging.

Alan war groß und stämmig und hatte einen geschorenen Kopf. Er war die überwiegende Zeit glücklich und munter. Ich mochte ihn. Alan begleitete mich am Wochenende zu

meiner Tante und band mir die Schnürsenkel meiner knall-
roten Turnschuhe zu. Alan war es auch, der mich abends ins
Bett brachte und mir einen Gutenachtkuss gab. Doch ich
nannte ihn nicht »Papa« – ich kannte meinen richtigen Vater. Er hieß David, und ein oder zwei Mal im Monat holte
er mich ab, damit ich einen Tag bei ihm zu Hause mit seiner
neuen Frau und ihrem kleinen Jungen verbrachte.

Sie besaßen einen großen Garten mit einem Swingball-
Gerät und einem Trampolin – in diesem Garten konnte ich
stundenlang spielen. Jedes Mal, wenn mich mein Vater zu
Fuß nach Hause brachte, hatte er Spaß daran, mir Furcht
einzujagen, indem er erzählte, der Ort, wo man den neuen
Docklands Light Bahnhof baue, sei eigentlich der geheime
Schlupfwinkel des Schreckgespenstes Bogie Man. Ich schrie
aus Leibeskräften. Natürlich empfand ich keine richtige
Angst, es war vielmehr dieses lustige, genussvolle Schaudern,
das man bei einer guten Schauergeschichte spürte. Wir rie-
fen »Buh«, wenn jemand um die Ecke kam, wenn wir Ach-
terbahn fuhren oder wenn wir jemanden die Treppe hoch-
jagten. Erlebnisse, bei denen ich erst schreien musste, danach
lachen. Damals wusste ich noch nicht, was echte Furcht ist.

Wenn mich mein Vater am Fuße des Häuserblocks verließ, mischte sich in sein Lächeln Traurigkeit.

»Wir sehen uns in Kürze wieder«, sagte er dann und streichelte mein Gesicht mit den Sommersprossen. »Spinnen-
kacke« nannte er sie, und danach lachte er sich halbtot, während ich mein Gesicht verzog und so tat, als müsse ich kotzen.

Das war mein Vater. Er war nett und närrisch, und ich
liebte ihn. Doch im Gegensatz zu Alan war er nicht jeden Tag
für mich da.

In Wirklichkeit fehlte es mir damals nicht an Liebe. Ich
hatte meine Tanten, meinen Vater, und für alles andere gab

23

es immer noch Oma und Opa. Oma war eine winzige kleine Lady. Selbst als kleines Mädchen konnte ich einschätzen, wie winzig und fürchterlich dünn sie war. Doch sie hatte die gleiche ungewöhnliche Haarfarbe wie ich – rötlich braun. Und sie war definitiv die Herrin im Haus.

Opa sah mit seinem altmodischen Schnurrbart aus wie Blakey in der Filmkomödie *Aufruhr im Busdepot* – immer großkotzig und laut und voller Witz. An den Wochenenden nahmen mich die beiden mit zu ihren Bowl-Turnieren, und ich schaute ihnen gerne zu, wenn sie in ihren engen weißen Hemden und Hosen spielten. Sie waren wahrlich gut, und ihr Haus war voll mit Medaillen und Pokalen, die sie im Laufe der Jahre gewonnen hatten.

Weihnachten feierten wir immer in ihrem Haus, und Opa schob dann sämtliche Tische zusammen, um für die ganze Familie Platz fürs Festessen zu schaffen. Er nannte es den »Raumschiff-Enterprise-Tisch«. Opa liebte seinen Drink. Er genoss es, den Clown zu spielen, indem er so tat, als laufe er gegen eine Tür, oder er stotterte, damit ich zu lachen begann und meinen Saft ausspuckte.

Ich fand es toll, mit meinem Opa zusammen zu sein. In den Ferien nahm er mich mit an den Strand in Southend, und dann saßen wir dort und schleckten das schmelzende Eis von unseren klebrigen Händen. Oder wir machten uns nach London auf, um Museen zu besuchen, und anschließend setzte er mich auf seine Schultern und zeigte mir die Sehenswürdigkeiten der Stadt. Opa arbeitete am Empfang einer Universität, und manchmal durfte ich ihn in dieses große und sehr belebte Gebäude begleiten. Auf dem Nachhauseweg spielten wir in der U-Bahn I-Spy, bis ich völlig erschöpft war und ausgestreckt auf seinen Beinen einnickte.

Später schlichen wir dann zusammen in die Küche und

stürzten uns auf den Kühlschrank – wir aßen gekochten Schinken direkt aus der Packung, obwohl wir wussten, dass Oma das hasste. Oma und Opa hatten immer herrliche Sachen im Kühlschrank – Schinken, Cocktail-Würstchen und leckere Käse-Snacks. Die Törtchen waren mit Kirschen gefüllt. Ich liebte Kirschen.

Ich kann mich nicht erinnern, bei uns zu Hause leckeres Essen bekommen zu haben. Es gab nur Billigware aus dem Discounter Asda. Alan nannte unsere Wohnung immer das »Kopfsteh-Haus«, weil die Schlafzimmer unten und das Wohnzimmer oben waren. Dabei war es überhaupt kein Haus; es war eine Maisonette-Wohnung in einer Siedlung von Hochhäusern. Wir wohnten im 14. Stock, und ich fuhr jeden Tag mit dem Fahrstuhl rauf und runter.

Wenn ich an diese Zeit denke, halte ich auch immer Ausschau nach meiner Mutter. Doch ich kann sie nirgends entdecken. In unserem »Kopfsteh-Haus« sehe ich sie nicht, am »Raumschiff-Enterprise-Tisch« zu Weihnachten ist sie auch nicht, und im Park in der Nähe unserer Wohnung finde ich sie ebenfalls nicht. Einzig ihren Schatten nehme ich wahr. Man erzählt mir, in London sei sie eine gute Mutter gewesen, sie habe sich sehr um mich und meine Schwester gekümmert. Ich glaube, für eine gewisse Zeit arbeitete sie sogar als Zahnarzthelferin. Aber aus der Zeit vor unserem Umzug nach Wales, bevor Colin Batley in unser Leben trat, habe ich so gut wie keine Erinnerung an sie. Daher weiß ich nicht, ob sie sich geändert hat, nachdem sie Colin begegnete, oder ob ich mich nur nicht an die guten Dinge erinnere, weil sie durch alles Spätere überlagert werden. Mit Sicherheit kann ich lediglich sagen, dass Mama für mein Leben erst von Bedeutung zu werden begann, nachdem Colin auf der Bildfläche erschienen war. Und das spricht nicht für sie.

Einige Tage nach der mitternächtlichen Begegnung wachte ich auf, weil ich dringend pinkeln musste. Das Haus, in dem wir damals wohnten, war nicht nur spärlich ausgestattet, es war auch seltsam geschnitten. Es gab nur eine Toilette, die man nur durch das Wohnzimmer erreichen konnte. Aus irgendeinem Grund befand sich an der Wohnzimmertür ein Riegel. Ich rannte die Treppe hinab und wollte das Wohnzimmer betreten – es war verschlossen. Daher lief ich wieder nach oben und öffnete Mamas Tür. Sie lag im Bett, die Bettdecke bis zum Kinn hochgezogen, das lange Haar um ihren Kopf drapiert.

»Mama, ich muss aufs Klo«, flüsterte ich flehend.

»Hm?«, murmelte Mama, doch sie hielt die Augen geschlossen. Ich kroch neben ihren Kopf und begann zu zucken, da der Druck meiner Blase immer stärker wurde.

»Bitte, Mama, öffne bitte die Wohnzimmertür. Ich muss Klein. Es ist wirklich dringend.«

Mama drehte den Kopf. »Geh weg.«

»Aber ich muss. Ich muss ganz, ganz dringend.«

Ich war verzweifelt. Ich verschränkte die Beine und versuchte das Pinkeln mit aller Macht zu unterdrücken.

»Gleich«, murmelte sie.

»Mama, bitte!«, bettelte ich. Ich ging in die Knie, stand wieder auf und klemmte beide Hände zwischen die Beine. Verzweifelt versuchte ich, das Pipi zurückzuhalten.

»Geh jetzt. Ich komme in einer Minute«, grummelte sie. Die ganze Zeit hatte sie nicht einmal die Augen geöffnet. Ich versuchte, die Beine noch stärker zusammenzupressen, doch es war zwecklos.

»Bitte, Mama! Ich muss wirklich!«, rief ich ein letztes Mal. Dann spürte ich, wie das warme Nass an meinem Bein hinabzutröpfeln begann, und nachdem es einmal angefangen hatte, konnte ich es nicht mehr halten. Ich stand entsetzt da, während sich zu meinen Füßen eine große Pfütze Urin sammelte.

Es verging etwa eine Minute. Mama musste gespürt haben, dass ich noch da war. Sie setzte sich auf und fuhr sich schlaftrunken mit der Hand durchs Haar. Sie strich sich Strähnen von den Augen weg. Nun schaute sie mich an, wie ich nass und beschämt neben ihrem Bett stand.

»Was zum Teufel hast du gemacht, du blöde Göre?«, brüllte sie. »Ich habe dir doch gesagt, dass du eine Minute warten sollst. Warum konntest du nicht warten und musstest mir den ganzen verfluchten Fußboden vollpissen?«

Ich konnte ihr nicht in die Augen schauen.

»Ich habe es wirklich versucht, aber der Druck war zu groß«, antwortete ich leise und voller Scham. Jetzt begannen die Tränen zu fließen. Auch sie konnte ich nicht zurückhalten. Sie flossen ganz von alleine.

»Dein blödes Flennen kannst du dir sparen, du kleines Flittchen!«, schrie sie und sprang aus dem Bett. Sie sah zu, wie die rasch erkaltende Flüssigkeit in den Dielen versank.

»Schau, was du angerichtet hast!« Sie versetze mir einen harten Schlag auf den Hinterkopf. »Sieh dir an, was du getan hast!« Und dann schlug sie mich erneut, diesmal so kräftig, dass ich vorwärtsstolperte und in mein Pipi trat. Dadurch wurden die Hosenbeine meines Schlafanzugs nass. Sie schlug immer weiter auf meinen Kopf und den Rücken ein, während ich unter ihr kauerte und mich mit Armen und Beinen zu schützen versuchte. Die Tränen flossen immer noch über mein Gesicht. Ich rannte in mein Zimmer, mit nasser und an den Beinen klebender Schlafanzughose, und winselte: »Ich konnte nichts dafür. Ich konnte es nicht verhindern.«

Wales mochte ich von Anfang an nicht. Gegenüber unserem früheren Leben war es eine große Veränderung. Zu Beginn lebten wir zusammen mit einer anderen Familie, doch nach einer Weile zogen wir in das Haus, in dem ich Colin zum ersten Mal begegnete und später auf den Boden machte. Das Haus war abscheulich, und ein paar Monate später zogen wir wieder um. Inzwischen besuchte ich eine neue Grundschule, doch es fiel mir schwer, mich daran zu gewöhnen. Ich vermisste mein altes Leben, die vertraute Umgebung und die ganze Verwandtschaft, die wir in London zurückgelassen hatten.

Anfangs rief mein Vater jeden Samstag an, um mit mir zu reden. Mit der Zeit meldete er sich aber nicht mehr so oft. Jedenfalls erzählte mir das meine Mutter. Manchmal hörte ich das Telefon klingeln, und Mama nahm den Hörer schnell ab. Dann vernahm ich wütendes Flüstern und Sekunden später, wie der Hörer auf den Apparat geknallt wurde.

»War das mein Papa?«, fragte ich.

»Nee!«, antwortete sie.

Niemand besuchte uns, daher vermisste ich meine Oma, Opa und meine Tanten. Anfänglich war Alan noch da und erleichterte mir die Umstellung, doch nach einiger Zeit verschwand auch er. Als ich meine Mama fragte, wo er sei, sagte sie, er sei abgereist, um in Oxford zu arbeiten. Ab und an kreuzte er mal auf, doch die Abstände zwischen seinen Besuchen wurden größer und größer. Ich verstand das nicht. Ich weiß, dass ich nicht sein Kind war, aber Olivia war seine Tochter. Weshalb kümmerte er sich nicht mehr um uns? Jetzt übernahm Mama seine Rolle und versorgte uns. Allerdings war sie zu faul, um viel zu unternehmen. Daher gab es nun keine Ausflüge in den Park oder Versteckspiele mehr. Und ganz gewiss keine Gutenachtküsse.

Mama arbeitete nicht – sie bezog Sozialhilfe. Dennoch schien sie keine Zeit für irgendetwas oder irgendwen zu haben als für diesen Menschen, dem ich in jener seltsamen Nacht im Juli begegnet war. Ich erfuhr, dass er Colin hieß. Er kam nun häufig vorbei, und dann verschwanden die beiden für Stunden in Mamas Zimmer. Sie war völlig mit ihm beschäftigt, und das Wenige, das sie für uns tat, erledigte sie mit Widerwillen. Die Backofen-Pommes-Frites, die sie machte, waren oft verbrannt, und die Bohnen waren kalt. Sie nahm uns nirgendwo mit hin und traf auch keine neuen Menschen, und wenn Colin nicht da war, hing sie meistens auf dem Sofa herum und schaute Fernsehen oder schlief in ihrem Bett. Die Folge war, dass ich mich unglücklich und einsam fühlte.

Eines Sonntagmorgens, erst wenige Monate nach unserem Umzug, kam ich zu dem Schluss, jetzt sei es genug. Ich wollte mich aufmachen und meinen Vater finden. Daher stopfte ich ein paar Kleidungsstücke in eine Plastiktüte, zog meinen grauen Mantel an und ging nach unten. Mama schaute kurz vom Fernseher auf – sie rauchte und sah *Live & Kicking*, während meine Schwester durch das Zimmer watschelte. Mamas Blick richtete sich auf die Tüte in meiner Hand.

»Wohin willst du?«, fragte sie.

»Ich will bei Papa wohnen.«

Ich sagte nicht, was ich bei mir dachte: dass ich sie nicht mehr mochte. Dass sie nicht nett zu mir war und auch zu faul zu sein schien, um irgendetwas für mich und meine Schwestern zu tun.

»Na gut«, sagte sie, »ich werde das regeln.«

Ich brachte die Tüte mit der Kleidung in den Flur und setzte mich in meinem Mantel auf das Sofa im Wohnzimmer, bereit zum Aufbruch. Auch wenn es mich überraschte, wie ruhig sie reagierte, glaubte ich wirklich, Mama würde mir helfen, zu meinem Vater zu gelangen. Sie stand auch tatsächlich auf und ging in die Küche, wo ich sie leise telefonieren hörte. Doch ungefähr eine Stunde später erschien dieser seltsame Mann namens Colin im Haus und setzte sich neben mich aufs Sofa.

Wie beim ersten Mal, als ich ihn sah, fielen mir die Lücken in seinem Gebiss auf, sobald er zu reden begann:

»Also, ich habe mit deiner Mama gesprochen. Sag mir, weshalb willst du zu deinem Papa?«

Er lehnte sich mit seinem langen Oberkörper ins Sofa zurück, sodass ich mich umdrehen musste, um ihn anschauen zu können.

»Einfach so«, erwiderte ich. »Ich möchte meinen Papa sehen. Mir gefällt es in London. Hier gefällt es mir nicht.«

»Nun, weißt du, wenn du nach London willst, dann ist das in Ordnung«, sagte Colin und zog eine Zigarette aus der Packung, die er aus der Jackentasche genommen hatte. »Es ist deine Entscheidung, und ich bringe dich selbst sofort dorthin, wenn du willst. Wir fahren mit meinem Auto. Heute.«

Dann schaute er mich erwartungsvoll an, als brauchte ich nur das Zauberwort zu sagen, und er würde aufspringen und mich nach London begleiten. Doch ich ahnte, dass da ein Haken war. Er klemmte sich die Zigarette zwischen die Lippen, zündete sie sich mit einem schwarzen Plastikfeuerzeug an, das er aus dem Trainingsanzug hervorgeholt hatte, und nahm einen kräftigen Zug.

»Aber du weißt, dass es schrecklich sein wird, bei deinem Papa zu wohnen.« Colin blies mir eine dichte Rauchwolke ins Gesicht. »Die Sache ist die, dass sich dein Papa nicht wirklich ordentlich um dich kümmern wird. Nicht wie deine Mama. Er wird keine Lust haben, für dich zu sorgen, dir Essen zu kochen, deine Kleidung zu waschen und dich zur Schule zu bringen. Aber wie gesagt, die Entscheidung liegt bei dir, und wenn du willst, bringe ich dich jetzt hin.«

Ich wusste nicht, was ich sagen sollte – ich *wollte* weg und zu meinem Papa. Ich glaubte, dass mein Vater mich liebte. Doch ich hatte schon seit geraumer Zeit nichts mehr von ihm gehört, und durch die Art, wie Colin zu mir sprach, fing ich an, an meinen Gefühlen zu zweifeln. Schließlich konnte ich mich nicht erinnern, wann Papa zum letzten Mal an einem Samstagabend mit mir hatte telefonieren wollen. Vielleicht hatte Colin Recht; vielleicht würde sich mein Vater wirklich nicht richtig um mich kümmern. Er hatte ja jetzt eine andere Familie. Und wenn ich wegging, wie würde ich es ohne meine Mutter schaffen?

Colin fixierte mich, eine Augenbraue hob sich in Erwartung einer Antwort. Er trug dieselbe Trainingshose wie beim ersten Mal, dieselbe Lederjacke, heute war es nur ein anderes Fußballtrikot.

»Nun? Möchtest du, dass ich dich jetzt zu deinem Papa fahre?«

Was er sagte, klang weniger wie eine Frage, sondern wie eine Drohung. Ich fühlte mich wie ein in die Enge getriebenes Tier. Ich schaute zu meiner Mutter hoch, die mit verschränkten Armen in der Ecke stand, uns beobachtete und kein Wort sagte. Weshalb redete sie nicht? Ich verstand es nicht.

Sag etwas!, schrie ich sie im Geiste an. SAG ENDLICH ETWAS!

Aber nein, sie stand einfach nur da und beäugte mich. Ich saß in der Zwickmühle und wusste nicht, was ich antworten sollte. Ich wollte meinen Papa wirklich wiedersehen. Zumindest wollte ich mit ihm reden, doch ich wusste nicht, wie ich diesem Fremden das erklären sollte. Ich war mir doch noch nicht mal sicher, was Colin mit meinem Leben zu tun hatte.

Wo war Alan? Wo waren Oma und Opa? Mir fiel es schwer, nicht in Tränen auszubrechen.

Ich spürte nur Angst. Angst vor diesem Mann und Angst davor, Mama zu verlassen. Was, wenn Colin Recht behielt und Papa sich wirklich nicht um mich kümmerte? Wer würde mich dann versorgen?

»Willst du weg?«, fragte er erneut.

Ich schüttelte den Kopf.

»Dann bleibst du also hier?«, fragte er.

»Ja«, sagte ich. »Ich, äh, ich glaube, ich bleibe hier.«

»Gutes Mädchen. Ich finde, du hast die richtige Entscheidung getroffen.«

Dann schlug er auf das Sofapolster, als wolle er damit anzeigen, dass die Sache nun klar und unser Gespräch beendet sei. Danach erhob er sich und marschierte in die Küche, mit meiner Mutter im Schlepptau.

Nachdem er schließlich gegangen war, fühlte ich mich verwirrt und wütend. Ich hatte die Chance gehabt, von hier zu verschwinden, doch er hatte mich überzeugt zu bleiben. Ich wollte wirklich weg, aber ich hatte zu viel Angst. Ich holte die Tüte mit den Kleidern, ging wieder nach oben, und als ich die Tür meines Schlafzimmers erreichte, begann ich zu weinen. Ich war immer noch unglücklich, sogar schlimmer als zuvor, denn jetzt glaubte ich nicht, dass mein Papa mich noch liebte. Und ich war hier endgültig gefangen, ohne Hoffnung auf ein Entkommen.

Kapitel 3

Die Kirche

Anfangs zogen wir häufig um, doch schließlich, nach einem Jahr, erhielten wir unsere eigene Sozialwohnung in einer kleinen Sackgasse namens Clos Yr Onnen. Diesen Straßennamen konnte ich nie aussprechen. Anscheinend war das die walisische Bezeichnung für Eschenbaum-Sackgasse. Seltsam war, dass die Wohnung direkt neben Colins Haus lag. Erst als wir einzogen, kam ich dahinter, dass er eine eigene Familie hatte. Es gab da seine Frau Elaine, die nett und mütterlich war und herrliches Essen kochte, sowie mehrere Söhne, die alle erheblich älter waren als ich. Außerdem war da noch eine Tochter, Hope, die ich schon in der Schule gesehen hatte, aber sie war eine Klasse über mir, und wir hatten noch nie miteinander gesprochen.

Als ich Hope kennenlernte, stand ich bei uns im Vorgarten, und sie tauchte plötzlich aus einem Loch in der Hecke auf. Das Loch führte zu einer Gasse, die man als Abkürzung zur Hauptstraße nehmen konnte. Auf jeder Seite der kleinen Straße standen jeweils zwanzig Häuser. Jemand hatte ihr den Spitznamen »Die Vierziger« gegeben.

»Hallo!«, rief Hope mit einem breiten Grinsen im Gesicht. Sie war etwa so groß wie ich, hatte langes honigblondes Haar und sah sehr hübsch aus. Ich mochte sie auf Anhieb, mit ihrem zu einem wippenden Pferdeschwanz zurückgebundenen Haar, dem offenen Lachen und den glänzenden Augen.

»Hi«, sagte ich schüchtern.

»Ihr seid hier also direkt neben uns eingezogen?« Sie deutete mit dem Kopf auf unsere Doppelhaushälfte.

Ich nickte.

»Also, hast du Lust, reinzukommen und in meinem Zimmer zu spielen?«, fragte sie, und schon verschwand sie in ihrem Haus.

Neugierig folgte ich ihr. Drinnen war das Haus genauso geschnitten wie unseres. Von der Haustür ging es in eine Diele mit ebenerdiger Toilette, und auf der linken Seite lag das Wohnzimmer. Die Küche befand sich am Ende des Flurs, und oben gab es zwei Schlafzimmer, das Bad und einen Abstellraum. Hope hatte den Abstellraum für sich alleine, mit einem coolen Ausziehbett und Spielsachen in Hülle und Fülle. Es war die größte Ansammlung von Spielzeug, die ich je gesehen hatte. Plüschtiere und andere Figuren turnten auf Regalen, lugten aus Schubladen hervor und kletterten in ihrem Kleiderschrank herum. Sie besaß Dutzende Ausgaben von *Mein Kleines Pony*, Kuscheltiere und jede nur erdenkliche Barbiepuppe, einschließlich sämtlicher Accessoires. Die gesamte Barbie-Kleiderkollektion stand bei ihr rum: das Haus, Auto, Kutsche, einfach alles! Es war, als sei ich im größten Spielzeugladen der Welt gelandet.

»Woher hast du das alles?«, flüsterte ich ehrfürchtig, während ich versuchte, Barbies Arm durch dem Ärmel eines rosaroten paillettenbesetzten Ballkleides zu ziehen.

»Mein Vater besorgt mir die Sachen«, sagte sie lässig. »Papa bekommt alles, was ich haben will.«

Und weiß Gott: Sie hatte Recht. Als Nesthäkchen – mit all den Jungen, die vor ihr gekommen waren – war Hope die Herrscherin im Haus und ihres Vaters Augapfel. Es gab nichts, das er nicht für sie getan hätte.

Seit dem Moment, da ich Hope getroffen hatte, änderte sich mein Leben zum Besseren. Es dauerte nicht lange, bis ich total vergessen hatte, dass ich hatte fortlaufen wollen, und auch dieses seltsame Zusammentreffen mit Colin bei Kerzenschein verblasste. Jetzt begann ein neues Leben – Mama, Olivia und ich waren Teil von mehr als nur unserer kleinen Familie. Hopes Vater war der Leiter unserer Kirche, die sich Kirche der BPH nannte. Nie erklärte mir jemand, wofür das BPH eigentlich stand. Außer Hopes Familie und uns gab es noch zwei Frauen, die in unserer Sackgasse wohnten und ebenfalls zur Kirche gehörten. Außerdem waren da noch zwei weitere Familien, die in der Nähe lebten. So war es seit unserem Umzug in die Clos Yr Onnen mit meiner Einsamkeit vorbei.

Sandra wohnte auf der anderen Straßenseite, und von unserer Wohnung aus konnte ich ihr Haus sehen. Sie war nett und freundlich. Shelley hingegen wohnte am anderen Ende der Sackgasse, sie war laut und herrschsüchtig. In ihrem Wesen erinnerte sie mich an einen Mann. Sie hatten Colin in London kennengelernt, und mit der Zeit erfuhr ich, dass sie sich dort eine Zeit lang getroffen und dann gleichzeitig nach Wales umgezogen waren.

Außerdem gab es noch die anderen Kirchenmitglieder, die nicht in der Sackgasse wohnten, sich aber dennoch ständig in der Nähe aufhielten. Da war Orla, eine kleine Frau mit Brille, die zwei Töchter hatte – Millie und Fiona. Millie war so alt wie ich. Sie sah sehr sportlich und groß aus, während ihre ein Jahr ältere Schwester Fiona eher zurückhaltend war. Sie hatten außerdem noch einen Bruder, Thomas, den ich nur gelegentlich zu Gesicht bekam – er war ungefähr fünf Jahre älter als ich. Dann lernte ich noch Griff kennen, einen großen Kerl mit wucherndem Bart, der Colin verehrte. Griffs Sohn Pete hatte eine Behinderung, doch die war ihm nicht direkt anzusehen. Pete hatte Lernschwierigkeiten, war aber richtig süß, und ich beschäftigte mich gerne mit ihm, denn welches Spiel man auch mit ihm begann, er ließ einen immer gewinnen. Und er hatte das lustigste Lachen weit und breit.

Vom ersten Moment an waren die Familien der Kirche die ganze Zeit zusammen. Es gab also ständig Horden von Kindern, mit denen ich spielen konnte. Für mich war es so sehr viel angenehmer, als mit meiner Mutter ständig eingesperrt zu sein. Manchmal hatte ich das Gefühl, mehr Zeit in Hopes Haus zu verbringen als in unserer Wohnung. Es fiel mir auch leichter, ihre Mutter Elaine um etwas zu bitten als meine eigene. Ich brauchte mir keine Sorgen mehr zu machen – wenn ich Hunger hatte, konnte ich zu Hope gehen und bekam dort etwas zu essen.

Anfangs betraten Hope und ich unsere Häuser jeweils durch die Haustür, doch nach einiger Zeit beseitigte Colin die Hecke zwischen unseren Gärten, und wir konnten über die Rückseite in die Häuser gelangen. Sehr schnell waren wir unzertrennlich. Hope war mehr als eine Freundin für mich; sie war eher eine Schwester, und die Kirche wurde zu meiner neuen Familie. Colin war nicht länger der seltsame, angsteinflößende Mann unseres ersten Aufeinandertreffens – er war der Vater meiner besten Freundin, jemand, der es sich gerne gut gehen ließ.

Besondere Feierlichkeiten wurden gemeinsam begangen. Colins Familie veranstaltete die Festtagsessen zu Weihnachten und Ostern und fuhr Braten im großen Stil auf, danach gab es von Elaine gebackenen Kuchen. Im Sommer baute Colin in unserem gemeinsamen Garten eine Hüpfburg auf, und am Abend wurde gegrillt. Colins Lieblingsfest des Jahres aber war Halloween. Halloween war etwas ganz Besonderes für ihn.

Jedes Jahr verkleideten wir uns und machten uns zu einer großen Party bei Colin auf. Im ersten Jahr ging ich als Hexe. Als ich damals das Haus betrat, konnte ich gar nicht glauben, was ich sah. Alles war mit künstlichen Spinnweben drapiert, Fledermäuse hingen an den Türrahmen, an den Wänden klebte künstliches Blut. In der Diele schaukelte ein riesiges Skelett. Das war für mich alles neu. Elaine hatte Unmengen herrliche Kuchen gebacken, es gab Musik und Tanz, und alle Kinder durften lange aufbleiben. Natürlich waren nur die Familien der Kirche dort, und niemand trank Alkohol. Das war eine der Regeln der Kirche, doch das machte uns nichts aus. Später veranstalteten wir Kinder eine Talentshow für die Erwachsenen. Hope und ich führten zusammen eine Tanznummer vor, und wir gewannen!

Damals war ich noch sehr jung, daher interessierte mich der ganze Kirchenkram nicht wirklich. Ich nahm nur wahr, was ich in unseren Häusern sah, nämlich die Abbildungen und Statuen ägyptischer Gottheiten. Colin hatte schon bald nach unserem Einzug Bilder in unserem Wohnzimmer aufgehängt – eins zeigte die goldene Maske eines Mannes. Dieser trug einen lustigen Bart, hatte schräge Augen und eine blaugestreifte Kopfbedeckung. Das sei Tutanchamun, sagte Colin. Auf zwei anderen Bildern waren Leute in weißen Gewändern mit Hundegesichtern oder Vogelköpfen und eine Bilderschrift zu sehen, von der Colin sagte, man nenne sie Hieroglyphen. Alle Familien der Kirche hatten die gleichen Bilder an den Wänden ihres Wohnzimmers, und eine der Regeln besagte, dass wir ihnen nicht den Rücken zukehren durften. Wenn wir also im Wohnzimmer saßen, mussten wir die Bilder vor uns haben. Wenn wir den Raum verließen, mussten wir uns rückwärts bewegen.

Eines Tages versuchte mir Colin die Bilder zu erklären. Er

saß in seinem Sessel, mit einer Kippe zwischen den Zähnen, und wies nacheinander auf die einzelnen Personen auf den Bildern.

»Die eine mit dem Katzenkopf, sie heißt Bastet, ist die Kriegsgöttin und Bewacherin der Unterwelt. Horus dort, der mit dem Kopf eines Falken, ist der Beschützer-Gott. Wenn du ein Auge des Horus hast, wirst du immer von den Göttern beschützt werden. Ra, der Mann mit der Sonne auf dem Kopf, ist der Schöpfer – der Sonnengott. Er herrscht über alle Teile der Welt – das Reich, den Palast und die Unterwelt. Und Anubis, die Figur mit dem Hundekopf, ist der Gott des Jenseits.«

Ich nickte und versuchte zu signalisieren, dass ich zuhörte. Ich wusste, dass ich ihm Aufmerksamkeit vorspielen musste, weil Colin in unserer Kirche so bedeutsam war, und dass alle anderen Mitglieder die Dinge, die Colin sagte, ungeheuer wichtig nahmen. Als Hohepriester war Colin selbst fast wie ein Gott. Er musste bloß jemanden anschauen und »Tee« sagen, dann hatte ihm diese Person Tee zu kochen. So war das eben.

Er hielt zwei Rottweiler, die ihn überall hin begleiteten. Ich mochte sie nicht so gerne – sie sprangen immer an einem hoch und bellten einem ins Gesicht. Einer hieß Toots, nach Tutanchamun, der andere hieß Sekhet, nach dem ägyptischen Löwengott. Colin behauptete, sie seien die Hunde des Teufels.

»Das sind die Höllenhunde«, sagte er eines Tages lachend, als ich wieder einmal vor ihnen zurückschreckte. »Satans Hunde, die Hunde des Teufels! Glaubst du nun, dass ich der Teufel bin, Annabelle?«

Ich schenkte ihm ein kleines, ängstliches Lächeln. Ich hätte nicht sagen können, ob Colin einen Scherz gemacht hatte oder nicht.

Obwohl sie meistens friedlich waren, hatte Colin seine Rottweiler für den Angriff trainiert. Wenn er neben einem von ihnen stand und in tiefem Ton ›oh, oh, oh‹ grummelte, dann begannen sie zu knurren und machten sich zur Attacke bereit. Selbst dann konnte er sie wieder beruhigen, wenn er wollte. Er lachte immer und sagte, er albere nur herum, aber sicher konnte ich nicht sein. Diese Hunde hatten mächtige Zähne.

Für meine Mama war Colin das Maß aller Dinge, und sie machte grundsätzlich alles, was er sagte. Manchmal verschwand sie nachts in seinem Haus und blieb dort stundenlang. Ich fürchtete diese Nächte: Sie ließ Olivia und mich allein zurück, und obwohl ich wusste, dass Mama nebenan war, war es doch gruselig, uns selbst überlassen zu sein.

Mama hatte ein kleines Regal in ihrem Schlafzimmer, das sie ihren »Altar« nannte – darauf befanden sich mehrere dunkle Statuen ägyptischer Götter aus Metall, jede ungefähr 30 Zentimeter groß. Täglich verbrachte sie eine Stunde in diesem Zimmer, kniete vor den Figuren und meditierte.

»Ich gehe jetzt meditieren!«, rief sie mir zu, während sie die Treppe hinaufging. »Pass auf deine Schwester auf und untersteh dich, in mein Zimmer zu kommen.«

Ich wusste, dass sie ihre Meditationssache nackt abzog, denn einmal war ich während einer Sitzung versehentlich in ihr Zimmer geplatzt. Sie kniete dort mit dem Kopf auf dem Boden und gab seltsame monotone Geräusche von sich. Damals hatte ich ihr Tattoo gesehen – es war ein bizarres Symbol auf ihrem Arm. Es erinnerte an ein Kreuz mit einer Blase an der Spitze.

»Es ist das Anch, das ägyptische Kreuz«, erklärte sie mir später einmal. »Das altertümliche Symbol für Leben.«

Nach und nach fand ich heraus, dass alle Frauen der Kirche dieses Symbol mit sich führten, außerdem Tattoos des Horus-Auges, was bedeutete, dass sie beschützt wurden. Um den Hals trugen sie als Anhänger außerdem auf dem Kopf stehende Kreuze.

Dennoch waren die Tattoos nicht bei allen Frauen gleich. Ich stellte fest, dass die Zeichnungen bei einigen durch unterschiedliche Farben eingerahmt waren. Mama sagte mir, die Farbe zeige an, welchen Rang die jeweilige Person in der Kirche einnahm. Ihrer war malvenfarbig gekennzeichnet, was offenbar bedeutete, dass sie eine hohe Position innehatte. Das erzählte sie mir mit großem Stolz. Ich merkte, dass es sehr wichtig für sie war.

Mittlerweile bedeutete die Kirche auch für mich sehr viel. Mein Leben wurde durch ihre Regeln bestimmt. Eine der bedeutendsten Regeln untersagte, mit Außenstehenden zu verkehren. Wir Kinder durften nur miteinander und in den Häusern der Kirchenmitglieder spielen. Uns draußen aufzuhalten war verboten. Häuser von Menschen, die nicht zur Kirche gehörten, durften wir auch nicht betreten. Wir durften nicht einmal in den Park oder in ein Geschäft gehen. Da ich sowieso kein Geld hatte, um irgendwelche Sachen zu kaufen, spielte das für mich keine große Rolle. Ich wusste, dass wir arm waren. Mama bezog Sozialhilfe – übrigens waren alle Frauen unserer Kirche von Sozialhilfe abhängig. Daher kam es mir nicht in den Sinn, mir irgendetwas zu kaufen. Meistens kehrte ich aus der Schule zurück, warf meine Schulsachen in den Flur, wechselte meine Schuluniform gegen normale Kleidung und machte mich dann sofort auf zu Hope, um mit ihr zu spielen. Mit Hope zusammen zu sein war toll, darüber vergaß ich Mama – und wie streng sie war. Mittlerweile konnte ich kaum noch mit ihr reden. Sie fragte nicht nach der Schule, meinen Freunden oder sonst irgendwas. Wir hatten uns nichts zu sagen, tauschten unsere Gedanken nicht aus. Sie lebte für Colin und die Kirche.

Obwohl es schön war, neue Menschen um mich zu haben, konnte ich doch nicht die Verwandten vergessen, die wir zurückgelassen hatten. Ich vermisste so sehr meine Oma und meinen Opa. Es dauerte bestimmt über ein Jahr, bis sie uns besuchen kamen. Sie nahmen den Zug von London zu unserem Haus in Wales. Opa sagte, sie haben fünf Stunden gebraucht und seien schon ganz frühmorgens aufgebrochen, als es noch dunkel gewesen sei. Wir zeigten ihnen als Erstes die Wohnung, und ich war sehr stolz, als ich sie in das Zimmer führte, das ich mit Olivia teilte. Mein Einzelbett stand an der Fensterwand neben einer hohen Kommode, während Olivias Kinderbett in eine Art Nische geschoben war, in der auch der Boiler hing. Wir verbrachten den Tag im Haus, da Mama nicht wollte, dass wir draußen spielten. Aber mir war das egal. Es war wunderschön, Oma und Opa zu sehen. Sie hatten mir Buntstifte und ein Malbuch mitgebracht.

»Weshalb hast du nicht die Einwegkamera benutzt, die ich dir geschickt habe?«, fragte Oma Mama während des Mittagessens. Es gab nur Schinken und Sandwiches und etwas Knäckebrot – Mama hatte sich allzu große Mühe gespart. Ich schaute schnell von meinem Teller hoch. Ich erinnerte mich an die kleine gelbschwarze Kamera, die Oma mit der Post gesandt hatte. Mir hatte es viel Spaß gemacht, in unserer neuen Wohnung herumzulaufen und in verschiedenen Ecken des Hauses Schnappschüsse von Olivia und Mama zu machen. Ich hatte auch Hope mehrmals fotografiert.

»Ach die?« Mama nippte an ihrem Fruchtsaft. »Ich weiß nicht, was mit der Kamera geschehen ist. Wahrscheinlich ist sie verloren gegangen.«

Ich hielt meinen Mund. Ich wusste definitiv, dass die Kamera nicht verschüttgegangen war. Nachdem ich eine Reihe von Fotos von Hope gemacht hatte, auf denen sie mit ihrem breitesten künstlichen Lachen posiert hatte, hatte mich Colin gefragt, was ich da machte.

»Oma hat uns eine Kamera geborgt, damit wir ein paar Fotos machen und sie ihr schicken können«, erklärte ich. »Damit sie und Opa unser neues Heim sehen können, und wie sehr meine kleine Schwester und ich gewachsen sind.«

»Verstehe«, sagte Colin mit finsterem Blick und streckte gebieterisch seine Hand aus.

Ich gab ihm die Kamera und sah sie nie wieder. Als ich meine Mama später fragte, was mit der Kamera geschehen sei, sagte sie: »Diese Kamera ist in der Kirche nicht erlaubt. Sie verstößt gegen unsere Regeln.«

»Aber es war doch nicht unsere Kamera. Es war Omas Kamera.«

»Sei still!«, blaffte Mama mich an. Damit war unser Gespräch beendet.

Ich war furchtbar traurig, als es Zeit für Oma und Opa wurde, uns zu verlassen.

»Können sie nicht bei uns übernachten?«, bat ich meine Mama im Korridor, als sie die Mäntel der beiden holen ging. Sie hatten eine so weite Reise unternommen, um uns zu besuchen. Ich verstand nicht, weshalb sie nicht ein wenig länger bleiben konnten. Die arme Oma wirkte sehr müde.

»Es ist nicht erlaubt«, zischte mir Mama zu.

»Aber warum?«, fragte ich bettelnd.

»Colin hat es gesagt, es ist Kirchengesetz!«

Und das war es dann – Ende der Diskussion. Sie bestiegen den Zug nach London, fuhren spät durch die Nacht und kamen morgens um zwei Uhr zu Hause an. Kein Wunder, dass sie sich nie wieder bei uns blicken ließen. Natürlich unternahm Mama niemals Besuche mit uns. Daher sah ich meine Großeltern erst wieder, nachdem ich Wales ein Jahrzehnt später verlassen hatte.

Der einzige Mensch, den ich noch aus unserem früheren Leben kannte und den ich wenigstens ab und zu sah, war Alan. Zunächst gehörte er der Kirche an, und von Zeit zu Zeit kam er bei uns vorbei, doch allmählich wurden seine Besuche immer seltener. Mama schien ihn nicht mehr gerne bei sich zu haben. Deshalb hielt er sich in einem der anderen Häuser auf, wenn er in der Gegend war. Das ging aber nicht lange so – nach und nach ließ er sich bei uns überhaupt nicht mehr blicken und zog dann ganz weg.

Ich glaube, mich berührte das nicht sonderlich. Ich hatte gute Freundinnen in der Schule, und zu Hause war Hope meine liebe Kumpanin, daher war nach meinem Geschmack alles normal. Ja, wir waren Mitglieder einer Kirche, aber auch andere Menschen betrachteten ihre Religion als Teil ihres Lebens, es war also nichts Besonderes. Der einzige Unterschied bestand darin, dass unsere Kirche sehr spezielle Regeln hatte – zu denen gehörte zum Beispiel, dass wir nicht fluchen, uns nicht auf andere Kinder einlassen, als Mädchen keine Jungenszimmer betreten oder Colin direkt in die Augen schauen durften.

»Du musst vorsichtig sein«, warnte er mich, als er mir diese Regel erklärte. »Du möchtest nicht sehen, was in meinem Blick steckt. Wenn du mich zu lange anstarrst, wirst du in die Unterwelt schauen, einen Ort, in dem es nur Leiden gibt. Lebenslanges Leiden.«

Ich erschrak und achtete während der nächsten Tage darauf, Colin nicht in die Augen zu blicken. Aber natürlich gab es Tage, an denen ich seine Warnung vergaß, und wenn ich ihm dann zuweilen in die Augen blickte, fuhr Colin mich an: »Hast du einen schönen Blick in die Unterwelt? Erkennst du den Teufel? Er kann dich sehen!«

Ich versuchte mich stets an die Regeln zu halten. Nur einmal war ich ungezogen, als ich statt zur Schule zu gehen, eine Freundin besuchte. Lilly wohnte direkt neben der Schule, und eines Tages schwänzte ich den Unterricht, um in ihrem Haus zu spielen. Natürlich kam Mama schnell dahinter, da jemand aus der Schule bei ihr anrief und mitteilte, ich sei heute nicht erschienen. Mama erzählte es Colin. Daraufhin bekam ich den Pantoffel zu spüren.

Colin besaß einen roten Pantoffel mit einer harten Ledersohle, und wenn wir unartig waren, wurden wir damit verprügelt. Mir passierte es nur dieses eine Mal, aber es tat ordentlich weh.

Ich bekam je zwei Schläge auf den Handballen und auf die Fußsohlen. Für den Rest des Tages brannten die Stellen gewaltig. Außerdem bekam ich sechs Wochen Hausarrest. Ich glaube nicht, dass Colin mein Schwänzen so sehr gegen den Strich ging. Ihn ärgerte viel mehr, dass ich das Haus meiner Freundin betreten hatte. Sich mit Außenstehenden abzugeben war ja verboten, und danach tat ich dergleichen nie wieder. Ich hatte Respekt vor dem Pantoffel. Ich bekam mit, wie Colin ihn seinen Söhnen ständig verabreichte. Der einzige Mensch, dem es für gewöhnlich gelang, Colins Wut zu entgehen, war Hope – sie war sein Augapfel, und sie hätte ungestraft selbst einen Mord begehen können.

Während Colins Söhne immer wieder Schimpfe bekamen, wurde Hope wie eine Prinzessin behandelt. Ich hingegen versuchte, Colin möglichst aus dem Weg zu gehen, besonders wenn er schlechte Laune hatte. Colins Missmut war furchtbar. Er schwebte wie ein übler Geruch in der Luft, machte jeden nervös. Dann, aus heiterem Himmel, sprang er aus seinem Sessel auf sein Opfer zu und hob die Hand, als wolle er zuschlagen. Im letzten Moment hielt er inne, die Hand nur wenige Zentimeter vom Gesicht des Betroffenen entfernt. Das Opfer seiner Attacke war immer so geschockt, dass es zurückwich und sich in Erwartung des Schmerzes wegduckte – und das brachte Colin zum Lachen. Colin war groß – ungefähr 1,90 Meter. Wenn er einen mit einer Ohrfeige treffen würde, würde einem bestimmt Hören und Sehen vergehen. Das Bemerkenswerte ist, dass ich nie sah, wie Colin jemanden schlug, aber man wusste ja nie. Und diese Angst war das Entscheidende – seine Launen waren so unberechenbar, dass es nervenzermürbend war.

Solange ich meine Zeit mit Hope verbrachte, war alles in Ordnung. Colin liebte sie über alles und war immer nett zu ihr. Zu jener Zeit erschien er mir fast ein bisschen wie mein Vater – er traf alle lebenswichtigen Entscheidungen für mich; er rüffelte mich, wenn ich die Regeln brach, und er gab meiner Mutter jede Woche Geld für Lebensmittel. Mama holte wöchentlich ihre Sozialhilfe ab, und Colin verfügte, dass sie jeweils 20 Pfund für Gas und Strom behalten durfte, der Rest ging an ihn. Alle vierzehn Tage händigte er Mama 50 Pfund aus, und dann konnte sie zu Asda gehen und ihre Großeinkäufe machen.

Aus damaliger Sicht bestand der einzige Unterschied zwischen unserer Religion und der Religion anderer Menschen darin, dass wir nicht über unsere reden durften. Colin sagte, unsere Regeln seien »geleitet von der Kirchen-Verschwiegenheit«. Ich wusste nicht genau, was das bedeutete, außer dass wir niemandem von unseren Regeln berichten durften. Mir war auch nicht klar, warum es diese Regeln überhaupt gab. Wenn ich eingeladen wurde, im Haus einer Schulfreundin zu spielen oder zu einer Geburtstagsparty zu kommen, durfte ich nicht nur nicht hingehen, sondern ich durfte auch nicht verraten, dass die Kirche es mir nicht erlaubte. Ich musste sagen, ich sei beschäftigt oder meine Mutter könne mich nicht abholen. Genauso war es mir nicht erlaubt, irgendjemanden einzuladen oder selbst eine Geburtstagsparty zu feiern. Meine Mutter hätte nicht einmal einen Gedanken daran verschwendet, für mich eine Feier zu organisieren. Von derlei Unsinn hielt sie nichts – nein, ich bekam immer eine Geburtstagskarte von ihr, auf der jedes Mal dasselbe stand: »Alles Gute zum Geburtstag, von Mama und Olivia«. Keine Küsse, noch nicht einmal »Alles Liebe von«. Nichts. Ich erhielt kein einziges Mal einen Kuchen oder Geschenke.

Zu Weihnachten versammelten wir uns alle in Colins Haus. Dann überreichte er uns unsere Geschenke – jedem standen drei Präsente zu: ein großes und zwei kleine. Ich bin mir ziemlich sicher, dass Hope mehr als dies bekam, weil ihr Zimmer vor Spielzeug überquoll, doch ich hatte nichts gegen diese Sitte. Ich spielte ohnehin so viel in ihrem Zimmer, dass ich nie irgendwelche Dinge für mich haben wollte. Außerdem war sie großzügig: Wenn ihr ein Spielzeug nicht gefiel, überließ sie es mir, und auch wenn sie aus Kleidungsstücken herausgewachsen war, gab sie diese an mich weiter.

Zu einem Weihnachtsfest bekam ich ein kleines Fernsehgerät für mein Schlafzimmer, das ich sehr liebte. Es stand auf meiner Kommode. Ich borgte mir von Hope ein paar Disney-Filme, und abends ging ich auf mein Zimmer, legte mich ins Bett und schaute mir *Arielle, die Meerjungfrau*, *Der König der Löwen* und *Aladdin* an. Hope und ich, wir beide liebten Disney-Filme und sahen sie uns wie besessen wieder und wieder an, bis wir ganze Dialoge auswendig konnten und die Lieder Wort für Wort mitsangen.

Am Ende unseres zweiten Sommers in Wales machten alle Familien der Kirche Urlaub in Frankreich. Es war so aufregend – mein erster Auslandsurlaub! Anfang September zwängten wir uns in drei Autos, nahmen die Fähre über den Kanal und fuhren zu einem Platz für Wohnwagen in der Nähe von Disneyland Paris. Die Mädchen hatten einen Wohnwagen, die Jungen einen anderen und die Erwachsenen den dritten. Wir durften in dem Vergnügungspark jeden Tag unterschiedliche Touren machen und hatten wahnsinnigen Spaß. Wir wirbelten in einem gewaltigen Krokodil herum und hielten uns alle an der Hand. Natürlich hingen Hope und ich wie Pech und Schwefel zusammen. Wir schrien und lachten wie wild, es war das Beste, das ich je erlebt hatte. Zum Ende kaufte Colin mir auch noch eine besondere Baseball-Kappe mit Goofy darauf.

Danach fuhren wir jedes Jahr am Ende des Sommers nach Frankreich, gewöhnlich genau zu der Zeit, wenn die Schule wieder begann. Deshalb versäumten wir Kinder aus der Kirche die erste Woche des neuen Schuljahrs. Aus irgendeinem Grund war dieses Schwänzen in Ordnung, weil Colin es angeordnet hatte – und aus mir unbekannten Gründen erkundigte sich niemand aus der Schule, weshalb so viele Kinder aus derselben Straße zur selben Zeit fehlten. Damals machte ich mir darüber keine Gedanken – wichtig war, dass ich Ferien machen konnte. Und wenn wir Colin nicht begegnet oder nicht Mitglieder der Kirche geworden wären, so dachte ich damals, hätte ich solch schöne Dinge nicht erlebt. Ja, ich liebte wahrhaftig unser neues Leben und meine ›neue Schwester‹ Hope.

Als ich im Alter von elf Jahren die Grundschule verließ, lag ein langer, erfreulicher Sommer mit der Hüpfburg im Garten und anschließender Fahrt zum Disneyland vor mir, bevor die weiterführende Schule für mich beginnen würde. Ich war glücklich, und die Aussicht auf zwei Monate des Nichtstuns und des Herumhängens mit Hope begeisterte mich. Ich hatte keine Ahnung, was Colin mit mir vorhatte; es gab keinen Hinweis, dass meine Rolle innerhalb der Kirche sich bald verändern würde.

Kapitel 4

Die erste Prüfung

»Wohin willst du?«, brüllte Hope, als ich von der Hüpfburg sprang und ins Haus rannte. Ich hatte das Gefühl, der Stoff klebe an meinen Gliedern; und mir schwindelte in der glühenden Hitze.

»Nach drinnen, mir ist zu warm!«, antwortete ich, schob meine Unterlippe nach vorne und versuchte mir etwas kühlende Luft auf die Stirn zu blasen. Die Fußbodenfliesen in unserer Küche fühlten sich unter meinen nackten Füßen angenehm kalt an. Schweißperlen prickelten an meinen Schläfen und rannen an meinen Augen entlang. Ich wischte sie mit der Rückseite des Arms weg. Außerhalb der prallen Sonne ließen die Schwindelgefühle langsam nach. Es war ein herrlicher Julitag, aber Hitze vertrug ich nicht. Hope und ich hatten den ganzen Vormittag auf der Hüpfburg verbracht, und jetzt glühte ich. Ich wusste, dass ich eine Weile drinnen bleiben musste, um etwas abzukühlen, danach wollte ich wieder rausgehen und weiterspielen. Ich tapste nach oben in mein Zimmer, warf mich aufs Bett und schloss die Augen. Ich musste still liegen, dann würde es mir bald wieder besser gehen.

Es konnte kaum mehr als eine Minute vergangen sein, da hörte ich eine Stimme im Zimmer. Verwundert öffnete ich die Augen und saß sofort kerzengerade da.

»Wer ist da?«, erkundigte ich mich benommen.

»Ich fragte: Was machst du an einem Tag wie diesem im

Haus?«, meinte Colin, während er sich neben mich aufs Bett setzte.

»Mir ist zu warm«, sagte ich.

»Magst du die Hüpfburg nicht?«

»Doch.«

»Also, welchen Grund gibt es dann? Weshalb bist du hier drinnen?«

»Ich mag es einfach nicht, wenn mir so heiß wird, das ist alles. Dann fühle ich mich krank.«

»Hm, hm«, sagte er und nickte. »Ich verstehe.«

Colin trug seine Marine-Trainingshose und ein Fußballtrikot, wie üblich, und er kam mir so nahe, dass ich den eigentümlich süßen und abgestandenen Duft von Tabak riechen konnte. Er war durchdringend wie alter Schweiß und umgab ihn wie eine Wolke. Colin rauchte fast ständig Dorchester-Zigaretten; fast immer, wenn ich ihm begegnete, hatte er eine zwischen die Lippen geklemmt. Nun musterte er mich, dann streckte er plötzlich seine Hände aus, legte sie mir auf die Schultern und drückte mich auf das Bett.

»Ja, es ist sehr heiß heute, nicht wahr?«, sagte er, während er mich niederzwang und seinen langen Körper auf mich legte. Mir schauderte. Ich wusste nicht, was geschah, als er einen Arm auf meine Brust drückte, um mein Gezappel zu stoppen.

Ich fühlte mich hilflos. Unter seinem Gewicht konnte ich mich kaum bewegen.

Ich wusste nicht, wohin ich schauen, was ich tun sollte. Was sollte das?

Ich blickte zur Tür – sie stand weit offen. Durch das Fenster hörte ich das Schreien der Kinder, die in der Sonne auf und ab hüpften. Außerdem das ständige Surren des Generators. Das Fenster war nur ein wenig geöffnet, gerade so weit, wie es die Kindersicherung erlaubte.

Colins kalte Hand schob meine kurze Hose und den Schlüpfer zur Seite. Ich schaute nach unten. Sein *Ding* ragte aus dem Bund seiner Trainingshose. Jetzt schlängelte er sich zwischen meine Beine, zwängte sie auseinander, und mit einer kräftigen Bewegung stieß er in mich hinein.

Oh, mein Gott! Dieser Schmerz!

Ich wollte schreien. In mir brannte es glühend heiß.

Colins Gesichtsausdruck aber änderte sich nicht. Er machte es sich nur etwas bequemer, indem er einen Arm unter meinen Nacken schob und sich mit dem anderen Arm auf dem Bett abstützte, während er sein *Ding* wieder und wieder in mich stieß. Ich war starr vor Schreck.

Was zur Hölle passierte hier?

Meine Augen begannen wegen der Schmerzen zu tränen. Colin sagte nichts – er schaute mich nur an, als warte er auf etwas. Und immer noch umgab mich dieser fürchterliche Gestank. Er stieg mir in die Nase und verursachte mir Brechreiz. Ich hielt es nicht mehr aus.

Ich drehte meinen Kopf zur Seite. Ich schaute auf die Tapete, die seltsame blaue Tapete mit den Wolken darauf, und ich versuchte mir vorzustellen, wie ich auf diesen Wolken davonflog. Jetzt hallten die Stimmen der Kinder in meinem Kopf wider, während ich auszublenden versuchte, was mit mir geschah.

Was passiert hier? Was ist das? Es tut weh. Mein Gott, es tut weh!

Die Gardinen flatterten in einer leichten Brise, diese scheußlichen weißen Gardinen mit roten Blumen darauf, die meine Mama aus Bettlaken genäht hatte. *Was geht hier vor? Weshalb nimmt es kein Ende?*

Er stieß wieder und wieder zu, und dann, nach einer halben Ewigkeit, hörte er einfach auf.

Der Schmerz schien meinen Körper zu zerreißen. Colins Gesicht war starr. Er löste sich von mir und setzte sich wieder aufs Bett.

»Ich hatte dir gesagt, dass ich dich haben will«, sagte er in einem ausdruckslosen Ton. Immer noch zeigte sich keinerlei Gefühlsregung in seiner Stimme oder in seinem Gesicht.

Ich schluckte mühsam. Ich wollte weinen. Aber ich konnte mich immer noch nicht rühren. Ich war wie gelähmt vor Entsetzen und Schmerz.

»So, jetzt bring dich in Ordnung und geh nach unten«, sagte er kühl, während er aufstand. Dann verschwand er durch die Schlafzimmertür. In diesem Moment spürte ich nichts außer Erleichterung. Es war vorbei – was immer er mir angetan hatte, es war vorbei, und er war verschwunden. Ich blieb noch eine Weile liegen. Ich zitterte vor Angst. Weshalb hatte Colin mir derart wehgetan? Ich konnte es einfach nicht verstehen. Es ist merkwürdig, doch ich wusste von dem Augenblick an, dass ich niemandem erzählen konnte, was geschehen war. Colin war der Leiter unserer Kirche, er war selbst wie ein Gott, das hatte er uns gesagt. Wenn er etwas tat, geschah das immer aus gutem Grund. Auf gar keinen Fall konnte ich mich meiner Mama anvertrauen; ihr war das sowieso egal. Und Colin war Elaines Mann. Ihr konnte ich es auch nicht beichten. Colin war Hopes Papa – ihr würde ich es auch nicht verraten. Auf einmal fühlte ich mich einsam.

Einige Zeit später zog ich meine Hosen wieder an und setzte mich auf. Ich zuckte zusammen, als ich einen scharfen stechenden Schmerz in meinem Unterleib spürte. Ich musste dringend auf die Toilette, aber ich hatte Angst vor dem, was ich dort vielleicht entdecken würde. Ich fürchtete, dass alles rot und geschwollen war. Daher humpelte ich einfach aus dem Haus, um mich zu den anderen Kindern zu gesellen.

»Kommst du nicht auf die Hüpfburg?«, rief mir Hope zu, während sie auf und nieder hopste. Ich hatte schon seit zehn Minuten im Gras gesessen, da ich immer noch zu große Schmerzen hatte, um mich zu bewegen.

»In einer Minute«, rief ich und setzte ein falsches Lächeln für sie auf. »Mir ist noch zu heiß.«

Ich log ohne Zögern und ohne Gewissensbisse. Natürlich tat ich es. Ich wusste nicht, was geschehen war oder weshalb, doch ich ahnte, dass es unter das Kirchengeheimnis fiel.

Den Rest des Tages bewegte ich mich sehr vorsichtig, doch noch mehr achtete ich darauf, in Hopes Nähe zu bleiben. Nachdem ich erfahren hatte, was ihr Papa zu tun imstande war, wollte ich ihm keine Gelegenheit bieten, mich noch einmal alleine zu erwischen. Da unten pochte und hämmerte es. Es fühlte sich an, als sei ich auseinandergerissen worden – und es war ja auch so. Als der Druck schließlich zu groß wurde und ich auf die Toilette musste, sah ich, dass Blut in meiner Hose war. Mir war zum Heulen zumute. Ich war erst elf Jahre alt.

An diesem Abend aßen wir alle zusammen im Freien – Colin war mit dem Grill beschäftigt, während Elaine und Shelley die weichen Brötchen mit Butter bestrichen und Bohnen aus einer großen Schüssel schöpften. Die untergehende Sonne warf die langen Schatten der Hüpfburg über uns. Ich trug immer noch meine dünne kurze Hose und das Leibchen, und ich zitterte in der kalten Luft.

»Was möchtest du haben, Anna?«, fragte mich Colin, während seine unvermeidliche Kippe unappetitlich über dem zischenden Fleisch baumelte, »Hamburger oder Würstchen?« Er wendete die Frikadellen und Würstchen gekonnt und tat so, als sei das, was zwischen uns vorgefallen war, ganz normal. Als sei überhaupt unser ganzes Leben völlig normal.

WAS HAST DU MIR ANGETAN?, wollte ich ihn anschreien. Wie konnte er so tun, als sei nichts geschehen? Es war verrückt.

Ich versuchte, mich ebenso normal zu verhalten wie er, doch ich konnte ihn den ganzen Abend nicht anschauen. Ich aß auch nicht viel, und später, als wir vor dem Fernseher saßen, verkroch ich mich in mich selbst, völlig erschöpft vom Kampf gegen die Schmerzen.

In dieser Nacht ins Bett gehen zu können war eine große Erleichterung, denn so konnte ich mich wenigstens hinlegen und ausruhen. Viel Schlaf fand ich nicht. Plötzlich erinnerte ich mich an das Zusammentreffen mit Colin im Kerzenlicht. Hatte er das gemeint, als er das erste Mal zu mir sprach? Im Laufe der letzten Jahre hatte ich fast vergessen, wie Mama bei dem Treffen vor seinem Schoß gekniet hatte. Das Erlebnis war überdeckt durch meine Eindrücke von Colin als Leiter der Kirche, als Vater meiner lieben Hope, als Nachbar und Freund meiner Mama. Jetzt überschwemmten mich wieder die Erinnerungen an seine Worte und an die Angst jener Nacht.

Doch weshalb war das gerade jetzt geschehen? Bei unserer Begegnung im Kerzenlicht hatte er angekündigt, er werde »mich haben«, wenn meine Periode beginnen würde. Meine Periode hatte aber noch nicht angefangen. Ich war erst elf. *Weshalb will er mir wehtun? Ist es, weil ich etwas falsch gemacht habe?* Die ganze Nacht hindurch rasten die Fragen durch meinen Kopf. Die Erinnerung an den Gestank seiner muffigen Dorchester-Zigaretten in seinem Atem lähmte mich, und ich hätte am liebsten gekotzt. Schließlich, in den frühen Morgenstunden, glitt ich in den Schlaf, doch als ich bei Tagesanbruch wieder aufwachte, spürte ich einen Hauch dieses Geruchs auf meinem Kopfkissen, und das Herz sank mir in die Hose.

Selbst heute noch erfasst er mich, dieser faule Gestank. Ich kann ihn ohne jeden Anlass in meinem Mund schmecken. Eben noch sitze ich vor dem Fernseher, alles ist in Ordnung, und im nächsten Moment strömt mir der Geruch in die Nase. Und dann liege ich wieder in meinem Zimmer, elf Jahre alt, auf mein Bett gefesselt, hilflos und angsterfüllt.

Weshalb tut er das? Weshalb?

Kapitel 5

Ein Sommer der Prüfungen

Ich brauchte nicht lange auf die Antwort zu warten. Am nächsten Morgen erschien Colin in unserer Wohnung, beladen mit jeder Menge grün und cremefarben gestreifter Tapetenrollen. Mama lag im Wohnzimmer auf der Couch, rauchte und sah sich die Quizshow *Fifteen to One* an.

»Colin tapeziert unsere Wohnung neu«, erklärte Mama und wedelte mit der Hand durch die Luft, ohne ihren Blick vom Fernseher abzuwenden.

»Ich muss diese Bude endlich mal in Ordnung bringen«, sagte Colin, deutete mit dem Kopf auf unsere scheußlichen braunen Wände und krempelte seine Trainingshose hoch. Ich weiß nicht, was er damit meinte – schließlich kamen nie Gäste zu uns. Die einzigen Fremden, die unsere Wohnung betraten, gehörten zu seiner Familie.

In Colins Gegenwart drehte sich mir fast der Magen um. Ich war nervös, ängstlich. Colin war jetzt ein anderer Mensch. Er war nicht mehr der Mann, den ich als Hopes Papa gekannt hatte, er war die Person, die mich verletzt hatte. Der Tag verlief ohne Zwischenfälle, doch abends, sobald Mama Olivia zu Bett gebracht hatte, verschwand sie nach nebenan, um Playstation zu spielen.

»Colin müsste gleich hier sein«, sagte sie, schnappte sich die Zigaretten vom Küchentisch und huschte zur Hintertür hinaus. Als die Tür hinter ihr zuknallte, spürte ich einen Angstschauer, und ich wusste, was ich zu tun hatte. Ich ging nach

oben und zog meinen rosa und gelb gestreiften Pyjama an. Ich
wollte nicht am Eingang stehen, wenn Colin kam. Außerdem
war ich noch müde nach der schlaflosen Nacht. Ich knipste das
Licht aus und rollte mich unter meiner Bettdecke ein.

Natürlich schlief ich noch nicht richtig, als ich etwa zwanzig Minuten später hörte, wie die Hintertür geöffnet wurde.
Den folgenden Geräuschen konnte ich entnehmen, dass Colin eine Trittleiter hereinbrachte und im Flur verschiedene
schwere Gegenstände abstellte. Ich hörte, wie er kam und
ging, wobei die Hintertür der Wohnung jedes Mal zuknallte,
bis er schließlich in der Diele stehen zu bleiben schien.

Komm nicht hier herauf, betete ich stumm im Dunkeln.
Bitte komm nicht her.

Knarr. Knarr. Knarr.

Das schauderhafte Geräusch von Schritten auf unserer
Treppe. Die Schritte wurden lauter und lauter. Ich vernahm,
dass er die Türklinke herunterdrückte, und dann brach ein
Lichtstrahl ins Zimmer, der mich blinzeln ließ. Colins große
dunkle Silhouette füllte den Türrahmen.

»Steh auf«, sagte er leise. Ich erschrak. Langsam schwang
ich mich aus dem Bett und folgte ihm voller Furcht zum
Treppenabsatz.

Was jetzt?

Colin hatte bereits alles mit der Trittleiter und einem Ei-
mer voll Leim vorbereitet. Er machte sich nicht die Mühe, die
alte Tapete abzureißen. Er begann einfach, Leim darüberzu-
pinseln, mit einer Kippe im Mundwinkel.

Eine Weile saß ich mit bis zur Brust hochgezogenen Knien
auf dem Treppenabsatz und sah zu, wie er die Wand bearbeitete, um neue Tapete daraufzukleben. Als er die erste Rolle
ausbreitete, bemerkte ich einen goldenen Rand an der Kante
jedes Bogens.

Colin war so groß, dass er auf der Leiter nur bis zur dritten Stufe zu steigen brauchte, um die Decke zu erreichen. Er passte die Tapete am Rand der Decke an und strich sie dann mit Händen und Armen glatt. Sobald sie geradehing, fuhr er mit einer Bürste darüber, um sicherzustellen, dass der Kleister hielt. Er arbeitete langsam, sehr langsam.

»Weißt du, die Götter sind zufrieden mit dir, Anna«, sagte er, wobei er seine Handflächen auf die Ecken der Tapetenbahn presste und sich an die Wand lehnte. »Sie sprechen zu mir. Sie berichten mir Dinge. Als auserwählter Priester kommuniziere ich direkt mit ihnen, und sie sagen mir, dass du zu den Beschützten zählst. Du bist etwas Besonderes.«

Ich blickte zu Boden, leicht verlegen, aber auch ziemlich erleichtert. Der Gedanke war schön, dass die Götter mich wahrnahmen. Dass sie über mich redeten. Es war still, während Colin arbeitete. Jetzt wollte ich mehr erfahren, doch ich traute mich nicht, irgendwelche Fragen zu stellen. Es war uns nicht erlaubt, Colin anzusprechen, bevor er nicht das Wort an uns gerichtet hatte. Nun stieg er von der Leiter und schaute mich an, als sei er bemüht, eine wichtige Entscheidung zu treffen. Er holte tief Luft, dann stieß er einen langen Seufzer aus.

Ich umklammerte meine Knie noch fester und blickte zu Boden.

»Weißt du, Anna, es ist beschlossen, dass du nichts anderes als ›Unverfälschten Willen‹ in deinem Leben ausübst.«

»Ja, ich weiß«, sagte ich. Nun, zumindest kannte ich diese Wörter. Ich war mir nicht sicher, ob ich verstand, was Colin meinte, wenn er über den »Unverfälschten Willen« sprach. Ich hoffte, dass ich es begreifen würde, wenn ich nur genau genug hinhörte. Colin war klüger als jeder andere Mensch, den ich kannte. Ich glaubte, er würde mir helfen, eine höhere Stellung in unserer Kirche zu erlangen. Sosehr er mich ängstigte, so sehr war ich auch geschmeichelt, dass er mir diese Aufmerksamkeit widmete. Er hatte schließlich eine sehr wichtige Position inne, und ich war nur ein kleines Mädchen. Dann begann er wieder, die Tapetenbahn zu bürsten.

»Willen ist das Einzige, das zählt – das Einzige«, sagte Colin, als spräche er zu der Wand, die er gleichzeitig bearbeitete. »Alles andere ist Einschränkung und führt zu nichts als ewiger Pein, es ist die Pforte zur Unterwelt. Hast du Menschen über die Sünde reden hören? Über Sittsamkeit und Keuschheit, über das Vermeiden der Sünde und die Unreinheit? Unsinn! Alles totaler Unsinn! Hinter dem Begriff der Sünde steckt Einschränkung, eine Einschränkung gegenüber der Unverfälschtheit des Willens. Und wenn du in deinem Willen eingeengt bist, dann wirst du den Palast nie erreichen.

Merke dir dies, Anna: In unserer Kirche gibt es *nichts*, das Sünde genannt wird. Keine Einschränkungen. Es gibt nur Liebe: Liebe ist das Gesetz. Liebe im Willen. Sünde ist ein menschliches Konstrukt, um die Natur zu unterdrücken, um den Wahrhaftigen Pfad zu blockieren. Und wenn du den Palast erreichen und nicht in die Leere der Unterwelt gesogen werden willst, in eine Ewigkeit unendlicher Qualen, in uferloses Leiden, dann musst du deinem Willen gehorchen und den Begriff Sünde ablehnen.

Es gibt vier Tore zum Palast, wie du weißt. Um diese Tore passieren zu können, musst du innerhalb der Kirche zu einer höheren Stufe aufgestiegen sein, du musst Priesterin geworden sein. Und der einzige Weg, dies zu erreichen, ist der, deinen Unverfälschten Willen auszuüben. Du musst deinen Wahrhaftigen Pfad finden.«

Seine Worte schwemmten wie Wellen über mich hinweg – und sie nahmen kein Ende. Ich versuchte, ihn zu verstehen, doch jedes Mal, wenn ich glaubte, eine Woge erwischt zu haben, glitt sie davon. Sobald ich mich bemühte, mir ihre Bedeutung zu merken, entwischte sie mir. Doch ich nickte, antwortete Colin sogar gelegentlich – Ja, Nein –, aber ich begriff nichts. Ich sagte das, wovon ich glaubte, dass er es hören wollte. Immerhin sollte er mich nicht für dumm halten. Eine Stunde verrann. Inzwischen war ich todmüde, und ich wollte nur noch zurück in mein Bett. *Wie lange dauert es, eine einzige Tapetenbahn anzubringen?*

Schließich, nachdem er die Tapete geglättet und die letzten Luftblasen herausgepresst hatte, stieg er von der Leiter und lief am Treppenabsatz vorbei in Mamas Schlafzimmer. Colin brauchte nichts zu sagen – ich wusste, dass er von mir erwartete, ihm zu folgen. Er legte sich seitlich aufs Bett und stützte seinen Kopf mit einer Hand ab. Mit der anderen fischte er in seiner Trainingshose herum und holte das marineblaue Päckchen Dorchester hervor. Er zündete eine Zigarette an und blies den Rauch in die Luft. Dabei ließ er seinen Blick auf mir ruhen. Ich setzte mich neben ihn aufs Bett, die Hände im Schoß.

»Wie denkst du darüber, was gestern geschehen ist?«, fragte er.

Furcht ergriff mich – ich wusste nicht, wie ich reagieren sollte. Ich fühlte mich schrecklich – natürlich –, doch das konnte ich ihm nicht sagen.

»Schön«, antwortete ich leise.

»Gut, sehr gut«, sagte Colin und zog an seiner Zigarette. Ich wollte nur, dass dieses Gespräch ein Ende hatte, daher redete ich ihm nach dem Mund.

»Du bist etwas ganz Besonderes für uns«, fuhr er fort und fixierte mich mit seinem starren Blick. Aus der Nähe bemerkte ich die gelben Nikotinflecken auf den Gläsern seiner braun umrandeten Kassenbrille. »Ich weiß, dass die Götter große Hoffnung in dich setzen, Anna. *Wir* setzen große Hoffnung in dich. Wir glauben, dass du dich wacker schlagen wirst, dass du aufsteigen und ein wichtiges Mitglied unserer Kirche werden wirst, jemand, der andere leiten und ihnen den Wahren Pfad zum Palast weisen kann.«

Colin hörte nicht auf, mich anzustarren, und ich spürte, wie sich meine Wangen röteten. Er streckte eine Hand aus und strich mit den Fingern durch mein langes Haar.

»Du bist auserwählt, und das sollte dich dankbar stimmen«, sagte er, während die Finger sich durch mein Haar schlängelten. »Die Götter haben über dich gewacht, da sie wissen, dass du eine von ihnen bist. Sie wählten dieses Haar, dieses besondere rote Haar für dich. Sie gaben dir die Form deiner Augen, schräg auslaufend, wie bei den Göttern selbst. Sie schufen dich nach ihrem Ebenbild.« Jetzt begannen seine Finger eine Haarsträhne immer weiter zu drehen, bis sie als straffe Locke meine Kopfhaut berührte.

»Die Göttin Nuit, die Göttin der Sterne und des Himmels, sie warf einen schützenden Zauber über dich. Sie wünscht, dass du den Palast betrittst. Liebe ist das Gesetz, Liebe im Willen. Du möchtest doch in der Kirche voranschreiten, nicht wahr, Anna?«

Er ließ mein Haar los, und ich nickte: »Ja.«

In diesem Moment glaubte ich ihm. Ich glaubte, dass ich etwas Besonderes, dass ich auserwählt sei, dass ich mich weiterentwickeln müsse. Ich wollte alles richtig machen.

»Bist du bereit, die Prüfungen für die Fortschritte auf deinem Pfad zum Palast auf dich zu nehmen?«

Ich nickte erneut.

»Denn nur so kannst du deinem Pfad folgen und deinem

Wahren Willen. Dies ist der Weg, dich den Göttern zu nähern, dich gegenüber Horus, Bastet, Anubis, Nuit und Isis des besonderen Status wert zu erweisen, den sie dir verliehen haben, zu beweisen, dass du es verdient hast, den Palast zu betreten. Bist du bereit, die Prüfungen zu bestehen, um in der Kirche weiter aufzusteigen? Wie es im ›Buch des Gesetzes‹ niedergeschrieben ist? Möchtest du dich diesen Prüfungen unterziehen?«

»Ja.«

»Hast du irgendwelche Fragen?«

»Nein.«

Er nickte wieder, offensichtlich zufrieden: »Gut – dann zieh dich jetzt aus.«

In diesem Moment erst begriff ich, was das alles bedeutete. Diese Dinge, die er tat – das waren die Prüfungen! Ich hatte gerade weiteren Prüfungen zugestimmt, bevor mir überhaupt klar geworden war, wovon Colin redete. Jetzt war ich zwiegespalten. Obwohl ich wirklich in der Kirche vorankommen wollte, so war ich doch erst elf Jahre alt. Und ich wollte mich bestimmt nicht vor einem erwachsenen Mann entkleiden, ganz zu schweigen davon, dass er der Vater meiner besten Freundin war. Dennoch konnte ich nicht mehr zurück. Daher zog ich zuerst ganz langsam die Schlafanzughose aus, dann schlüpfte ich behutsam aus dem Oberteil. Ich setzte mich verlegen in meinem Schlüpfer auf die Bettkante. Im Bett trug ich immer einen Schlüpfer.

»Zieh ihn aus!«, befahl Colin. Natürlich tat ich, was mir gesagt wurde, aber ich fühlte mich entsetzlich. Als ich vollständig entkleidet war, sollte ich mich aufs Bett legen. Mich schauderte, als seine langen kalten Finger über meinen Körper fuhren. Ich harrte einfach aus, schaute zur Decke und verschränkte die Arme über meiner Brust.

»Nimm deine Arme weg«, sagte er.

Ich ließ die Arme zur Seite sinken. Nun lag ich dort auf dem Bett meiner Mutter, unbeweglich wie ein Stück Holz.

Colin drückte seine Zigarette in einem überquellenden Aschenbecher auf dem Fußboden aus, zog seine Trainingshose bis zu den Fußknöcheln herunter und legte sich so neben mich, dass seine Hüfte auf Höhe meines Kopfes war.

Bis zu diesem Moment hatte ich Angst vor dem gehabt, was geschehen würde. Doch jetzt spürte ich plötzlich nichts mehr. Meine Gefühle verschwanden einfach, als ginge ein Licht in meinem Kopf aus. Es gab nichts, das ich hätte tun können, um dies zu stoppen. Was nun folgte, würde sowieso geschehen. Der Schauder verschwand, und an seine Stelle trat Leere. Es war, als würde ich vor der Situation kapitulieren, da mir nichts anderes übrig blieb. Es war mein Körper, doch ich selbst war nicht mehr in ihm.

Colin zog meinen Kopf zu seinem Schoß. Ich sah seinen Penis hart und lang vor meinem Gesicht.

»Tu es mit dem Mund!«, befahl er, und dann schob er mir sein Ding in den Mund. Ich spürte, wie seine langen Fingernägel über meine Haut fuhren. Ich hatte keine Angst, aber ich wollte, dass das, was Colin mit mir tat, so schnell wie möglich ein Ende hatte. Ich wollte, dass er von mir abließ. Ich wollte wieder alleine in meinem Bett sein. Doch als er meinen Mund füllte, meldete sich der Brechreiz. Der Geschmack in meinem Mund war metallen, wie Blut. Sein Ding wuchs, wurde noch größer und härter. Colin hielt meinen Hinterkopf und drückte ihn wieder und wieder gegen sich, sodass sein Ding immer weiter in Richtung meiner Kehle drang. Nach einer Weile sagte er: »Benutz deine Zunge.«

Meine Zunge benutzen? Wofür? Wie? Ich konnte meine Zunge ja nicht einmal spüren.

Doch ich hatte nicht das Gefühl, Nein sagen oder aufhören zu dürfen. Ich musste mitmachen. Dies war die Prüfung, über die Colin gesprochen hatte; dies war der Weg, den Göttern zu gefallen und in den Palast zu gelangen. Jetzt konnte ich es mir nicht mehr anders überlegen.

»Streck dich aus«, flüsterte er.

Dann legte er sich auf mich. Ich wusste, was nun passieren würde, und spürte, wie sich mein Körper verkrampfte. Diesmal musste er noch kräftiger in mich hineinstoßen, was noch schmerzhafter war als beim ersten Mal. Er hatte Sex mit mir, wie schon einen Tag zuvor. Allerdings wusste ich zu diesem Zeitpunkt nicht, dass das, was wir taten, Sex genannt wurde. Ich kannte es nur als Prüfung. Ich biss die Zähne aufeinander, starrte an die Zimmerdecke und wartete einfach darauf, dass es vorüber war, während ich die ganze Zeit den stechenden Schmerz in meiner Scham und den widerlichen Geruch aus Colins Mund zu ignorieren versuchte.

»Entspanne dich«, drängte Colin. »Genieß es.«

Das ergab keinen Sinn. Sollte das etwa Spaß machen? Wie sollte ich das genießen können? Ich verstand es wirklich nicht, daher ließ ich nur ein leichtes Lächeln über mein Gesicht huschen und schaute danach weiter zur Zimmerdecke empor. Es tat so fürchterlich weh. Von gestern war ich schon ganz wund, und jetzt schien sich der Schmerz in meinem Inneren noch einmal zu verdoppeln. Ein ums andere Mal stieß Colin in mich hinein. Sein Gesicht war mir jetzt ganz nahe – seine Mimik war völlig verbissen. Ich konnte ihm nicht in die Augen schauen, daher drehte ich den Kopf so, dass ich den Altar sah, wobei ich im Geiste alle Statuen der Götter bei ihren Namen nannte: *Horus. Aua. Anubis. Aua. Isis. Aua. Wann nimmt dies ein Ende? Wann nimmt dies ein Ende?*

»Versuche, es zu genießen«, ächzte er wieder. Das war ein

Befehl, wurde mir jetzt klar. Ich sollte es gar nicht wirklich genießen. Ich sollte einfach so tun. Daher nickte ich, kam damit seinem Befehl nach und lächelte. Dann konzentrierte ich mich wieder auf die Schmerzen.

Ich weiß nicht, wie lange es diesmal dauerte – es mögen vielleicht nur Minuten gewesen sein, doch es erschien mir ewig. Und genau wie beim letzten Mal, als er mit einem Mal beschloss, dass es vorbei sei, hörte er auch jetzt ohne jede Ankündigung plötzlich auf. In seinem Verhalten und Gesichtsausdruck zeigte sich keine Veränderung.

»Für heute Abend reicht das«, sagte er, während er sich aufrichtete.

Ich starrte ihn an, hatte immer noch keine Verbindung zu meinem Körper, verstand nicht, was sich hier abspielte.

»Dies sind die Prüfungen, die du ablegen musst, um in den Palast zu gelangen. Möchtest du dich ihnen weiterhin unterziehen?«

Nein, nein, nein!, schrie es in meinem Kopf.

»Ja«, sagte ich. Ich setzte mich wieder auf den Bettrand, nackt, verlegen und wund. Colin steckte sich eine neue Zigarette an.

»Nun gut, diesmal hast du die Prüfung bestanden. Gut gemacht! Jede Prüfung, die du schaffst, wird dich einen Schritt weiter auf deinem Pfad voranbringen, einen Schritt näher zum Palast und fort von der Unterwelt, weg von einer Welt ewiger Pein.«

Ich nickte und versuchte seine Worte in mich aufzunehmen. Natürlich wollte ich den Palast betreten und bei den Göttern sein. In der Unterwelt mochte ich nicht enden. Dennoch spürte ich zugleich heftige Schmerzen.

»Ich möchte, dass du in der Kirche Fortschritte machst«, fuhr Colin fort. »Ich möchte, dass du gut abschneidest, und solange du dasselbe für dich willst, solange du dich entscheidest, deinem Pfad zu folgen, wirst du erstaunliche Dinge erreichen, Anna. Du wirst eine Priesterin werden, eine Göttin. Wie ich dir schon sagte, die Götter haben dich erwählt; sie wachen die ganze Zeit über dich. Achte darauf, dass du deinem Pfad folgst.«

Ich fühlte mich in diesem Moment nicht wie eine Göttin – ich fühlte mich schmutzig, beschämt, und ich fror, doch ich wagte es nicht, mich wieder anzuziehen, ohne dass Colin es mir ausdrücklich erlaubt hatte. Schließlich bemerkte er, dass ich zitterte.

Rasch zog er seine Hose hoch und sagte: »Gut, du gehst jetzt besser und schläfst etwas. Ich muss noch ein paar Tapeten anbringen.«

So schnell wie möglich ging ich in mein Zimmer und kroch ins Bett. Trotz der Schmerzen fielen mir die Augen sofort zu. Als ich am nächsten Tag aufwachte, tat es mir zwischen den Beinen immer noch sehr weh. Langsam humpelte ich zur Treppe und sah, dass an der Wand nur die eine neue Bahn hing.

In den folgenden acht Wochen kam Colin jeden Abend in unser Haus, und während er die Wohnung im Zeitlupentempo renovierte, vollzog er Dutzende Prüfungen an mir. Merkwürdigerweise war Mama in diesen Momenten immer in seiner Wohnung und spielte dort Playstation, während meine Schwester unschuldig in ihrem Bett schlief. Um meine Augen begannen sich dunkle Ringe zu bilden. Durch die kurzen Nächte war ich ständig müde. Tagsüber gab ich das normale Mädchen – ich sprang in der Hüpfburg, sprach mit den anderen Kindern der Kirche, spielte mit Hopes Barbies –, doch zur Nacht gehörte ich Colin. Und da passierte dann immer dasselbe: Ich lag starr auf dem Bett, während er sich an mir zu schaffen machte.

Es war unvermeidlich, dass ich mich in diesem Sommer veränderte. Von außen war das vielleicht nicht zu bemerken, aber ich wusste genau, dass ich innerlich nicht mehr dasselbe Mädchen war wie vor den Ferien. Etwas fehlte. Ich war nicht mehr sorglos – ich lachte nicht mehr leicht und natürlich. Meistens täuschte ich es nur vor, damit niemandem auffiel, dass sich mir der Magen verkrampfte, dass ich voller Furcht und Ekel war. Zu der Zeit, als die weiterführende Schule im September begann, war ich ein anderer Mensch. Niemand erkannte, welches Grauen ich durchlebte und noch durchleben sollte. Die Renovierung der Wohnung hatte Colin übrigens nie beendet.

Kapitel 6

Schule

»Hast du heute Geld dabei, Annabelle?«

Es war die Betreuungslehrerin, Miss Burns, die mich während der Pause im Flur ansprach. Sie war jung; sie hatte ein freundliches Gesicht und Falten um ihre kleinen Augen, die von einem Wuschel lockiger Haare eingerahmt wurden. Sie war die einzige Lehrerin, die ich wirklich respektierte, und die Einzige, der es gelang, mich zu beruhigen, sodass ich mich im Unterricht konzentrieren konnte.

»Nein«, antwortete ich.

»Dann komm her.« Sie stöberte in ihrer Leinerhandtasche mit Schottenmuster. »Hier, hier hast du dreißig Pence für einen Toast.«

»Danke!« Ich erwiderte ihr Lächeln. Es war nicht das erste Mal in dieser Woche, dass sie mir Geld gab. Für dreißig Pence bekam man zwei Scheiben Toast in unserer Schulkantine. Das war gerade genug, um das flaue Hungergefühl in meinem Magen zu unterdrücken, das mich überallhin zu verfolgen schien. Zu Hause gab es nicht viel zum Frühstück, daher ging ich oft zur Schule, ohne etwas gegessen zu haben, und Taschengeld bekam ich auch nicht. Colin hatte von Mama die Aufgabe übernommen, mir das Geld für das Mittagessen zuzuteilen, doch er vergaß es ziemlich oft. Infolgedessen war ich dünn wie eine Bohnenstange, und der Hunger gehörte wie selbstverständlich zu meinem Leben.

Nur Miss Burns bemerkte, wie dünn ich war, und dass ich

nie Geld für die Kantine besaß. Sie war eine reizende Frau, voller Großzügigkeit und Anteilnahme. Ganz anders als meine Mutter. Ich glaube nicht, dass es meine Mutter gestört hätte, wenn ich verhungert wäre – sie schien mittlerweile überhaupt nichts mehr zu beunruhigen. Meine Uniform hatten wir nur mit einem Zuschuss der Schule bezahlen können. Mama wusch zwar die schwarze Hose, das weiße Hemd und den blauen Pullover, die ich zum Unterricht tragen musste, aber es war an mir, meine Kleidung zu bügeln und jeden Tag rechtzeitig alleine zum Schulbus aufzubrechen. Nach einer Weile hörte sie sogar auf, sich um meine Wäsche zu kümmern. Mir war das aber egal. Nichts konnte mich daran hindern, zur Schule zu gehen.

Ich genoss die Schule. Zugegeben, die ersten paar Wochen waren etwas unheimlich gewesen – das neue Gebäude war so viel größer als das meiner Grundschule. Doch ich kannte bereits eine ganze Reihe meiner Klassenkameraden, da wir gemeinsam die Schule gewechselt hatten. Es dauerte nicht lange, bis ich neue Freundinnen gefunden hatte. Eigentlich war die Schule der einzige Ort, an dem ich ganz ich selbst sein konnte. Hope besuchte die Klasse über mir, und außerhalb von Colins wachsamem Auge konnten wir uns entspannen und vergnügen. Natürlich blieb sie seine Prinzessin, doch er war ihr gegenüber genauso streng wie gegenüber uns anderen – selbst sie musste erst die Hand heben, wenn sie ihm etwas sagen wollte.

In der Schule, fern von Colin und den Kirchenregeln, waren wir frei. So alberten wir zusammen herum, und meistens passte ich im Unterricht nicht sonderlich auf. Ich redete viel, machte Witze, gab Lehrern pampige Antworten und versäumte es, meine Hausaufgaben abzugeben. Ich genoss es wieder, ein Kind zu sein, endlich wieder nur ich selbst sein zu dürfen. Ich verhielt mich nicht so ungezogen, dass ich echte Schwierigkeiten bekam, aber ich machte es den Lehrern schwer, und bezüglich der Noten erwarteten sie nicht viel von mir.

Es spielte aber auch keine Rolle – meiner Mama war es total egal, was aus meiner Ausbildung wurde. Wenn ich ihr mein Zeugnis zur Unterschrift gab, warf sie es auf den Küchentisch und schaute kaum darauf. Sie half mir nie bei den Hausaufgaben und dachte gar nicht daran, bei den Elternabenden zu erscheinen, um zu erfahren, wie ich in allen Fächern durchrasselte. Nein, Mama kümmerte sich um nichts anderes als um Colin. Unterdessen, während das Schuljahr fortschritt, unterzog mich Colin weiterhin den Prüfungen, bis sie fast schon zu unserem Alltag gehörten. Ich betrachtete sie schon gar nicht mehr als Prüfungen – sie waren wie ein normaler Teil meines Lebens, wie mein Hunger.

Es konnte überall und irgendwann am Tage oder in der Nacht geschehen. Ich konnte gerade in seinem Wohnzimmer mit Hope spielen, und plötzlich fixierte er mich mit seinem starren Blick und sagte: »Du, ich möchte mal ein Wort mit dir reden.« Daraufhin musste ich ihm in sein Zimmer folgen und Sex mit ihm haben.

Er schien nicht die geringsten Bedenken zu haben, dass uns jemand entdecken könnte, denn jeder befolgte ohnehin, was Colin sagte. Wenn er die Tür schloss, blieb diese Tür geschlossen. Er hatte absolute Gewalt über sein Haus, die Sackgasse und jeden innerhalb unserer Kirche. Manchmal sagte er mir, er werde später bei uns vorbeikommen, um mich zu treffen, und das hieß dann für mich, dass ich im Wohnzimmer auf ihn warten musste. In guten Nächten erschien er vor Mitternacht – in schlechten Nächten musste ich bis drei Uhr morgens ausharren. Mama muss zu diesem Zeitpunkt geahnt haben, was da vor sich ging. Wenn sie selbst ins Bett ging, musste ich sagen, dass ich auf Colin wartete, daher darf ich wohl annehmen, dass sie wusste, weshalb Colin kam.

Colins Anforderungen zu später Nacht machten es mir schwer, mich im Unterricht zu konzentrieren. Miss Burns gab ihr Bestes. Sie besaß eine Art, sanfte, aber dennoch klare Anweisungen zu erteilen, die mich zur Ruhe kommen ließen und davon abhielten, die anderen Kinder zu stören. Es war nicht etwa so, dass ich den Schulstoff nicht bewältigen *konnte*; mich bedrückte dermaßen viel, dass ich mich nicht konzentrieren konnte. Und dabei war die Schule der einzige Ort, an dem ich mit anderen Menschen reden, an dem ich erfahren konnte, was sie dachten und mit ihrer Zeit anstellten. Es war erheblich interessanter als alles, was ich in einem Buch las.

Abends hatte ich nie Lust, nach Hause zu gehen, da ich mir Sorgen machte, was Colin für die Nacht mit mir geplant hatte, ob meine Mutter schlechte Laune hatte oder ob sie *richtig* üble Laune hatte. Es kam bisweilen vor, dass sie völlig durchdrehte und mit Olivia und mir schimpfte, nur weil wir es wagten, sie anzusprechen. Sie schenkte uns nie ein Lächeln – nur Colin.

Inzwischen hatte ich Angst vor meiner Mutter. Nicht weil sie streng zu mir war – sie kümmerte sich viel zu wenig um mich, als dass sie sich über irgendetwas aufgeregt hätte, das ich sagte oder tat. Es war immer Colin, der mich zurechtwies, nie sie. Nein, es war eher der Umstand, dass sie distanziert wurde, völlig unerreichbar. Ich wusste nie, was sie dachte oder fühlte, und das machte sie unberechenbar. Unter der Oberfläche brodelte stets ihre Feindseligkeit mir gegenüber, wie ein schlafender Vulkan, und der konnte jeden Moment ausbrechen.

Die einzige Gelegenheit, mein häusliches Leben wirklich zu vergessen und all meine Ängste abzuschütteln, war der Geländelauf in der Schule. Da draußen in den Wäldern, hinter dem Hockeyplatz, wo wir trainierten, lief ich, bis jeder Muskel schmerzte. Da draußen, umgeben von alten, duftenden Bäumen, hatte ich mich wieder unter Kontrolle – es war mein Körper, der sich da bewegte, und ich konnte mit ihm tun, was ich wollte. Ich spürte mein Herz pumpen. Hörte, wie die Blätter und Zweige unter meinen Füßen knackten und der Wind gegen meine Schenkel peitschte. Und ich fühlte mich frei. Wirklich frei.

Auch Korbball half mir, zu vergessen, was zu Hause auf mich wartete. Wenn ich Korbball spielte, verschwand alles andere um mich herum. Da ich klein und athletisch gebaut war, hatte man mich zur Flügelangreiferin gemacht, was bedeutete, dass ich fast immer in der Position war, den Ball anzunehmen. Sobald das Spiel angepfiffen wurde, legte ich los, lief nach links und nach rechts, drehte mich, sprang, spielte Pässe, blockte, wich aus oder schoss. Es war, als zähle während dieser Stunde nichts anderes. Ich war völlig auf die Spielerinnen um mich herum fokussiert, meine Mitspielerinnen, und darauf, Körbe zu erzielen. Es ging nicht so sehr darum, dass ich ehrgeizig war oder die andere Mannschaft schlagen wollte. Ich genoss in diesem Moment einfach die Möglichkeit, mich fallen zu lassen.

Sport war das Einzige, bei dem ich merkte, dass ich gut war, daher stürzte ich mich darauf. Neben allem anderen gab er mir einen Schub an Selbstvertrauen und die Möglichkeit, mich in etwas hervorzutun. Daher dauerte es nicht lange, bis ich in die Schulmannschaften für Korbball und Leichtathletik aufgenommen wurde. Dort, während der Turniere, fühlte ich mich wieder normal, wie die anderen Mädchen. Auf dem

Korbballfeld war ich praktisch federleicht in meinem Aertex-Hemd, der kurzen Hose und den Turnschuhen. Ich liebte diese Stunden sehr, daher war es frustrierend, als ich meiner Sportlehrerin mitteilen musste, dass ich am Nachmittagstraining nicht teilnehmen könne. »Du fliegst aus der Mannschaft, wenn du nicht kommst«, warnte sie mich.

Ich zuckte mit den Achseln. »Meine Mutter hat kein Auto – sie kann mich nicht abholen.«

Dies war gelogen. Mir war es nicht *erlaubt*, die Wahrheit zu sagen – dass die Kirche außerschulische Aktivitäten verbot. Es verstieß gegen die Regeln: genau wie der Besuch des Parks, eines Geschäfts, des Kinos oder des Hauses einer Freundin, deren Eltern nicht zur Kirche gehörten. Ich musste mit dem Schulbus nach Hause kommen, oder es gab etwas mit dem Pantoffel.

»Gibt es niemanden sonst, der dich abholen kann?« Die Sportlehrerin bemühte sich redlich, mich in der Mannschaft zu halten, doch ich schüttelte den Kopf und ging, vor Frustration innerlich kochend. Natürlich wollte ich am Training nach der Schule teilnehmen! Sämtliche Familien innerhalb der Kirche besaßen ein Auto, daher hätte mich jeder Erwachsene abholen können. Es war einfach nicht erlaubt, und nur darum ging es. Das Schlimme war, dass Mama noch nicht einmal wusste, dass ich gut im Korbball und Laufen war. Es interessierte sie nicht, sie fragte nicht, und ich erzählte es nicht.

Zwangsläufig wurde ich nach dem ersten Jahr aus der ersten Korbballmannschaft der Schule geworfen, obwohl ich teilnehmen durfte, wenn die Spiele während der Unterrichtszeit stattfanden. Einmal gab es eine Leichtathletik-Bezirksmeisterschaft in Pembrey Beach. Ich wurde gemeldet, um am Geländelauf teilzunehmen. An einem kristallklaren Dezembertag lief ich zwei Stunden hintereinander und wurde 28. unter 200 Kindern des Bezirks. Mir bedeutete es nicht viel, dass ich gut abgeschnitten hatte – aber ich hatte jeden Moment genossen. Der eiskalte Salznebel stach mir in die Wangen, während ich die Arme im Takt meiner Laufschritte bewegte. Da draußen am Strand, mit dem Blick zum weiten sandigen Horizont, fühlte ich mich spitze. Ich verlängerte meine Schritte, trieb mich schneller und schneller voran, und obwohl die Schmerzen in meinen Schenkeln wuchsen, wenn ich das Tempo noch weiter steigerte, tat ich etwas, das zu Hause kaum geschah. Ich lachte.

Kurz nachdem ich auf die weiterführende Schule gekommen war, begannen die Versammlungen. Alle Kirchenmitglieder, einschließlich der Kinder, mussten am Sonntag um 12 Uhr mittags in Colins Haus erscheinen, um aus der Bibelversion unserer Kirche – dem »Buch des Gesetzes« – vorzulesen. Damals wusste ich nicht genau, woher dieses Buch stammte. Colin sagte uns, wir seien Mormonen, doch jetzt ist mir klar, dass dies lediglich als Schutz diente, falls uns jemand fragen sollte, welcher Religion wir angehörten. Schließlich hatte jeder von den Mormonen gehört – die glattrasierten Männer wirkten unschuldig und anständig in ihren ordentlichen weißen Hemden und mit ihrem breiten Lachen. Erst später fand ich heraus, dass unsere Kirche herzlich wenig mit dem Mormonentum gemein hatte.

Oberflächlich betrachtet mochte es Ähnlichkeiten gegeben haben – wir befolgten strenge Gesundheitsgesetze, die uns den Genuss von Alkohol untersagten, das Fluchen und den Drogenkonsum verboten. Doch bei genauerem Hinsehen unterschieden wir uns von den Mormomen wie der Tag von der Nacht. Die Mormonen folgten strikten Keuschheitsgesetzen – unsere Kirche missbilligte die Keuschheit. In einem Spruch im »Buch des Gesetzes« heißt es: »Alle keuschen Frauen sollen verachtet sein.«

Jahre später entdeckte ich, dass das »Buch des Gesetzes« im 19. Jahrhundert von einem Mann namens Aleister Crowley geschrieben wurde. Crowley huldigte dem Gruppensex, dem Sadomasochismus, Drogen und altertümlichem Mystizismus. Kein Wunder, dass er jedem predigte, das zu tun, was er wollte. Sicherlich hielt er sich selbst nicht zurück. Tatsächlich gibt es Menschen, die seinen Lehren heute immer noch folgen, die sogenannten Thelemiten. Als Kind ahnte ich natürlich nichts davon.

Als Zwölfjährige wusste ich nichts außer dem, was Colin und die Schule mich lehrten. Da wir nicht einmal einen Computer besaßen, war mir nicht klar, dass ich woanders Informationen über unsere Religion finden konnte. Jeden Sonntag versammelten sich alle siebzehn Mitglieder unserer Kirche in Colins Wohnzimmer, und abwechselnd lasen wir laut aus dem »Buch des Gesetzes« vor. Eine Person las, während die anderen zuhörten. Der gesamte Text ist in drei Büchern aufgeteilt, und man brauchte ungefähr eine Dreiviertelstunde, um eins davon laut vorzutragen. Ich schätze, dass ich dem Inhalt kaum folgen konnte, hat für die anderen keine große Rolle gespielt, denn das Ganze war wirklich völlig unverständlich. Damals dachte ich noch, ich sei zu dumm, um es zu verstehen, doch wenn ich mich heute in diese Texte vertiefe, bin ich erstaunt, dass so viele Erwachsene sie dermaßen ernst nahmen.

Nach der Lesung durften wir Colin Fragen zu dem stellen, was wir gerade gehört hatten. Die meisten Erwachsenen waren sehr eifrig bei der Sache, und sie streckten ihre Hände hoch, um ihn zu bitten, den Sinn gewisser Textstellen zu deuten. Dann begann Colin, endlos zu schwafeln, über die Götter, die Bedeutung der Wörter, die Kirche, den Palast und alles andere, das in den Texten vorkam. Oft dauerten die Versammlungen bis sieben Uhr abends, ohne Pausen und ohne dass wir etwas essen oder trinken durften. Für uns Kinder war dies eine entsetzliche Qual.

Den Mitgliedern wurde aufgetragen, ganze Textpassagen aus dem »Buch des Gesetzes« auswendig zu lernen. Selbst heute noch kann ich mich an den Anfang erinnern: »Had! Die Manifestation von Nuit. Die Enthüllung der Himmelsgesellschaft. Jeder Mann und jede Frau ist ein Stern. Jede Zahl ist unendlich, es gibt keinen Unterschied.«

Ich erinnere mich, dass Colin einst in einer Versammlung erklärte, dies bedeute, dass jeder in unserer Kirche gleich sei – wir seien alle Sterne, und es gebe keine Unterschiede zwischen uns. Aber natürlich waren wir unterschiedlich! Jeder Einzelne hatte innerhalb der Kirche seinen Rang, und die Rangfolge war klar geordnet. Colin stand an der Spitze, dann kam Elaine, dann Mama, Sandra, Shelley und so weiter. Colin sprach über unsere Pfade und wie wir alle versuchen sollten, in der Kirche weiter nach oben zu steigen. Sich selbst bezeichnete er als Auserwählten Priester, daher weiß ich nicht, ob er wirklich glaubte, wir seien alle gleich.

Zuweilen stellte jemand eine Frage, die Colin sich weigerte zu beantworten. Dann kam er mit dem alten Hut, das falle unters »Kirchengeheimnis«. Es gab viele Dinge, die in diese Kategorie zu gehören schienen, obwohl Colin nie erklärte, weshalb gewisse Dinge geheim waren und andere nicht.

Er behauptete, wir seien Teil der Kirche, die über das ganze Land verteilt Ortsgruppen habe.

»Wir sind größer, als irgendjemand von euch es sich vorstellen kann«, pflegte Colin zu sagen. »Wenn ihr eine Straße hinuntergeht, begegnet ihr anderen Kirchenmitgliedern. Ihr wisst es nicht, aber wir sind die ganze Zeit in eurer Nähe. Wir sind überall.«

Nach der Art, wie er sprach, wie er immer »wir« sagte, musste man den Eindruck gewinnen, er *sei* die Kirche. Berühmte Menschen seien ebenfalls Mitglieder, behauptete er. Ich bekniete ihn immer wieder, sie uns zu nennen, doch er tat es nicht, denn auch das fiel unter das Kirchengeheimnis.

Die Versammlungen waren nur ein Aspekt der Kirche, den wir zu erdulden hatten, wie andere zum Kindergottesdienst oder zur Koranschule gehen mussten. Doch es gab Zeiten, da habe ich sie gehasst. Das Schlimmste war, wenn Colin auf jemandem in der Gruppe herumhackte. Alleine die Angst davor reichte, dass ich nicht aus der Reihe tanzte. Wenn jemand von den Kindern unter der Woche etwas falsch gemacht hatte, knöpfte ihn sich Colin in der Versammlung vor. Oft war es einer seiner eigenen Söhne – er schien sie nicht sehr zu mögen. Während er Hope gegenüber herzlich war, behandelte er seine Söhne ziemlich niederträchtig, beschimpfte und beschämte sie – indem er jedem erzählte, sie seien »schwul« oder »dreckig«.

Diese wiederkehrenden Erniedrigungen waren die Momente, die ich mit am meisten fürchtete. Dass Colin einen auf dem Kieker hatte, bedeutete, dass man in der Kirche nicht vorankam, dass man es nie in den Palast schaffen würde. Ich versuchte mit aller Macht, den Sinn von allem zu verstehen, doch viele der Texte aus dem »Buch des Gesetzes« gingen mir zum einen Ohr rein und zum anderen wieder raus. Sie sagten mir nichts. Das Einzige, was ich ganz sicher wusste, war, dass ich nicht in die Unterwelt wollte. Ich wollte nicht eine Ewigkeit lang Qualen erleiden, daher versuchte ich, ein braves Mädchen zu sein, den Regeln zu folgen und mir meinen Platz im Palast zu sichern.

Am Montagmorgen war ich dann wieder in der Schule, und niemand dort ahnte etwas von der Kirche, den Prüfungen oder dem Buch. Von dem, was bei uns zu Hause ablief, erzählte ich keiner Menschenseele etwas. Zwischen meinem Zuhause und der Schule trennte ich rigoros. Vor allem aber versuchte ich, artig zu sein und meinem Pfad zu folgen, wobei ich wusste, dass mich die Götter immer beobachteten.

Kapitel 7

Eine Mutter gibt es nicht

Ich hatte erhöhte Temperatur. Unter der Haube meiner blauen Seidenrobe sickerten Schweißtropfen hervor, den Hals hinab, und von dort fielen sie auf meinen nackten Rücken.

O weh, wann hört das auf?

Heute war ein besonderer Tag – eine unserer Feiern, das Erntedankfest. Alle paar Monate dankten wir den Göttern und zogen aus diesem Anlass unsere Festkleider an. Dies waren bodenlange Umhänge mit einer Kapuze. Die Farbe des Umhangs hing vom jeweiligen Rang der Person innerhalb der Kirche ab. Die meisten Kinder trugen wie ich hellblaue Gewänder, während die Erwachsenen vornehmlich dunkelviolett gekleidet waren.

Wir standen in mehreren Reihen vor der Wand mit den ägyptischen Bildern, aufgefächert wie eine Pyramide. Colin hatte sich ganz vorne aufgebaut, hinter ihm meine Mama und Elaine, in der Reihe dahinter drei weitere Mitglieder, danach vier und so weiter. Colin leitete die Zeremonie vor einem Tisch, der von einem violetten Tuch bedeckt war und auf dem silberne Kerzenleuchter, ein silberner Kelch mit Rotwein und ein Silberteller mit in Wein getränktem Graubrot standen. Alle schwiegen, während Colin aus einem unserer heiligen Texte vorlas, und dann traten wir der Reihe nach zu ihm nach vorne, um einen Schluck Wein und ein Stück Brot in Empfang zu nehmen.

Ich hatte mein Brot und den Wein bereits bekommen, was wie üblich scheußlich geschmeckt hatte, und ich war zu meinem Platz in der dritten Reihe zurückgekehrt. Jetzt begann ich leicht zu schwanken, während mir immer heißer wurde. Die Luft war stickig und schwül und durchsetzt mit beißendem Weihrauch, die Fenster waren geschlossen, die Gardinen zugezogen. Ich stand direkt neben der elektrischen Heizung, und diese war voll aufgedreht. Es war Mai – draußen herrschte herrliches sonniges Frühlingswetter. Eine sanfte Brise streichelte die Blätter und ließ die Knospen der Blumen aufbrechen. Hier drinnen jedoch war nichts davon zu spüren. Die Luft stand. Ich wollte nach draußen ins Freie. Unter dem Gewand trug ich nichts – wie alle anderen, das gehörte zu den Regeln. Dennoch war mir dermaßen heiß, dass ich kaum atmen konnte. Irgendwo weit entfernt hörte ich Colins Stimme weiter brummen, und jetzt spürte ich, wie ich das Gleichgewicht zu verlieren drohte. Als Nächstes fühlte ich eine Hand auf meinem Arm, ich wurde aus der Reihe gezogen, und dann fasste mich jemand von hinten kräftig an der Schulter und führte mich aus dem Zimmer. Meine Augen waren halb geschlossen, und ich wusste nicht, wer mich da in den Flur lenkte.

Völlig benommen wurde ich auf einer Treppenstufe abgesetzt, um mich zu erholen, während ich noch sah, wie das violette Gewand in das Wohnzimmer zurückschwebte. Wer auch immer es gewesen war, ich war dankbar für die frische Luft. Hier draußen im Flur konnte ich wieder atmen, und mein Kopf begann sich von dem dichten Nebel zu erholen, der meine Sinne blockiert hatte. Ich weiß nicht, wie lange ich dort gesessen hatte, bevor sich die Tür wieder öffnete und mich ein Hauch von Weihrauch erreichte. Langsam verließen die Kirchenmitglieder den Raum. Sie mussten in einer Reihe nach der anderen heraustreten, die letzte Reihe zuerst, jedoch ohne den Bildern den Rücken zuzukehren, sodass ich die Gewänder nur von hinten sah, als sie heraustraten. Die Gesichter waren nicht zu erkennen. Eines dieser gesichtslosen Gewänder nach dem anderen zog an mir vorüber und verschwand in der Küche. Dort zogen sich alle wieder ihre normale Kleidung an. Niemand sprach mich an oder schaute auch nur in meine Richtung. Ich saß dort einsam und verlassen und fühlte mich blöde und lächerlich.

Da ich nicht wusste, was man von mir erwartete, blieb ich dort, wo man mich abgesetzt hatte – auf der Treppe. Schließlich verließ das letzte violette Gewand den Raum. Es war Colin. Er kam direkt zu mir und sprach mich an.

»Du warst kurz davor, ohnmächtig zu werden«, sagte er, kniete sich hin und schob seine Kapuze zurück, sodass sein langes schwarzes, von grauen Strähnen durchzogenes Haar sichtbar wurde. »Ich habe gesehen, wie du hin und her geschaukelt bist, und deine Augen waren halb geschlossen. Ich selbst musste dich da rausholen.«

»Es tut mir leid, Colin.« Ich schämte mich. Es war wirklich schlimm, eine derartige Zeremonie zu verpassen. Ich wusste, dass diese Ereignisse für die Entwicklung unseres Pfades äußerst wichtig waren.

»Du *musst* in der Lage sein, mit der Hitze fertigzuwerden«, ermahnte er mich. »Es ist alles andere als gut, dass ich dich mitten in der Feier hinausbringen musste. Das ist für jeden störend, vor allem aber für dich selbst. Es wird sehr schwierig für dich sein, in der Kirche weitere Fortschritte zu machen, wenn du eine Erntedankfestfeier nicht durchstehen kannst. Dies ist ein wichtiger Tag – und du hättest ihn fast zerstört. Nun gut, jetzt geh und zieh dich um. Beim nächsten Mal musst du dich besser verhalten.«

Den Rest des Tages fühlte ich mich entsetzlich. Wie war es

nur möglich, dass ich die Feier nicht hatte durchhalten können? Es hatte sich doch nur um ein paar Stunden gehandelt. Mit Hitze war ich zwar nie gut zurechtgekommen, doch bei früheren Gelegenheiten hatte ich mich nicht so gefühlt, als hätte ich dermaßen viel Zeug auf dem Leib. Plötzlich spürte ich auch noch quälenden Hunger in mir aufkommen. Aber als Mittagessen gab es lediglich ein Käsebrot – ich belegte eins für mich und eins für Olivia, da Mama nach der Feier verschwunden war.

Nach dem kleinen Mahl fühlte ich mich zum Glück ein wenig besser. Vielleicht war Hunger der Grund dafür, dass ich fast ohnmächtig geworden war. Am Abend zuvor hatte ich nur einen Teller Nudeln verspeist, und zum Frühstück hatte es nichts gegeben. Im Hauswirtschaftslehre-Unterricht hatte die Lehrerin gesagt, es sei wichtig, regelmäßig zu essen, um das Energieniveau im Gleichgewicht zu halten, und das hatte etwas mit dem Blutzucker zu tun. Dass ich nicht genug zu mir nahm, hatte nun wohl ernsthafte Folgen, überlegte ich. Ich beschloss, vor der nächsten Versammlung etwas zu essen, selbst wenn es nur ein Stück Obst sein sollte. Der Gedanke, meine Zukunft in der Kirche aufs Spiel zu setzen, erschien mir beängstigend. Schließlich wusste ich, dass ich keine Zeremonie verpassen durfte, wenn ich auf meinem Pfad vorankommen wollte. Und nach all den Prüfungen, die ich auf mich genommen hatte, wäre es doch dumm gewesen, mich auf diese Weise hängenzulassen.

Mit meinen jetzt vierzehn Jahren war ich ein engagiertes Mitglied der Kirche. Colin hatte mich im Laufe der Jahre vielen Prüfungen unterzogen und damit begonnen, mich auch die Manier der »Verrufenen Frau« zu lehren. Laut Colin war die Verrufene Frau die Gattin des Auserwählten Priesters, und gemeinsam besaßen sie die Macht, die Herrlichkeit der

Sterne in die Herzen der Menschen zu pflanzen. Das »Buch des Gesetzes« unterrichtete uns über die Verrufene Frau und das, was von ihr erwartet wurde. Colin sagte, ich könne diese Person sein, jene, die die Götter auserwählen würden, die Trennung von Mann und Frau aufzuheben.

Doch ich musste mich selbst prüfen, musste meine Hingabe für die Freuden der Ekstase und die Wahrheit der Offenbarung prüfen. Ich musste beweisen, dass ich gewillt war, mich ganz unserer Kirche hinzugeben und meinen Körper zum Kanal zu machen, durch den der wahrhaftige Wille fließen konnte. Colin sagte uns, innerhalb der Kirche habe so etwas wie eine Familie keinen Platz, da wir alle von den heiligen Kräften der Götter geleitet würden.

»Hier gibt es Mutter, Vater oder dergleichen nicht«, betonte er. »Wir haben keine Brüder und Schwestern. Wir sind alle Sterne – wir sind alle eins, und wir sind alle keiner. Es gibt nur Willen, Liebe unter Willen.«

Wenn Colin redete, klang das so kraftvoll und beeindruckend. Die Art, wie er ganze Textpassagen aus dem »Buch des Gesetzes« zitieren konnte oder wie er Ägyptisch sprach, erstaunte mich immer wieder. Im Laufe der Jahre hatte ich ihn als meinen Führer in vielen Bereichen des Lebens zu betrachten gelernt, und ich bemühte mich unablässig, all meine Pflichten in der Kirche zu erfüllen. Aber die Vorstellung, so etwas wie Familie gebe es nicht, wollte mir nur schwer in den Kopf. Das Gefühl sagte mir, meine Mama sei immer noch meine Mutter, und meine Schwester sei meine Schwester. Colin sagte, dies sei ein Denkfehler, den ich angehen müsse. Nach meinem vierzehnten Geburtstag begann er daher, meine Mutter in die Prüfungen einzubeziehen.

»Colin kommt heute Abend vorbei«, sagte Mama, bevor ich an jenem Tag zur Schule aufbrach. Ich war abgelenkt, da ich an diesem Morgen eine Mathematikarbeit schreiben würde, und ich hatte das ganze Wochenende keine Zeit zum Üben gefunden.

Ich hörte ihr also nicht genau zu, weil ich in der ganzen Wohnung verzweifelt nach meiner Schultasche suchte, die ich drei Tage lang nicht angerührt hatte und die sich nun irgendwo versteckte.

»Was?«, erwiderte ich, ohne richtig hinzuhören.

»Colin kommt heute nach der Schule vorbei. Er möchte uns beide sehen. Verstanden?«

»Ja, in Ordnung«, murmelte ich und kaute an den Fingernägeln. Es war ziemlich normal, dass Colin vorbeikam, um eine von uns zu sehen. Es erschien mir nicht ungewöhnlich, dass Mama es erwähnte. Tatsächlich dachte ich den ganzen Tag über kaum daran, da ich mit einer schwierigen Mathematikarbeit zu kämpfen hatte. Meine Lehrerin seufzte schwer, als ich ihr an diesem Morgen meine Klausur überreichte. Ich hatte sie eindeutig verhauen – nicht mal auf eine DIN-A4-Seite hatte ich es mit meinen Antworten gebracht. Alle anderen lieferten Berge von Papier ab. Ich hatte die Fragen kaum verstanden.

Eine Woche zuvor war ich ins Lehrerzimmer gerufen worden, wo mich ein kleiner ›Plausch‹ mit meiner Klassenlehrerin Miss Green erwartete – sie machte sich Sorgen, ob ich den Realschulabschluss schaffen würde.

»Bei diesen Leistungen wirst du nicht in die elfte Klasse kommen, Annabelle.« Sie fixierte mich, und während ich mich sauunwohl fühlte, war mir bewusst, dass ich ihr Recht geben musste.

»Ich bin ernstlich besorgt. Du wirst dich grundlegend ändern müssen. Wenn du so weitermachst, wirst du überhaupt keinen Abschluss erreichen.«

»Ich werde mich mehr bemühen«, versprach ich. Und in diesem Moment meinte ich es auch so; ich wollte mich in der Schule verbessern. Ich hoffte, eines Tages auf eine höhere Schule gehen zu können. Ich wollte nicht einfach zu Hause herumsitzen und wie meine Mama und einige andere Frauen der Kirche in die Glotze schauen. Ich wollte einen Beruf erlernen, etwas Sinnvolles tun – und ich hatte das Gefühl, ich könnte etwas aus meinem Leben machen, wenn ich hart genug arbeitete. Das Problem war nur, dass ich es so schwierig fand, zu Hause zu lernen, und in der Schule war ich immer abgelenkt.

»Du wirst schon mehr tun müssen, als dich nur zu bemühen, Annabelle«, sagte Miss Green. »Wir müssen Ergebnisse sehen. Dir bleibt noch dieses Halbjahr, um die Dinge zu ändern. Wenn ich keine echten Fortschritte sehe, müssen wir uns über Alternativen unterhalten.«

In diesem Moment, im Lehrerzimmer, hatte ich das Gefühl, der Zeitpunkt sei gekommen, wirklich mehr zu tun. Doch jetzt, ein paar Tage später, musste ich erkennen, dass ich mich schon wieder hängenließ. Ich fand es frustrierend, dass ich jede Prüfung bestanden hatte, der Colin mich unterzogen hatte, während es in der Schule nicht einmal halb so gut lief. Ich wollte meinen Schulabschluss gemeinsam mit allen anderen Schülern machen, daher konzentrierte ich mich in den restlichen Unterrichtsstunden dieses Tages gewaltig. Ich war nicht dumm, ich wollte nicht hinter meinen Klassenkameradinnen zurückbleiben – und ich wusste, dass es hauptsächlich darum ging, meine Aufmerksamkeit zu steigern.

An diesem Abend ging ich gleich nach dem Tee nach oben und erledigte die Hausaufgaben in einem Rutsch. Tatsächlich war ich so damit beschäftigt, mich zu ändern, dass es mich überraschte, als Mama zur Tür hereinschaute und mir sagte, ich solle ins Wohnzimmer kommen, da sie Olivia ins Bett geschickt habe. Gewöhnlich blieb Olivia bis kurz nach acht Uhr auf. An diesem Abend hatte meine Schwester wutschnaubend das Wohnzimmer verlassen und war demonstrativ laut die Treppe heraufgestapft.

Ich hatte völlig vergessen, dass Colin kommen würde, und so folgte ich meiner Mama geistesabwesend nach unten. Erst dort nahm ich wahr, dass sie in ihr Seidengewand geschlüpft war. Ich trug noch meine Schuluniform.

»Hier«, sagte sie und reichte mir mein eigenes luftiges blaues Gewand, »zieh das an.«

Ich ging nach oben und kleidete mich im Badezimmer um. Als ich wieder nach unten kam, hatte sie sämtliche Kissen vom Sofa genommen, sie auf die Erde gelegt und mit einem großen roten Tuch bedeckt.

»Was hast du darunter an?«, fragte sie mich, als ich mich auf das kissenlose Sofa setzte.

»Meine Unterwäsche«, sagte ich.

»Los, zieh sie aus«, schnauzte sie mich an. Also stiefelte ich nach oben und zog Schlüpfer und BH aus. Als ich wieder nach unten zurückkehrte, hatte Mama die Gardinen zugezogen und sich am Sofa-Ende niedergelassen, mit den Ellbogen auf den Knien. Die Hände hielt sie verschränkt um eine brennende Zigarette. Sie rauchte ungeduldig und rupfte zwischen den Zügen an ihrer Nagelhaut. Ich setzte mich neben sie und wartete. Sie stellte den Fernseher an, um sich *EastEnders* anzuschauen.

Eine halbe Stunde später hörten wir die Hintertür zuknallen – Colin war gekommen. Ich wusste nicht, was mich diesmal erwartete. Ich hatte hier noch nie zusammen mit meiner Mutter gesessen, doch mir war klar, dass dies eine besondere Art der Prüfung sein musste.

Colin rauchte, als er eintrat. Anfangs sagte er nichts, sondern legte sich einfach auf die Kissen auf dem Fußboden. Der gesamte Körper meiner Mama schien auf seine Anwesenheit zu reagieren – ihr Rücken streckte sich, das Rückgrat wurde straffer, und ihre Brust wölbte sich vor. Kokett warf sie ihr langes dunkles Haar auf eine Seite und formte mit den Lippen einen Schmollmund. Ich saß da und wartete, was wohl als Nächstes geschehen würde.

Colin stützte sich auf einen Ellbogen, lehnte sich zurück und ließ seinen Blick im Raum umherwandern. »Gut, habt ihr irgendwelche Fragen?«

Ich schüttelte den Kopf. Ich wusste nicht, was zur Hölle hier vor sich ging, aber mir war klar, dass ich es bald erfahren würde.

»Es geht um die drei Martyrien«, begann Mama. Wie immer hatte sie auch jetzt ein paar Fragen. »Ich weiß, dass die ersten beiden das Feuer und der Verstand sind, doch ich verstehe nicht ganz, was das dritte Martyrium ist.«

»Ja, die größte Qual.« Colin nickte und fuhr sich mit der Hand durch sein drahtiges Haar, um es aus dem Gesicht zu schieben. »Ich fürchte, dies ist ein Bereich, den ich nicht öffentlich behandeln kann, da er unter das Kirchengeheimnis fällt. Die ersten beiden Martern muss man überstanden haben, bevor man die dritte lernen kann. Man muss die höchste Ebene spirituellen Bewusstseins erreichen, um diese Entdeckung zu machen. Nun, irgendwelche Wünsche?«

Er hatte mich noch nie zuvor gefragt, ob ich einen Wunsch hatte, daher schüttelte ich nur den Kopf. Für meine Mama war dies offenbar nicht neu, denn sie hatte ihre Liste parat: »Ich benötige neue Schuhe für Olivia, und die Katze braucht ein neues Klo.«

Wir hatten vor einiger Zeit eine siamesische Katze namens Sakkara bekommen. Sie war schön, mit pechschwarzen Ohren, und die Farbe des Fells ging in cremiges Weiß über, während die Augen verblüffend blau leuchteten. Leider hatte sie in ihrem vorigen Zuhause schlechte Erfahrungen gemacht. Anfangs konnten wir uns ihr nicht nähern. In den letzten Monaten hatte sie sich jedoch ein bisschen beruhigt und ließ sich manchmal sogar streicheln, weil sie dachte, das würde ihr etwas zu Essen einbringen. Colin hatte uns Sakkara geschenkt, aber ich wusste, dass er sie zur Zucht benutzen wollte. Doch derzeit war sie noch zu verängstigt. Wenn sie sich alleine in der Wohnung aufhielt, zerstörte sie ihr Katzenklo.

Colin stimmte Mamas Wünschen mit einem winzigen Nicken zu und sagte dann irgendetwas praktisch Lautloses. Mama jedoch verstand es offensichtlich, denn sofort schlüpfte sie aus ihrem Gewand. Darunter war sie nackt. Es war seltsam, sie vollkommen entblößt zu sehen. Ich kannte meine Mutter nicht ohne Kleidung, bis auf das eine Mal, als ich sie beim Meditieren überrascht hatte. Von Nahem entdeckte ich nun all die kleinen Furchen und Risse in ihrer Haut, die winzigen Muttermale an der Innenseite ihrer Oberschenkel. Ich fremdelte.

Dann kniete sie sich neben Colin und begann, ihm die Trainingshose über die Hüfte zu ziehen. Aus meinem Blickwinkel sah es so aus, als fände da ein kleines Gerangel statt, denn sie wollte sie ihm ganz herunterstreifen, doch Colin ließ es nicht zu. Sie riss an der Hose, um sie über seine Füße zu bekommen, er jedoch verschränkte seine Beine, um sie daran zu hindern. Tief aus meinem Innern fühlte ich ein verzweifeltes kleines Kichern aufsteigen, das sich zu entladen drohte. Ich war ohnehin nervös, mir war unbehaglich, und jetzt veranstalteten sie auch noch diesen bizarren Kampf um Colins

Trainingshose. Mein Gott, wie ich das hasste! Was auch immer geschehen würde, ich wollte nur, dass es so schnell wie möglich beendet würde. Schließlich, mit der Trainingshose immer noch an den Fußgelenken, sagte Colin zu Mama: »Das reicht.«

Jetzt begann sie mit dem Oralverkehr. Ich saß da und schaute zu, wie sie es ihm besorgte. Es dauerte nicht lange, da drehte er sich zu mir um und gab mir ein Zeichen, ich solle zu ihm kommen. Ich vermutete, ich solle irgendwie einbezogen werden, daher zog ich mein Gewand ebenfalls aus und kniete mich auf seine andere Seite.

Mama schaute kurz hoch und murmelte: »Leck seine Eier.« Dann fuhr sie mit dem Oralverkehr fort. Es war eine neue Prüfung, eine noch quälendere, die ich nun zu durchstehen hatte. So tat ich denn, was sie mir aufgetragen hatte. Wenig später zog er sie auf sich, und ich musste ihn gleichzeitig küssen. Danach tauschten wir. Mama gab alle möglichen Geräusche von sich, als mache es ihr Spaß. Ich gab keinen Muckser von mir. Ich hatte das Gefühl, als sei ich nicht wirklich da. Das alles war zu verrückt, um es zu verkraften. Ich ließ mich all diese Dinge tun, doch mein Verstand war in Wirklichkeit irgendwo anders. Nach einer guten halben Stunde war alles vorüber, und Colin verschwand. Ich durfte nach oben in mein Schlafzimmer gehen, um meine Hausaufgaben zu beenden.

Ich würde gerne sagen, dass ich mich danach schrecklich fühlte, doch dem war nicht so. Ich spürte einfach überhaupt nichts. Ich war nur körperlich anwesend. Ich hatte getan, was ich tun musste, da ich keine andere Wahl hatte. Von da an wurde der Sex mit beiden zum regelmäßigen Bestandteil meines Lebens. Es handelte sich lediglich um eine kleine Umstellung, die ich vornehmen musste – alle paar Tage kam es zum Geschlechtsverkehr mit Colin, einmal pro Woche mit Mama und Colin zusammen.

Wenn ich heute darüber nachdenke, kann ich kaum glauben, dass ich das als normal betrachtete, doch ich kannte nichts anderes, und ich durfte einfach nicht denken, dass es falsch war. Colin scheute wahrlich keine Mühen, uns beide daran zu erinnern, dass es so etwas wie Familie nicht gab, und dass auch eine Mutter-Tochter-Verbindung nicht existierte. Und ich vermute, irgendwie war es so auch für mich erträglich. Ich konnte hinnehmen, dass wir bloß dazu dienten, Colin zu befriedigen.

Ungefähr zwei Monate nach dem ersten Mal mit Mama und Colin bereiteten wir uns wieder einmal auf Colins Ankunft vor. Wir hatten wie gewöhnlich die Sofakissen auf den Fußboden gelegt und uns in unseren Gewändern hingesetzt. Während wir warteten, drehte meine Mama sich plötzlich zu mir um und sagte, ich müsse mich beim Sex mehr entspannen.

»Du bist zu verklemmt«, sagte sie. »Colin möchte, dass ich mit dir Oralverkehr übe, bevor er uns besucht.«

Ich erstarrte. Ich wollte das auf keinen Fall, aber ich hatte keine Wahl. Die Götter beobachteten uns die ganze Zeit, und wenn ich verweigerte, was sie forderte, würde Mama es Colin erzählen, und ich würde bestraft werden.

Sie sagte, ich solle mich auf den Boden legen, und dann machte sie es mir. Ich kann gar nicht beschreiben, wie schrecklich ich mich die ganze Zeit fühlte. Ich hasste jede Sekunde. Ich wollte aufspringen und weglaufen, doch die Angst war zu groß, und irgendein Teil meines Gehirns machte in diesem Augenblick dicht. Es war, als widerfahre dies jemand anderem. Selbst wenn ich jetzt daran denke, macht es mich noch krank. Von all den abscheulichen Dingen, die mir meine Mama im Laufe der Jahre antat, war dies gewiss das Schlimmste. Es war böse – ich wusste damals, dass es böse war –, doch ich hatte keine Ahnung, wie ich es stoppen sollte.

Einige Zeit später kam Colin, und als er das Wohnzimmer betrat, lag ein wissendes Grinsen auf seinem Gesicht. Er schaute uns beide an, wie wir da wie immer auf dem Sofa saßen, doch diesmal brannten meine Wangen vor Scham und Entsetzen. Er starrte mich an, und seine dunklen Augen glänzten vor Entzücken hinter seinen dicken Brillengläsern.

»Nun, Annabelle«, sagte er, »hat dir das heute Abend Spaß gemacht?«

»Ja«, sagte ich leise.

Das antwortete ich ihm – ja, es habe mir Spaß gemacht. Nun ja, es wurde von mir erwartet, daher sagte ich es. Colin kannte die Wahrheit nicht – dass es die schlimmste Erfahrung meines Lebens war. Dass diese Scheußlichkeit mich an eine Stelle in mir selbst geführt hatte, von der ich nicht einmal gewusst hatte, dass sie existierte. Die Person, die ich vorher gewesen war, war fort, vollständig verschollen. Innerlich fühlte ich mich tot.

Kapitel 8

Thomas

»Möchtest du mich irgendetwas fragen?« Mama starrte mich an. Ihre Hand schwebte in der Luft, die Klinge des Küchenmessers glänzte im Sonnenlicht.

Sie hatte am Küchenschrank gestanden und die Messer sortiert, während ich langsam mein Sandwich aß. Sie musste wohl bemerkt haben, dass ich sie dabei neugierig betrachtete. Es war ihr Bauch, auf den ich schaute – in der Sonne trat in ihrem schlanken Profil oberhalb des Beckens deutlich eine große Wölbung hervor.

Ich wollte es unbedingt wissen.

»Ja, bist du schwanger?«

»Ja, das bin ich«, antwortete sie nüchtern und wandte sich wieder ihrer Aufgabe an der Besteckschublade zu. Ich schwieg – ich wusste auch nicht, was ich noch hätte sagen sollen.

Ich war immer noch vierzehn, und meine Schwester war neun, daher erschien es mir komisch, dass meine Mama ein weiteres Baby bekommen würde. Dennoch freute es mich. Ich mochte Babys, und ich war begeistert, dass wir bald eins haben würden. Die Nachricht von Mamas Schwangerschaft verbreitete sich schnell in unserer Kirche. Das Kind stammte von Colin – für mich stand das außer Frage, denn ich war dabei gewesen, als sie ohne Kondom Sex miteinander gehabt hatten. Doch da alle Prüfungen unter das Kirchengeheimnis fielen, wusste das niemand sonst.

Fast augenblicklich kam das Gerücht auf, Alan sei für eine Nacht zurückgekommen, und das Baby stamme von ihm. Als ich das von einem der Mädchen hörte, hob ich die Augenbrauen und sagte »Ach ja«, als sei ich auch davon überzeugt. Doch mir war klar, dass es Unsinn war, vermutlich von Colin in die Welt gesetzt, damit Elaine nicht dachte, er sei der Vater. Alan hatten wir seit Jahren nicht gesehen.

In der Zwischenzeit hatte Colin in Tenby einen Wohnwagen für die Familie gekauft, und so schickte er Elaine und Hope oft übers Wochenende für einen Kurzurlaub dorthin. Gewöhnlich blieb er zu Hause, um sich um die Wohnung und die Hunde zu kümmern – was bedeutete, dass er außerdem das tun konnte, was er wollte, ohne dass Elaine etwas davon erfuhr.

Mittlerweile hegte ich den Verdacht, er habe auch mit einigen der anderen Mädchen Sex. Fiona und Millie waren immer in der Nähe von Colins Haus, und er alberte mit ihnen herum, wenn Elaine sich im Wohnwagen aufhielt. Er meinte, es sei lustig, Millies Oberteil hochzuheben und ihre Brüste zu entblößen, sobald sie an ihm vorbeiging. Alle lachten, wenn er das tat, außer mir. Ich fand das nicht komisch; ich hatte Angst, er würde es eines Tages auch bei mir machen. Daher hielt ich mich immer von Colin fern, wenn wir mit anderen Leuten zusammen waren. Millie übernachtete in seiner Wohnung, sobald Elaine und Hope weg waren, sie wurde beinahe so etwas wie seine zweite Frau. Mir war das egal – was immer Colin von mir fernhielt, war gut.

Eines Tages gab es eine neue Regel: Wir Mädchen mussten alle Röcke anziehen, wenn Elaine in Tenby war. In der nächsten Woche präzisierte Colin die Regel: Die Röcke mussten kurz sein. Und in der Woche darauf formulierte er noch eine neue Regel: Wir mussten alle wie ägyptische Göttinnen geschminkt sein. So trugen denn alle Mädchen und Frauen, einschließlich Sandra und Shelley, klitzekleine Röcke. Um ihre Augen herum hatten sie dramatische schwarze Striche gezogen, mit denen sie an den Wochenenden den Kleopatra-Look kopierten.

Colin gefiel das mächtig. Er sagte, das sei die Art der Verrufenen Frau, und wir hätten ihm und der Kirche unsere Ergebenheit zu zeigen, indem wir uns für ihn auf die richtige Weise in Szene setzten. Inzwischen kämpften alle Mädchen gegeneinander um Colins Gunst und Zuneigung. Als Einzige wollte ich nicht attraktiv für Colin aussehen, doch auch ich hatte den Regeln zu folgen, und so trug ich einen kurzen Rock und schminkte mich, wie er es verlangte. Ich war gewiss nicht daran interessiert, mich am Kampf um seine Aufmerksamkeit zu beteiligen. Ich wollte ihn überhaupt nicht in meiner Nähe haben. Doch vor Kurzem war er im Schlafzimmer noch anspruchsvoller geworden.

Colin gab sich nicht mehr damit zufrieden, es liegend zu tun, er brachte mich in alle möglichen Positionen und bestand darauf, dass ich ihn beim Sex anschaute. Es schien ihm größere Lust zu bereiten, machte ihn leidenschaftlicher, und er küsste mich oft, was schrecklich war. Ewig lange fuhr er mir mit der Zunge im und auf dem Mund herum. Dabei machte er die Haut um meine Lippen ganz nass, und nachher war sie wund. Manchmal versuchte er, mir Vergnügen zu bereiten, doch ich fühlte nichts, daher spielte ich ihm etwas vor und tat, als empfände ich Lust. Ich wollte, dass es schnell vorüber war.

Während des Geschlechtsverkehrs biss er mich jetzt regelmäßig mit seinem großen Zahn. Die Bisse waren kräftig und schmerzhaft – aber er wollte es so. Colin sagte mir oft, er lasse mich den Schmerz spüren, weil ich lernen müsse, Leid zu erdulden. Die Verrufene Frau zu sein sei schon ein erster Schritt in Richtung der Drei Martyrien. So fuhr er also mit seinen Spielchen fort, und es tat mir weh, aber ich weinte nicht. Ich weinte überhaupt nie wieder. Am Tag nach einer solchen Tortur musste ich in der Schule ein Halstuch tragen, um die Blutergüsse und Bissspuren an meinem Hals zu bedecken.

Es war kurz nach meiner Entdeckung, dass Mama schwanger war, als Colin mich in unsere Küche rief, um etwas mit mir zu »besprechen«. Ich war vorher bei ihm zu Hause gewesen, Colin und Orlas Sohn Thomas waren auch dort.

»Du bist scharf auf sie, stimmt's?«, hatte er Thomas geneckt und auf mich gezeigt.

Wohl um seine Verlegenheit zu verbergen, hatte Thomas gemurmelt: »Ach, ich bitte dich.«

»Komm, es ist doch so, stimmt's?«

»Ja, natürlich«, hatte Thomas gesagt, als sei ich gar nicht anwesend. »Sie ist sexy. Sie sieht gut aus und ist auch sonst nett.«

»Da hörst du es, Annabelle. Ich habe einen Freund für dich gefunden. Was hältst du davon, dich mit ihm zu verabreden?«

Ich hatte mich durch diesen Dialog so gedemütigt gefühlt, dass ich kaum geantwortet hatte. Bald wurde über andere Dinge geredet. Als ich eine Stunde später nach Hause gegangen war, hatte ich kaum noch einen Gedanken an dieses erniedrigende Treffen verschwendet. Dies war Colins Spezialität – er liebte es, andere in peinliche Situationen zu bringen. Doch diesmal schien er auch noch einen Plan zu verfolgen.

»Also, ich möchte, dass du heute Abend zu Shelleys Haus gehst und Sex mit Thomas hast«, sagte er nun, während er in unserer Küche saß. Thomas war fünf Jahre älter als ich. Er war ein ziemlich netter Bursche – groß und dünn mit geschorenem Kopf und kräftigen, in der Mitte zusammengewachsenen Augenbrauen, aber ich wollte keinen Sex mit ihm haben. Ich wollte mit niemandem Sex haben, und ich verstand nicht, weshalb Colin das jetzt von mir verlangte.

Ich biss mir kräftig auf die Unterlippe und sagte: »Ich will das aber nicht.«

»Nun, ich *wünsche* aber, dass du es tust.« Colin lächelte schief und entblößte dabei seinen großen Zahn. »Du bist mein ganz besonderes Mädchen, und ich will, dass du es tust.«

Ich war vierzehn und Thomas neunzehn, als Colin mich zum ersten Mal zu ihm schickte, um mit ihm zu schlafen. Er wohnte bei Shelley, weil er in der Nähe der anderen Mitglieder der Kirche sein wollte, insbesondere in der Nähe von Colin. Thomas war ein engagiertes Mitglied der Kirche und besuchte sämtliche Versammlungen und Feierlichkeiten. Tagsüber arbeitete er im Lager des Discounters Asda, und wie alle anderen Kirchenmitglieder lieferte er seinen Lohn bei Colin ab. Als ich zum ersten Mal in Thomas' kleines Zimmer trat, um mit ihm zu schlafen, war das eine ziemlich makabre Angelegenheit. Ich versuchte immer noch, mir mit der Schule besondere Mühe zu geben, daher hatte ich vorher meine Hausaufgaben erledigt. Nun war es ungefähr neun Uhr abends.

Shelley öffnete mir die Haustür und wies mir sofort den Weg nach oben zu seinem Zimmer – offensichtlich wusste sie, weshalb ich kam. Ich stieß die Tür auf, und er lag bereits im Bett, von der Taille aufwärts nackt. Thomas und ich kannten uns nicht sonderlich gut, daher wusste keiner von uns, was er sagen sollte. Nachdem ich ihn auf alles vorbereitet sah, hielt ich es für richtig, dass wir es schnell hinter uns brachten. Ich wandte ihm den Rücken zu und zog mich aus, indem ich meine schwarze Schulhose hinabließ und aus dem weißen Hemd und dem blauen Pullover schlüpfte. Dann sprang ich neben ihn ins Bett. Seine Haut fühlte sich kalt und rau im Vergleich zu meiner an. Ich lag dort und ließ ihn seine großen Hände auf mich legen. Jetzt konnte ich ihn schwer atmen hören, während er meinen Körper im Dunkeln erkundete.

Bitte, lass es schnell vorübergehen.

Ich wartete, derweil er weitermachte. Inzwischen hatte ich gelernt, meine Gefühle beim Sex völlig abzuschalten, und obwohl ich irgendwie wusste, dass er sich auf mich legte und zwischen meine Beine drängte, war ich mit meinen Gedanken meilenweit weg.

Im Geiste wanderte ich zu den Feldern und Wäldern, die ich bei meinen Geländeläufen oft durchstreifte. Ich spürte, wie mein Körper bewegt wurde, doch das geschah jetzt weit von mir entfernt. Ich rannte über die belaubte Strecke, der erdige Geruch der Bäume füllte meine Nase, die Arme schlenkerten neben meinem Körper, die Beine arbeiteten hart, doch ich berührte die Erde nur leicht. Ich lief und lief – jetzt erreichte ich den Strand, schmeckte die salzige Luft auf den Lippen und spürte, wie mein Haar gegen die Wangen wehte, während sich am Horizont die weißen Schaumkronen brachen. Ich blinzelte in die Sonne, die sich hinter den Dünen verabschiedete, und fühlte die Gischt des Meerwassers auf meinen Schienbeinen, wenn die Füße am Rand der Wasserlinie aufkamen. Über mir kreischten die Möwen …

»Alles in Ordnung mit dir?«

Plötzlich war es um mich herum dunkel, und ich hörte wie aus weiter Ferne die Stimme von Thomas.

»Was?« Ich war verwirrt. Das Sonnenlicht war verschwunden, und ich fand mich nackt auf seinem Bett liegend wieder. Thomas lag neben mir, sein Kopf ruhte auf einem Ellbogen, und er schaute mich betroffen an.

»Geht es dir gut? Du liegst da schon ewig lange so da. Möchtest du irgendetwas haben? Vielleicht etwas zu trinken? Ich gehe in die Küche.«

»Nein.« Ich drehte mich auf die Seite, von ihm weg. »Mir geht's gut. Ich bin nur müde, das ist alles. Gute Nacht!«

Ich schloss wieder die Augen und überließ mich dem Schlaf. Es war vorbei, Gott sei Dank, und jetzt konnte ich mich entspannen. Ich schlief sofort ein und blieb wohl so die ganze Nacht liegen. Am nächsten Morgen jedoch fühlte ich mich scheußlich. Verlegen merkte ich, dass Thomas mich vom Bett aus beobachtete, während ich versuchte, mich in einer neuen Umgebung zurechtzumachen. Es war noch sehr früh, und ich wollte weg sein, bevor die anderen wach wurden, doch als ich zur Tür ging, fasste mich Thomas am Arm, zog mich zum Bett und versuchte mich zu küssen. Ich war so überrascht, dass ich nicht wusste, wie ich reagieren sollte. Instinktiv drehte ich meinen Mund weg, und seine Lippen trafen meine Wange, was uns beide verwirrte. Im Nu war ich die Treppe hinab und aus der Tür, endlich wieder allein.

Während ich an diesem Morgen auf den Bus wartete, fragte ich mich die ganze Zeit, was das Ganze sollte. Er schien wirklich zu glauben, ich sei gerne bei ihm gewesen; er hatte mich häufig angelächelt und morgens versucht, mich im Bett zu küssen.

Glaubt er etwa, wir haben eine Beziehung? Ich war neugierig. *Ist ihm denn nicht klar, dass ich dies für die Kirche tun musste? Für Colin!?*

Ich hoffte wirklich, es mit Thomas nicht erneut tun zu müssen – ich hatte so schon genug am Hals. Andererseits hatte ich richtig gut geschlafen. Zumindest hörte ich in Shelleys Wohnung nicht ständig, was Mama und Colin machten.

An diesem Abend kam Colin zu uns, während ich mit Olivia vorm Fernseher saß. Mit Hope verbrachte ich nicht mehr viel Zeit. Seit der Schwangerschaft von Mama verhielt sie sich mir gegenüber regelrecht abweisend. Es tat weh – schließlich war sie jahrelang meine beste Freundin gewesen, und ich vermisste sie sehr. Ich wusste, dass sie und Elaine den Verdacht hatten, Colin sei der Vater des Babys, aber das war doch nicht *mein* Fehler. Wie konnte Hope mich dermaßen bestrafen? Ich wollte unbedingt über all dies mit ihr sprechen. Ich wollte ihr von den Qualen erzählen, die ich durchlitt, doch ich wusste nicht einmal, wie ich das Gespräch beginnen sollte.

Was sollte ich sagen? *Ja, Hope, es ist wahr, dein Vater hat Sex mit meiner Mutter, und da wir schon mal dabei sind, in den letzten drei Jahren hatte er auch mit mir ständig Sex!* So ging das nicht. Inzwischen hatte auch Elaine aufgehört, uns einzuladen. Daher verbrachten Mama, Olivia und ich jetzt die meiste Zeit zusammen in unserer Wohnung. Es war öde, doch zumindest war ich so in der Lage, mich mehr auf den Schulstoff zu konzentrieren. Die Zensuren verbesserten sich nach und nach.

Vom Flur aus gab mir Colin ein Zeichen, ich solle zu ihm kommen, und ich glitt vom Sofa, um mit ihm in der Küche zu reden.

»Nun, hat es dir gefallen?«, fragte er. Ich wusste, dass er die Nacht mit Thomas meinte.

»Nicht wirklich«, erwiderte ich missmutig.

»Sein Schwanz ist größer als meiner, was?«

»Nein«, sagte ich und senkte den Blick. Mir gefiel dieses Gespräch nicht. Es folgte ein langes Schweigen.

Schließlich sagte Colin: »Nun gut, hast du Lust, morgen Nacht wieder mit Thomas zu verbringen?«

Ich zuckte mit den Achseln. Es interessierte mich nicht mehr, mich interessierte gar nichts mehr.

»Aha, dann willst du also Sex mit ihm haben, stimmt's?« Colins Blick war lüstern. Ich wusste, was er wollte. Er wollte Widerstand sehen. Er wollte, dass ich mich widersetzte, damit er mir zeigen konnte, dass er die Macht hatte, mich dazu zu zwingen. Da wurde mir klar, dass es keine Rolle spielte, was ich sagte oder tat. Er würde immer gewinnen – daher erfüllte ich, wie immer, was er wollte.

»Nein, ich will keinen Sex mit Thomas haben.«

»Das habe ich mir gedacht.« Er grinste triumphierend. »Gut, und jetzt sei ein braves Mädchen. Ich will, dass du morgen wieder zu Thomas gehst. Und nun ab nach oben und ins Bett!«

So also arrangierte Colin eine angeblich normale Beziehung zwischen mir und Orlas Sohn Thomas. Niemand wusste davon, am wenigsten Thomas selbst, dass Colin mich zwang, mit ihm zu schlafen.

Auch ahnte niemand außer uns dreien, dass ich zur gleichen Zeit regelmäßig Sex mit Colin bzw. mit Mama und Colin hatte. Nach außen und für jeden innerhalb unserer kleinen Gemeinde sah es so aus, als seien Thomas und ich jetzt ein Paar. Die Wahrheit aber war, dass Thomas mich nur haben konnte, wenn er Colins Erlaubnis dazu bekam.

Er musste Colin vorher bitten – was für mich jedes Mal schrecklich war, da er es in Anwesenheit aller anderen tat, ohne mich überhaupt erst zu fragen.

»Darf Annabelle heute Nacht bei mir bleiben?«, bettelte Thomas wie ein kleines Kind, das abends länger aufbleiben wollte. Colin lachte dann immer herzhaft – er liebte es, uns alle so zu manipulieren. Ich hingegen fühlte mich wie ein Stück Fleisch, das von einer Person zur anderen geschoben wurde. Ich hatte in dieser Angelegenheit nichts zu sagen. Es ist nicht übertrieben, dass ich immer mehr das Gefühl verlor, ein menschliches Wesen zu sein. In meinem Innersten war ich kalt, abgestorben, unerreichbar für die Welt. Ich kannte kein Lachen oder Weinen mehr. Es war, als sei ich versteinert.

Selbst Thomas fiel auf, dass ich ihm gegenüber nie herzlich war. Eines Tages, ein paar Monate nachdem unsere sogenannte Beziehung begonnen hatte, versuchte er, sie zu beenden. Natürlich sprach er nicht mit mir darüber, sondern mit Colin.

Colin erschien also eines Abends in unserer Wohnung. Er befahl mir, mit ihm nach oben in mein Zimmer zu kommen, sein Gesichtsausdruck war düster und drohend.

»Was ist los mit dir?«, schnauzte er und stieß mich aufs Bett.

»Was meinst du?«

»Du enttäuschst mich, und du lässt die Kirche im Stich.«

Das Blut gefror mir augenblicklich in den Adern, und ich begann zu zittern. Der Gedanke, der Kirche Schaden zugefügt zu haben, war schrecklich – sie war alles, was ich hatte, was mich davor bewahrte, von der Unterwelt verschluckt zu werden.

»Ich weiß nicht, was du meinst.« Ich marterte mein Gehirn, um mich an alles zu erinnern, was ich in letzter Zeit gemacht hatte. Ich richtete mich auf. *Was konnte es sein?*

»Thomas war gerade bei mir, und er ist nicht glücklich«, wetterte Colin. »Er will mit dir Schluss machen. Er sagt, du magst ihn offenbar nicht sehr – du redest nicht mit ihm, du küsst ihn nicht. Ich meine, was treibst du da? Du musst netter zu ihm sein. Du musst dich normaler verhalten. Sei lieb, küss ihn. Sprich mit ihm. Er glaubt, dir sei eure Beziehung gleichgültig.«

Colin geiferte weiter. Er tigerte auf und ab, während ich dasaß und nicht sprechen konnte. Ich wollte die Wahrheit sagen – Thomas *war* mir gleichgültig. Ich *wollte* keine Beziehung mit ihm haben –, aber natürlich ging es nicht darum, was *ich* wollte. Ich hatte meine Pflicht zu tun und lieb zu Thomas zu sein. Allerdings nicht zu lieb, sonst würde Colin eifersüchtig werden. Ich fühlte mich ausgelaugt, ermüdet durch so viel Heuchelei.

»Es tut mir leid«, flüsterte ich.

»Bring das in Ordnung!«, schimpfte Colin so heftig, dass ich zusammenzuckte.

»Ja.«

»TU ES GEFÄLLIGST!«

Und damit verschwand er. Ich blieb noch eine Weile sitzen und schaltete dann meinen Fernseher an. Ich hatte keine Lust, nach unten zu gehen und meiner Schwester und Mama ins Gesicht zu schauen. Manchmal schien es, als könne ich nichts richtig machen. Ich mühte mich nach Kräften, meine Pflichten gegenüber der Kirche zu erfüllen, Colin glücklich zu machen, den Göttern zu gefallen und meine schulischen Aufgaben zu erledigen. Aber es war so hart.

Ich kroch unter die Bettdecke und schloss die Augen. Ich kam beim besten Willen nicht dahinter, weshalb Colin so entschlossen war, diese Beziehung zwischen Thomas und mir aufzubauen. Im Rückblick erkenne ich seine Beweggründe. Sie hatten mit meiner Mutter zu tun. Schließlich hatte meine angebliche Beziehung zu Thomas kurz nach Bekanntwerden von Mamas Schwangerschaft begonnen. Colin war sehr viel cleverer, als ich es mir damals klarmachte. Er verwischte seine Spuren.

»Das war Sandra.« Elaine legte das Handy weg und drehte sich zu mir um. »Deine Mutter hat ihr Kind bekommen: einen kleinen Jungen. Beide sind wohlauf.«

Ich lachte, und zum ersten Mal seit Urzeiten war ich wirklich glücklich. Es war der 5. Oktober, ein paar Tage nach meinem fünfzehnten Geburtstag, und ich war übers Wochenende mit Elaine und Hope in Tenby. Eine Einladung zu ihnen in den Wohnwagen war an und für sich eine außergewöhnliche Sache. Ich vermutete, dass Colin sie veranlasst hatte, mich mitzunehmen, weil bei meiner Mama die Wehen begonnen hatten. Wir hatten zwei stürmische und regnerische Tage damit verbracht, Uno zu spielen und uns Disney-Videos auf dem winzigen tragbaren Fernseher anzusehen, der an der Wand angebracht war. Offen gesagt, war es schön, mal einen Tapetenwechsel zu haben und für ein paar Tage von Colin und Thomas befreit zu sein, vor allem von Colins ständigen Ansprüchen und wachsamem Auge. Hope war ausnahmsweise nett zu mir gewesen, sodass ich nun das Gefühl hatte, sie hasste mich vielleicht doch nicht. Doch dann, nach Sandras Anruf, sah ich, wie sie und Elaine sich einen Blick zuwarfen, nur ein winziges Augenzwinkern. Ich versuchte, es zu ignorieren.

»Was sollen wir machen?«, fragte ich. Ich wollte nicht in Tenby festsitzen, während mein Bruder schon auf der Welt war.

»Deine Mutter wird nicht lange im Krankenhaus bleiben«, sagte Elaine und begann, geschäftig herumzulaufen, Tassen ins Abwaschbecken zu stellen und die Teller vom Mittagessen wegzuräumen. »Ich schätze, dass sie heute Abend nach Hause kommt. Wir bringen dich zurück, dann kannst du deinen kleinen Bruder sehen.«

Auf dem ganzen Rückweg war ich so aufgeregt, dass ich kaum stillsitzen konnte. Regen schlug gegen die Windschutzscheibe, während heftige Windstöße das Auto von einer Straßenseite zur anderen drückten. Doch ich dachte nur an das Baby. Ich wollte ihn endlich sehen – meinen Bruder!

Es war Teestunde und bereits dunkel, als wir unsere Einfahrt erreichten. Ich sprang aus dem Wagen und rannte in unser Haus. Mama saß im Wohnzimmer und hielt ein kleines Bündel blauer Tücher in den Armen, aus denen ein flaumiges Büschel rabenschwarzer Haare herausragte. Zum ersten Mal seit Jahren schaute sie mich an und lachte.

»Komm und sieh ihn dir an«, sagte sie strahlend, »er ist wunderschön.«

Ich näherte mich ihr langsam, ich wollte den Zauber nicht zerstören. Meine Mutter schien in diesem Moment Liebe und Wärme zu verströmen; ihr Gesichtsausdruck wirkte weicher, und die Augen glänzten. Ich setzte mich neben sie aufs Sofa und zog vorsichtig das Tuch auseinander, um einen Blick auf meinen Bruder werfen zu können. Er sah umwerfend aus! Ein rundes, zerknittertes Gesicht mit leicht geschlossenen Augenlidern und molligen kleinen Händchen, die sich an seinen Wangen zusammenballten.

»Oh, der ist ja so winzig!«, stieß ich hervor. »Er ist schön, Mama, wunderschön.«

Sie schaute zu mir hoch und lachte erneut. Es war so natürlich und echt, und es war das erste Mal seit Jahren, dass ich sie so sah. Ich kämpfte mit den Tränen. Im nächsten Moment kümmerte sie sich wieder um das Baby und ordnete die Tücher um sein Gesicht.

»Ich werde ihn Ahmose nennen. Auf Ägyptisch heißt das ›Sohn Gottes‹ – aber wir nennen ihn nur Moses. Einverstanden?«

Ich nickte überglücklich. Ich hatte ein entzückendes kleines Brüderchen, und meine Mutter schien sich über Nacht gewandelt zu haben.

In den folgenden Wochen nutzte ich jede Gelegenheit, Moses zu halten und mit ihm zu spielen. Er war bezaubernd, und ich konnte meine Hände nicht von ihm lassen. Mama überschüttete ihn ebenfalls tonnenweise mit Liebe. Es war, als glätteten sich ihre rauen Kanten, sobald sie mit ihm zusammen war. Ihre Augen funkelten weniger, ihre Stimme wurde leiser – es war ein subtiler Wandel, und es schien, als sei dank Moses unsere gesamte Hausgemeinschaft glücklicher geworden. Seine Anwesenheit besänftigte uns alle. Dennoch konnte ich den stechenden Schmerz nicht unterdrücken, als mir zum ersten Mal bewusst wurde, dass er es war, den sie liebte, nicht mich. Mich lehnte Mama ab.

Eines Tages sah ich sie, wie sie an seinem Bettchen saß und summte. Als sie mich im nächsten Moment anschaute, war es, als hätte jemand das Licht ausgeknipst. Ihr Blick wurde düster, die Miene ausdruckslos – sie blickte durch mich hindurch. In diesem Moment wusste ich, Moses war ihr Ein und Alles. Ich war eifersüchtig auf ihn. Ich konnte nichts dafür. Ich gierte immer noch nach der Liebe meiner Mutter. Nun zu sehen, wie sie diese so freigebig über den kleinen Wurm ausschüttete, während sie sie mir gänzlich verweigerte, war qualvoll.

Was die übrigen Kirchenmitglieder anging, fachte der Name des Babys die Gerüchteküche weiter an. Alle wussten, dass Ahmose der ägyptische Name für Sohn Gottes war, und ihnen war klar, was das bedeutete – dass mein Bruder Colins Sohn war. Und obwohl es niemand laut aussprach, begegnete uns mehr Feindseligkeit als je zuvor. Ich würde gewiss nie wieder nach Tenby eingeladen werden.

Kapitel 9

Pete

»Na, Annabelle, was hast du denn am Wochenende angestellt?«

Die Frage kam von Kelly, einem der Mädchen, das zusammen mit mir in Julie's Beauty Salon arbeitete. Warum sie sich danach erkundigte, war einleuchtend. Schließlich unternehmen die meisten Leute am Wochenende etwas – sie besuchen Kneipen und Vereine oder gehen ins Kino und fein essen. Das tun normale Menschen. Allerdings nicht ich, ich führte kein normales Leben. Mit sechzehn Jahren war ich immer noch nicht ein einziges Mal im Kino gewesen, hatte noch nie eine Kneipe oder eine Disco von innen gesehen. Ich war noch nie in ein Restaurant mitgenommen worden oder hatte alleine ein Geschäft betreten. Mein Leben beschränkte sich auf mein Zuhause und die Kirche, daher fiel es mir nicht leicht, Kelly zu antworten.

Im letzten Jahr hatte ich mich für die Abschlussprüfungen der Realschule auf den Hosenboden gesetzt und fünf erfolgreich bestanden, was erstaunlich war, wenn man bedenkt, wie weit ich noch mit vierzehn hinterhergehinkt hatte. Ich war zufrieden und wollte nun eine Gastronomie-Ausbildung machen. Mir gefiel die Vorstellung, kochen zu lernen. Zu Hause gab sich meine Mutter immer noch keine große Mühe in der Küche, wir hatten nie irgendwelche Zutaten im Haus, um ohne Fertigprodukte ein vernünftiges Essen zuzubereiten. Das Einzige, was meiner Mutter allerdings richtig gut gelang, waren Bratkartoffeln. Dafür benutzte sie gefrorenes Gemüse. Sie schmeckten herrlich, aber sie waren auch schon das Glanzlicht ihrer kulinarischen Bemühungen. Meistens gab es etwas aus der Tiefkühltruhe – Hamburger, Würstchen, Fischstäbchen oder Pommes Frites. Ab und an setzte Mama uns Bohnen oder Rührei vor, und das war es dann auch schon. Frisches Fleisch oder Fisch kam uns nicht ins Haus. Eine Zwiebel habe ich nicht ein einziges Mal in unserer Küche gesehen, auch keinen frischen Pilz oder eine Knoblauchzehe.

Ich konnte Nudeln kochen und Toast zubereiten – das war's. Ich war nicht einmal imstande, ein Ei vernünftig zu erhitzen. Natürlich hatte ich Kochsendungen im Fernsehen gesehen, und ich schaute gerne berühmten Könnern wie Jamie Oliver oder Gordon Ramsay zu. Zu beobachten, wie Jamie Zitronen auspresste, Käse rieb, emsig Gemüse zerhackte und schließlich Töpfe mit köstlichem Inhalt in den Ofen schob, war faszinierend. Ich wollte noch so viel mehr über das Kochen lernen.

Bedauerlicherweise lehnte Colin meine Gastronomie-Ausbildung ab, da ich mich dafür zu weit von unserer Wohnung entfernt hätte. Doch ich wollte unbedingt einen Beruf erlernen. Daher bewarb ich mich bei der örtlichen Schule für eine Ausbildung in Schönheitstherapie, ich war so froh, als ich dort angenommen wurde. Auch Colin war zufrieden – schließlich bezog Mama umso länger Sozialhilfe für mich, desto länger ich in Ausbildung war.

Jetzt verbrachte ich zwei Tage pro Woche in der Schule und einen Tag in Julie's Beauty Salon, wo ich als Praktikantin arbeitete und die praktischen Tätigkeiten wie Wachsbehandlung, Massage, Maniküre und Pediküre erlernte. Mir gefiel es. Zum ersten Mal durfte ich mich mit Mädchendingen beschäftigen und mich darin üben. Ich konnte den ganzen Tag über Haare und Make-up schwatzen, und niemand hatte etwas dagegen, weil es jetzt zu meinem Beruf gehörte! Als mir die Augenbrauen zum ersten Mal mit Wachs behandelt wurden, genoss ich das sehr. Ich war dort zusammen mit Kelly, der anderen Praktikantin. Wir erhielten keine Bezahlung, durften aber die Trinkgelder behalten. Von diesem Geld kaufte ich mir während der Woche die Mittagessen.

In Julie's Beauty Salon arbeiteten noch andere Schönheitstherapeutinnen und Friseurinnen, und ich war glücklich, von Frauen meines Alters umgeben zu sein. Einmal wöchentlich, jeden Dienstag, fühlte ich mich wie ein normales junges Mädchen. Das einzige Problem war der Small Talk – ich musste oft lügen, um die Tatsache zu kaschieren, dass mein Leben so grundlegend anders war als das meiner Kolleginnen.

Schließlich war es ziemlich ungewöhnlich, dass ein Mädchen in meinem Alter noch nie ihre eigene Kleidung in einem Geschäft ausgewählt und auch noch nie Alkohol probiert hatte. Während alle anderen am Wochenende ausgingen, blieb ich zu Hause und kümmerte mich um mein kleines Brüderchen, weil Mama jetzt am Wochenende für die Kirche arbeitete. Tatsächlich war ich aufgrund unserer Lebensumstände so an meine Aufgabe gewöhnt, dass es mir nicht einmal in den Sinn kam, eventuell auszugehen. Ich hatte so viele Stunden zu Hause zugebracht, dass mich die Außenwelt inzwischen ängstigte. Unter Menschen zu sein bereitete mir schreckliche Pein, und bei den seltenen Gelegenheiten, da ich meine Mutter bei ihren Einkäufen bei Asda begleiten durfte, war ich die ganze Zeit voller Furcht und betete, unsere Tour möge bald beendet sein. Ich zog es immer vor, in unserem Haus bei Moses zu bleiben.

Inzwischen hatten die Versammlungen und Feste in der Kirche mehr oder weniger aufgehört. Seit ungefähr einem Jahr hatte ich mein feierliches Gewand nicht mehr getragen. Colin schien kein Interesse mehr daran zu besitzen, Versammlungen für die Kirche abzuhalten, was mir große Erleichterung verschaffte. Ich hatte diese Festivitäten immer als langatmig empfunden. Ihr Inhalt blieb mir schleierhaft und langweilte mich tödlich. Jede Stunde war mit einem Nebel aus seltsamen Wörtern und religiösen Versen gefüllt, die für meine jungen Ohren keinen Sinn ergaben. Natürlich wurde mein Leben immer noch von der Kirche bestimmt. Colin ließ jetzt Mama und ein paar andere für unsere Gemeinde arbeiten.

Mamas Tätigkeit für die Kirche blieb mir mysteriös, und ich unterließ es besser, sie danach zu fragen. Ich wusste lediglich, dass sie freitagnachmittags verschwand und am Montag um die Mittagszeit zurückkam. Dann war sie hundemüde und schlüpfte sofort ins Bett. Für den Rest der Woche war sie unbrauchbar und lag im Bett oder auf dem Sofa herum. Sie kümmerte sich auch nicht mehr um Moses. Wenn er schrie, dachte sie nicht daran, zu ihm zu gehen. Es blieb meistens mir überlassen, ihn zu trösten, seine Windeln zu wechseln und ihm die Fläschchen zu geben. Mir machte das nichts aus. Ich vergötterte mein kleines Brüderchen. Solange ich meine Ausbildung als Schönheitstherapeutin fortsetzen und in Julie's Beauty Salon arbeiten konnte, bereitete es mir Freude, die restliche Zeit mit Moses zu verbringen.

Im Salon war es weiterhin eine Strapaze, beim Small Talk mit Kolleginnen und Kundinnen mitzuhalten. Die Inhaberin des Salons war eine sehr kleine Dame mittleren Alters mit kolossal aufgetürmtem Haar und goldenen Armreifen, die ihre Handgelenke nach unten zogen. Julie schwatzte gerne und ermunterte uns, ebenfalls mit den Kunden zu plauschen. Dies würde dabei helfen, so erklärte sie uns, eine Bindung zu schaffen und die Kundinnen zu entspannen. Ich bemühte mich, ihren Ratschlag genau zu befolgen, da ich alles richtig machen wollte. Was die anderen Mädchen betraf, die in dem Salon arbeiteten, versuchte ich mein Bestes, mich ihnen anzupassen.

»Am Wochenende bin ich in Tenby ausgegangen«, sagte ich so beiläufig wie möglich zu Kelly, »in Kidwelly gehe ich gewöhnlich nicht aus.«

Das war eine sichere Antwort. Die Mädchen aus dem Salon verbrachten nicht viel Zeit in Tenby, daher konnten sie mich nicht nach Discos oder Kneipen fragen. Kelly schien sich damit zufriedenzugeben. Sie begann wieder von ihrem Wochenende zu schwafeln, wie sie mit ihren Freunden gesoffen habe, und dass sie am Sonntagabend in eine Disco gegangen sei. Das habe damit geendet, dass sie einen Kerl getroffen und mit ihm geknutscht habe. Jetzt wartete sie darauf, dass er anrief.

Ich lächelte, als sie den Jungen beschrieb – ich hatte ja nie erfahren, was es hieß, jemanden auf diese Weise zu mögen, doch ich freute mich für sie. Ich versuchte, mich auf Kelly zu konzentrieren und zu vergessen, was mir Colin am Abend zuvor gesagt hatte, dass nämlich eine andere Prüfung bevorstehe und er vorhabe, jemanden bei uns zu Hause vorbeizuschicken.

»Mach's ihm erst mit dem Mund und dann normaler Sex. Verstanden?«

Ich hatte genickt. Erst mit dem Mund, dann normal.

»Hör auf damit!«, brüllte mich Mama vom Flur aus an. »Ich sehe, was du machst. Hör auf!«

Schnell nahm ich die Hände vom Wäschetrockner. Sie

waren vor Kälte taub, und der Wäschetrockner war so schön warm, dass ich nicht hatte widerstehen können. Wir hatten immer noch Anfang Oktober, doch aus irgendeinem Grund fror es draußen. Nach meinem Tag bei Julie war ich von der Bushaltestelle nach Hause gelaufen und wäre beinahe auf einer Eisschicht ausgeglitten, die sich auf dem Pflaster gebildet hatte. Ich taumelte, konnte mich aber auf den Beinen halten. Mein Atem kam in deutlich sichtbaren Wolken. Meine Nase brannte von der Kälte, und ich rubbelte die Spitze mit den nackten Fingern. Ich hatte nicht einmal Handschuhe dabei. Oh, es war verdammt kalt!

Ich stürzte zur Haustür hinein und hörte das dumpfe Rumpeln der Trommel im Wäschetrockner. Nachdem ich auf der Fußmatte herumgestampft und meinen erfrorenen Zehen etwas Leben eingehaucht hatte, lief ich geradewegs in die Küche und legte meine vor Kälte weißen Finger auf den Wäschetrockner. Ah, das war köstlich!

»Hör auf!«, brüllte Mama erneut. »Ich habe es dir doch schon gesagt – davon bekommst du Frostbeulen. Lass sie ganz von alleine warm werden.«

Mama kam nun finster dreinblickend in die Küche und bückte sich, um in den Ofen zu schauen.

»Dein Abendessen ist fertig«, sagte sie. »Hähnchen-Burger, Bohnen und Fritten. Mach voran, setz dich an den Tisch. Du musst dich heute Abend mit dem Essen beeilen.«

»Warum?«

»Es kommt jemand vorbei, der dich besuchen will, darum.«

Das musste die nächste Prüfung sein.

»Wer ist es?«

»Es ist Pete – jetzt mach voran, setz dich an den Tisch.«

Pete? Pete wollte mich treffen? Ich ging langsam zum Küchentisch und nahm Platz. Pete? Pete war Griffs Sohn. Er war so alt wie ich – nun ja, zumindest körperlich. Pete hatte allerdings Lernschwierigkeiten, das hieß, er war geistig auf dem Stand eines Kindes. Oft hatte er keine Ahnung, was wirklich um ihn herum geschah. Dennoch hatte ich als kleines Mädchen gerne mit ihm gespielt. In den folgenden Jahren hatte ich mich offenbar schneller als er entwickelt. Er war in der Kindheit steckengeblieben. Wenn ich an Pete dachte, dann dachte ich nicht an einen Teenager, an jemanden meines Alters, er war eher wie ein Zehnjähriger. Mama knallte den vollen Teller vor mich auf den Tisch, doch in diesem Moment verging mir der Appetit. Neben mir stocherte Olivia in ihrem Essen herum, und Mama fütterte Moses in seinem Kinderhochstuhl mit einem Löffel aus einem Glas pürierter Spaghetti Bolognese, wobei sie ihm gelegentlich mit der Ecke seines Schlabberlätzchens das Kinn abtupfte.

Zwanzig Minuten später standen mein Burger und die Fritten immer noch vor mir, und sie wurden mit jeder Minute kälter.

»Was ist los mit dir?«, fragte Mama und deutete auf mein fast unberührtes Abendessen.

»Ich habe keinen Hunger«, sagte ich. Mein Magen rebellierte, und ich bekam keinen Bissen hinunter. *Wie konnte Colin von mir verlangen, mit Pete zu schlafen? Das war* doch nicht richtig! Bisher waren alle, mit denen ich hatte Sex haben müssen, älter als ich gewesen, erfahrener als ich. Sie hatten die Führung übernommen, und ich war ihnen nur gefolgt und hatte getan, was von mir verlangt wurde. Dies war anders. Wusste Pete überhaupt, was Sex war? Er war ein Kind.

Es klingelte an der Haustür, und ich sprang auf, doch Mama befahl mir, mit meinen Geschwistern in der Küche zu bleiben, während sie Pete ins Wohnzimmer führte.

Danach kam sie wieder in die Küche. Sie ging, ohne in meine Richtung zu schauen, zielstrebig zu ihrem »besonderen Schubfach« oberhalb des Abfalleimers, das niemand von uns öffnen durfte. Sie zwinkerte mir zu und drückte mir ein Kondom in die Hand, ohne dass Olivia, die ihr eigenes Essen restlos verputzt hatte und jetzt meine Fritten auffutterte, es wahrnahm. Ich wusste nicht, ob meine Schwester absichtlich nicht hochblickte, um zu verhindern, dass sie etwas sah, oder ob sie so auf das Essen fixiert war. Wie auch immer, ich war froh, dass sie nicht neugierig war.

»Du musst ihm dies mit dem Mund draufmachen«, flüsterte Mama.

»Was weiß er?«, flüsterte ich zurück und steckte das kleine Päckchen in meine Jeanstasche. Ich musste mich vergewissern. Ich musste das Ausmaß kennen, bis zu dem ich in dieser Situation die Regie übernehmen musste.

»Geh einfach zu ihm ins Wohnzimmer«, zischte sie. »Es wird schon gut werden.«

Ich fühlte mich in diesem Moment hundsmiserabel. Mein Magen war wie eine Grube voller sich krümmender Schlangen, während ich den Flur durchquerte und widerstrebend ins Wohnzimmer ging, wo Pete angespannt und kerzengerade auf dem Sofa-Rand saß. Seine Hände lagen gefaltet in seinem Schoß, seine Knie wippten nervös auf und ab, und er drehte sich um und lächelte mich töricht an, als ich eintrat.

»Hallo, Annabelle!«, rief er zu laut.

»Hi Pete«, murmelte ich als Antwort.

Mama kam hinter mir ins Wohnzimmer. Sie hielt etwas in der Hand, das wie eine kleine Videokamera aussah. Sie streifte mich mit einem kurzen Blick. In meinem Gesicht musste sich der Schock widerspiegeln. *Was hatte sie denn vor? Wollte sie etwa zuschauen? Und was war das da in ihrer Hand?*

»Colin bat mich es aufzunehmen«, erklärte sie und fummelte an den Knöpfen des Apparats herum.

Na toll! Es wurde ja mit jeder Minute besser und besser. Ich schüttelte den Kopf – das war zu viel. Ich wollte es nur schnell hinter mich bringen. Petes Blick wanderte überall im Raum herum, nur mich schaute er nicht an. Er fasste sich mit der Hand in den Nacken, und dann rubbelte er sich geistesabwesend den Kopf. Sein dünnes blondes Haar reichte bis zu seinen blauen Augen, in denen sich nun die Angst widerspiegelte. Er kaute auf seiner Unterlippe. Er wusste, was hier vor sich ging, das war klar, und es schien ihn stark zu verunsichern.

Ich kniete mich vor ihn und öffnete die Knöpfe seiner Stonewashed Jeans – dann zog ich ihm in einer Bewegung die Jeans und die Boxershorts bis zu den Fußgelenken herunter. Er kicherte nervös, wie ein kleiner Junge.

Halte durch, Pete. Versuch einfach durchzuhalten.

Es war schmerzlich, und ich wusste, dass in dieser Angelegenheit keiner von uns beiden eine Wahl hatte – wir mussten es gemeinsam durchstehen. Ich nahm seinen Penis in die Hand und näherte mich ihm mit dem Mund. Als er hart zu werden begann, holte ich das Kondom aus der Tasche, riss das Päckchen auf und schob es mit dem Mund darauf, wie meine Mama es mir gesagt hatte.

Mittlerweile gab Pete stöhnende Geräusche von sich, vermischt mit unpassenden kleinen Lachern. Mir war klar, dass er nicht imstande sein würde, es von alleine zu tun, deshalb entledigte ich mich selbst meiner Jeans, legte mich auf den Boden und zog Pete auf mich. Ich führte Regie. Zum ersten Mal hatte ich beim Sex die Dinge in der Hand, und ich hasste jede Minute. In meinem Herzen wusste ich, dass es für uns beide nicht gut war. Trotzdem nahm ich seinen Penis und führte ihn behutsam in mich ein. Aus der Nähe roch Pete sauber, frisch gewaschen – unschuldig. Ich schluckte schwer – mein Gott, ich litt schrecklich. Allmählich begann er sich zu bewegen, und ich schloss die Augen und versuchte den Zustand zu erreichen, in dem mein Geist sich an einen anderen Ort begab. Ich wollte wieder am Strand sein – oder im Wald oder in den Feldern. Irgendwo, nur nicht hier! Doch ich konnte nicht verschwinden, da ich ständig durch meine Mutter abgelenkt wurde, die jetzt Pete und mich umkreiste und das Geschehen auf dem Boden mit dem Camcorder aufzeichnete.

Sie versuchte uns aus jedem Blickwinkel zu erhaschen, und jedes Mal, wenn sie einen Kreis drehte und sich meinem Kopf näherte, wendete ich mein Gesicht zur anderen Seite, sodass sie es nicht filmen konnte. Alles, was ich wollte, war, es schnell hinter mich zu bringen, doch Mama erschien jede halbe Minute an meiner Schulter und schob mir die Kamera ins Gesicht. In der dritten Runde gab sie mir mit Gesten zu verstehen: Genieße es. Beweg dich!

In diesem Moment spürte ich, wie Pete sich aus mir herauszog und sich auf die Knie setzte. Ich sah, dass er wieder sein Genick kratzte, und hörte ihn kichern. Sein Anblick schmerzte, und ich fühlte von Herzen Mitleid für ihn. Was um alles in der Welt mochte in ihm vorgehen?

»Ich … eh … – ich kann das nicht mit dir machen … ver… aufnehmen«, stotterte er. Er meinte meine Mutter. Sie starrte ihn an, als er seine Jeans hochzog. Er stand auf, hüpfte ein paar Sekunden unsicher von einem Fuß auf den anderen und rubbelte sich in offensichtlicher Verlegenheit den Kopf. Pete war so verzweifelt, dass ich am liebsten zu ihm gegangen wäre und ihn in die Arme genommen hätte. Ich wollte ihn wissen lassen, dass alles in Ordnung war, dass er nichts tun musste. Als er schließlich das Zimmer verließ und die Haustür hinter sich schloss, atmete ich erleichtert auf.

Schnell setzte ich mich und zog meine Hose hoch. Dann schaute ich zu Mama hinüber – sie schaltete die Kamera aus und ging aus dem Zimmer, ohne ein Wort zu sagen. Ich blieb noch eine Weile auf dem Boden sitzen, fassungslos und wütend. Die Begegnung mit Pete hatte einen bitteren Nachgeschmack hinterlassen, aber in diesem Moment wusste ich nicht so recht, weshalb. War ich ärgerlich, weil ich die Prüfung nicht bestanden hatte? Oder gab es da noch etwas anderes? Ich hatte keinen Sex mit Pete haben wollen, doch ich wusste nicht, weshalb es mir jetzt so dreckig ging.

Ich schaute auf die Wanduhr – es war erst halb sieben. Kurz darauf kamen Olivia und Moses in das Wohnzimmer, und jemand stellte den Fernseher an, um *EastEnders* anzusehen. Ich versuchte, das, was ich mit Pete getan hatte, in die hinterste Schublade meines Gedächtnisses zu schieben. Erst später, als ich alleine im Bett lag, überwältigten mich Schuldgefühle. Zum ersten Mal hatte ich beim Sex Regie geführt, und es war Pete, dem die schlimmste Sache der Welt widerfahren war. Wie weit würde Colin mit seinen Forderungen noch gehen, überlegte ich in der Dunkelheit. Wie viele andere würde es noch geben?

Kapitel 10

Verzweiflung

Ich schaute auf den Haufen weißer Tabletten in meiner linken Hand, und mit dem Zeigefinger der rechten Hand schob ich sie in eine Reihe. Eins, zwei, drei, vier, fünf, sechs … Insgesamt zählte ich vierundzwanzig Stück. Vierundzwanzig Paracetamol. War das genug? Ich wusste es nicht. Ich hoffte es. Durch das Fenster blickte ich in eine weitere kalte Januarnacht, es regnete in Strömen, und dunkle Wolken wirbelten über unser Haus hinweg. Ich wollte nur noch schlafen und nie wieder aufwachen.

In meinem Fernseher lief zum tausendsten Mal das Video von *Mary Poppins* – Mary sang »A Spoonful of Sugar«. Seit über einer Stunde saß ich fast regungslos auf meinem Bett. Erneut bewegte ich die Tabletten in meiner Hand. Ich hoffte inständig, dass sie reichten, um mich zu töten.

Es war komisch. Bis zu diesem Moment hatte ich noch nie daran gedacht zu sterben. Doch jetzt erschien es mir als einzige Lösung für all meine Probleme. In einer Nacht konnte ich all der Verzweiflung ein Ende setzen, dem Schmerz, der Angst und dem Ekel. Ich hatte das Gefühl, als sei mein Leben eine endlose Aneinanderreihung von schrecklichen, grausamen Ereignissen. Seit dem Abend mit Pete waren zwei Monate vergangen, und obgleich Colin unsere Begegnung mir gegenüber nie erwähnt hatte, konnte ich sie nicht vergessen. Ich fand so niederträchtig, was wir mit Pete angestellt hatten. Glücklicherweise musste ich es nie wiederholen, aber ich musste immer noch regelmäßig mit Colin, Thomas und manchmal mit Colin und Mama schlafen.

Ich wusste nie, wer in der nächsten Nacht dran war. Colin war anspruchsvoller als je zuvor. Ich gebe mir nicht genügend Mühe, ihn zu befriedigen, sagte er. Die Götter seien verärgert. Ich zeige nicht genug Eifersucht auf die anderen Frauen. Um seine Verrufene Frau zu werden, müsse ich mir wünschen, dass er voll befriedigt sei. Im nächsten Atemzug befahl er mir, mit Thomas zu schlafen. Dann drehte er mich um und begann mit mir groben Sex von hinten. Colin ging nun rau mit mir um; er fügte mir gerne Schmerzen zu. Dennoch spielte für mich kaum eine Rolle, was ich physisch erlitt. Ich hatte keine Beziehung mehr zu meinem eigenen Körper – er gehörte gar nicht mehr zu mir. Tag für Tag und Nacht für Nacht war es immer dasselbe. Nichts bereitete mir mehr Freude – ich handelte wie eine Maschine, ohne jede Beziehung zu mir selbst, geschweige denn zu jemand anderem. Kein Wunder also, dass ich alles satthatte und nur noch für immer schlafen wollte.

Es kam mir nicht in den Sinn, dass ich als Siebzehnjährige von zu Hause weglaufen könnte. Es erschien mir nicht als Ausweg, da der Gedanke an Flucht größere Angst auslöste als der Tod. Colin hatte mir oft genug gesagt, falls ich irgendwann versuchen sollte, mich abzusetzen, würde mir die Kirche den Rücken zukehren, und damit stünde ich völlig alleine da. Ich hätte nichts und niemanden. Das war wahrhaftig Furcht erregend. Colin und meine Mutter hatten mich von der großen weiten Welt ferngehalten, und ich hatte nun Angst vor ihr.

Es war mir nie erlaubt worden, den Park am Ende unserer Straße zu erkunden, geschweige denn ein Einkaufszentrum oder die Innenstadt von Kidwelly. Mein Alltag spielte sich fernab von den Erfahrungen der anderen Menschen ab, die in ihrer normalen Umgebung lebten, sodass der Park in der Nachbarschaft für mich auch auf dem Mond hätte liegen können! Falls ich die Kirche verlassen und in der Gunst der Götter abstürzen sollte, würde ich jeden Schutz verlieren. Ich könnte von einem Auto überfahren oder auf der Straße erstochen werden oder von einem Fremden überfallen. Ohne den Schutz der Kirche würde ich mein Leben in der ständigen Furcht verbringen müssen, dass mir das Schlimmste zustoßen würde. Mir erschien das schrecklicher als der Tod.

Es war ja nicht so, dass wir zu Hause einen Computer oder Mobiltelefone gehabt hätten, die es mir ermöglicht hätten, in Kontakt zu Menschen da draußen zu treten. Im Gegensatz zu den übrigen Gleichaltrigen hatte ich von Technik nicht die geringste Ahnung. Ich hatte mich nie bei Facebook angemeldet oder die Webseite eines anderen sozialen Netzwerks gesehen. Äußerlich war ich eine Siebzehnjährige, doch was meine eigenen Wahlmöglichkeiten oder das Wissen der Welt betraf, war ich ein kleines Kind.

Colin hatte mich in völliger Abhängigkeit von der Kirche gehalten, und ein Leben ohne sie konnte ich mir nicht vorstellen. Ich hatte ja nichts anderes kennengelernt. Falls ich floh, wie sollte ich dann mein Geld verdienen? Wo sollte ich wohnen? Wer würde mir helfen? Auf diese Fragen hatte ich keine Antworten. Nein, die Kirche zu verlieren war unvorstellbar.

Andererseits aber war es mittlerweile so, dass ich die Situation einfach nicht mehr aushielt. Ich fühlte mich wertlos. Ich wollte mit niemandem mehr Sex haben, insbesondere nicht mit meiner Mutter. Es war kurz nach der Geburt von Moses, als ich in einem Gespräch aufschnappte, dass Tabletten gefährlich sein konnten. Vorher hatte ich das nicht gewusst. Wir durften keinen Arzt besuchen, daher war ich ohnehin kaum in Kontakt mit Medikamenten gekommen. Das Einzige, was ich gesehen hatte, waren Schachteln mit Paracetamol, die Mama gegen ihre Menstruationsbeschwerden einnahm. Sie befahl mir, die Tabletten im Badezimmerschrank wegzuschließen, da sie dem Baby schaden könnten. Im Laufe der folgenden Monate erfuhr ich noch mehr über Tabletten: Wenn man zu viele nahm, konnte das tödlich enden. Ich hatte keine Angst. Angst hatte ich nur davor, dass alles so weiterging. Wenn ich tot wäre, würde Colin mich wenigstens in Ruhe lassen.

Mama bewahrte die Schachtel Paracetamol immer noch im Badezimmerschrank auf, und an diesem Abend, kurz nach dem Essen, ging ich nach oben und nahm sie heraus. Es war eine kleine weiße Pappschachtel mit zwei silbernen Folienverpackungen im Schrank. Ich versteckte die Schachtel unter meinem Pulli, dann schlich ich auf Zehenspitzen vom Badezimmer in mein Schlafzimmer und schloss die Tür leise hinter mir.

Meine Schwester und ich teilten uns zu der Zeit ein Etagenbett, und jetzt kletterte ich auf meine Matratze im unteren Teil. Mit dem Rücken zur Tür drückte ich die Tabletten eine nach der anderen aus den Folien und sah zu, wie sie in meinen Schoß purzelten. Mama war unten mit Olivia und Moses und schaute wie gewöhnlich Fernsehen. Falls jemand nach oben kommen sollte, würde ich die Schritte auf der Treppe hören und könnte die Tabletten leicht unter der Ecke der Bettdecke verbergen.

Ich seufzte. Vierundzwanzig waren eine Menge für jemanden, der Schwierigkeiten hatte, eine einzige Pille zu schlucken. Ich nahm eine Tablette, presste meine Daumennägel in die Einkerbung, drückte kräftig und brach sie in der

Mitte durch. Ich legte die beiden Hälften als neue Reihe vor meine verschränkten Beine. Dann machte ich dasselbe mit einer weiteren Tablette, einer dritten und vierten. Winzige Spuren weißen Pulvers landeten auf meiner schwarzen Hose, wenn die Tabletten zerbarsten. Die neue Reihe erschien mir sehr viel leichter zu bewältigen, auch wenn die Anzahl jetzt größer war.

Auf dem Bildschirm meines kleinen Fernsehers hielten sich Julie Andrews und Dick Van Dyke in den Armen. Dann begann ich die Hälften eine nach der anderen zu schlucken, wobei ich nach jeder einen Schluck Wasser aus dem Glas nahm, das neben meinem Bett stand. Ich ließ es langsam angehen und atmete ein paar Mal durch, bevor ich eine neue Tablette nahm. Mein Blick war auf den Fernseher gerichtet – es war die Szene, in der alle in Berts Kreidezeichnung auf dem Bürgersteig sprangen. Es puffte märchenhaft, regenbogenfarbiger Rauch stieg auf, und Marys schäbige Kindermädchenkleidung verwandelte sich in ein prachtvolles weißes spitzenbesetztes Gewand und in ein knallrotes Korsett. Bert, nicht mehr der ewig verschmutzte Schornsteinfeger, trug jetzt einen bunt gestreiften Blazer. Er begann zu singen – sein quietschfideles Lied im Cockney-Dialekt beschrieb den herrlichen Morgen, den blauen Himmel, Narzissen und grünes Gras, was alles noch dadurch an Reiz gewann, dass er Mary an seiner Seite hatte. Er war glücklich und hatte offenbar das Gefühl, davonfliegen zu können.

Inzwischen wurde meine Tablettenreihe immer kürzer. Wie viele hatte ich jetzt geschluckt – zehn, vielleicht zwölf? Ich fragte mich, wie lange es dauern würde, bis sie zu wirken begannen. Würde ich damit fertig sein, bevor ich zu müde wurde? Der Ton aus dem Fernseher war nach wie vor klar und vertraut. Trickfilm-Vögel huschten über eine imaginäre

Waldlandschaft, während Bert sang. Jetzt war er im Hof, und das Pferd begleitete ihn bei dem Lied.

Ich liebte diese Szene, dieses Lied, diesen Film. Normalerweise hätte ich mitgesungen und meinen Spielzeugaffen fest umarmt. Doch augenblicklich war mir nicht nach Singen zumute. Ich wollte nicht mal den Rest des Liedes hören. Ich wollte schlafen. Ich stellte den Fernseher aus und sammelte die übrigen Hälften auf. Schnell schlang ich eine nach der anderen herunter, nahm dazwischen immer einen kleinen Schluck. Ich wollte, dass der Tod rasch eintrat. Ich wollte nichts als Vergessen. Wohlig, friedlich einschlafen, am Ende der Tod. Nachdem ich einmal damit begonnen hatte, musste die Prozedur schnell beendet werden, daher würgte ich die letzten Hälften mit dem restlichen Wasser herunter, stellte das Glas unter das Bett und zog meinen Pyjama an. Dann löschte ich das Licht und kroch unter die Bettdecke.

Ich schloss die Augen, begierig darauf, dem Tod in der schmerzfreien Wiege des Schlafs zu begegnen, doch meine Gedanken rasten. Ich war aufgewühlt von der Frage, wie sich der bevorstehende Übergang vollziehen würde. Wie würde es sich anfühlen? Wie lange würde es dauern? Würde es doch weh tun? Ich kontrollierte, ob in meinem Körper irgendetwas nicht stimmte, lauschte dem Herzschlag in meiner Brust, atmete laut ein und aus, um zu hören, ob meine Atmung stockte. Abgeschottet von vernünftigen Gefühlen behandelte ich meinen Tod wie ein faszinierendes wissenschaftliches Experiment.

Mit der linken Hand suchte ich am rechten Arm nach Anzeichen, ob sich meine Körpertemperatur änderte. Ich wusste nicht, was genau ich erwartete, doch ich unternahm eine gründliche Bestandsaufnahme meiner selbst, um zu sehen, ob ich den Übergang vom Leben in den Tod mitverfolgen konnte. Einigermaßen enttäuscht musste ich feststellen, dass ich keine Unterschiede zum Normalzustand bemerken konnte. Das versetzte mich in Panik und hinderte mich daran einzuschlafen. Was, wenn ich nicht genug Tabletten geschluckt hatte?

Ich weiß nicht, wie lange ich schon im Bett gelegen hatte, als ich ein vertrautes Geräusch hörte: Jemand drückte die Türklinke herunter, und das Zimmer war plötzlich hell erleuchtet. Ich blinzelte in das grelle Licht. Mama stand im Türrahmen, ihr langes dunkles Haar fiel sanft auf ihren Rücken. So blieb sie dort ewig lange stehen, mit der Türklinke in der Hand, und sagte kein Wort. Sie kam nicht herein. *Geh endlich*, sagte ich im Geiste. HAU ENDLICH AB! Laut sagte ich allerdings nichts – ich blieb still liegen und hoffte, sie denke, ich schliefe.

Nach einiger Zeit verlor ich die Nerven.

»Was ist los?«, fragte ich. Ich wollte nur alleine gelassen werden und weiter sterben können. Ich wollte nicht von ihr gestört werden.

»Was machst du?«, fragte sie.

»Ich will schlafen. Zumindest versuche ich es«, antwortete ich gereizt. War das denn nicht offensichtlich?

»Weshalb bist du so früh ins Bett gegangen?«

»Ich bin müde.«

Meine Antwort schien sie zufriedenzustellen. Die Tür fiel ins Schloss, und sie ging. Das war also meine letzte Unterhaltung mit meiner Mutter, sagte ich mir, während ich eine seltsame zerrende Regung in den Ecken meines Gemüts spürte, wie die rumpelnde Bewegung einer Maschine, die langsam zum Stillstand kommt. Das Letzte, das meine Mutter zu mir gesagt hatte, war: »Weshalb bist du so früh ins Bett gegangen?« Ich war nicht traurig. Es war komisch, das war alles.

Ich beschäftigte mich noch eine Weile mit meinen Empfindungen und studierte meine Reaktion auf den Abschiedsgruß meiner Mutter, wendete ihn im Geiste hin und her, um ihn aus unterschiedlichen Gesichtspunkten zu betrachten. Weshalb bist du so früh ins Bett gegangen? So früh. Früh. Gute Nacht. Gute Nacht. Gute Nacht. Jetzt betrachtete ich mich wie aus weiter Ferne. Ich war ein Mädchen in einem Film, ein Mädchen, das in eine imaginäre Szene sprang, wie eine Kreidezeichnung, und ich wurde weit weg befördert, an einen Ort, an dem die Sonne schien, wo Zeichentrick-Kaninchen herumhoppelten und Menschen um die Wette sangen und schöne Kleidung trugen, und wo der Himmel blau war …

Autsch! Ich spürte einen starken Schmerz an meinem Hinterkopf.

Was war das?

Dann eine Stimme: »Aufstehen!«

Die Stimme meiner Schwester, noch etwas schlaftrunken, holte mich unsanft aus meinem Schlummer. Ich öffnete kurz die Augen. Sie lief in Richtung Badezimmer. Aua … mein Kopf, mein Magen. Ich konnte mich kaum bewegen. Ich fühlte mich, als hätte ich gerade zehn Runden gegen Mike Tyson hinter mir. Eine Weile blieb ich einfach so liegen, Wellen von Brechreiz überrollten mich. Weshalb ging es mir so übel? In meinem Kopf herrschte eine verwirrende Blockade, und der Rachen war trocken und kratzte.

Die Tabletten! Blitzartig war alles wieder da. Mit einem Ruck öffnete ich die Augen. Es hatte nicht geklappt. Ich lebte. Warum hatte es nicht funktioniert? Jetzt kamen zu der Übelkeit noch Enttäuschung und Traurigkeit hinzu. Ich fühlte mich hundeelend. Meine Schwester kehrte aus dem Badezimmer zurück und rüttelte an meiner Schulter. Erneut meldeten sich die Gallensäfte.

»Ich habe dir doch gesagt, dass du aufstehen sollst!«

Ich hasste es, wenn sie mich so behandelte, und ich sagte ihr immer wieder, sie solle mich in Ruhe lassen, aber sie brachte mich gerne auf die Palme. Ich weiß nicht, weshalb. Dabei hatte ich eigentlich nicht viel mit Olivia zu tun. Sie langweilte mich, daher versuchte ich ihr aus dem Weg zu gehen. Sie war jetzt zwölf, ungefähr so alt wie ich, als Colin begann, Sex mit mir zu haben, doch ich machte mir wegen Olivia keine Sorgen. Er schien an ihr nicht interessiert zu sein, er rief sie nie zu sich, wenn er bei uns war.

»Was ist heute mit dir los?«, fragte Olivia, während sie ihren Pyjama auszog, ihn in die Ecke schleuderte und in ihre Schuluniform kletterte. Ich beobachtete sie vom Bett aus, fühlte mich zu krank, um mich zu regen.

»Nichts, mir geht es nur nicht gut, das ist alles.«

Jetzt setzte sie sich auf den Boden, um sich ihre Socken und Schuhe anzuziehen. Sie schielte zur Uhr auf unserer Kommode hinüber. »Nun denn, wenn du nicht bald aufstehst, kommst du zu spät. Es ist acht Uhr.«

»Okay, okay. Nur noch eine Minute.«

Ich sah unter das Bett und entdeckte das Glas und die leeren Paracetamol-Folien. Was sollte ich mit den Folien machen? So weit hatte ich nicht vorausgedacht. Ich hatte ja nicht geplant, morgens noch zu leben. Wenn ich sie in den Abfalleimer warf, würde Mama sie finden und sofort wissen, was ich getan hatte. Gestern war noch eine Schachtel mit vierundzwanzig Tabletten im Schrank. Vorsichtig langte ich unter das Bett, holte die beiden Folien hervor und schob sie in die Schachtel. Dann hievte ich mich aus dem Bett, schleppte mich ins Bad und verstaute die Schachtel wieder im Badezimmerschrank. Sobald ich genügend Trinkgeld beisammenhatte, würde ich eine neue Packung

Paracetamol kaufen. So würde niemand erfahren, was ich getan hatte.

Jetzt aber, immer noch total groggy, zog ich mich an und ging wie gewöhnlich zum Unterricht. Der Tag verlief ziemlich normal, und abgesehen von etwas Übelkeit schien ich keine Schäden durch die Einnahme der Tabletten am Abend zuvor davongetragen zu haben. Hope besuchte dasselbe Ausbildungsinstitut wie ich, und beim Mittagessen fragte sie mich, ob ich heute Abend zu ihr kommen könnte, um ihre Nägel zu pflegen. Natürlich packte ich die Gelegenheit beim Schopfe. Hope sprach derzeit kaum mit mir, daher war es großartig, von ihr eingeladen zu werden, und außerdem begrüßte ich jede Möglichkeit, mich in Maniküre zu üben. Abends verschwendete ich keine Zeit. Ich ging sofort nach Hause und wechselte meine Institutskleidung – einen weißen Kittel zu schwarzer Hose – gegen andere Klamotten, bevor ich nach meinem wertvollen Kosmetikkoffer griff, der alle Gerätschaften für die Maniküre enthielt. Mit dem großen schwarzen Koffer machte ich mich sofort auf den Weg zu Hope.

»Komm«, sagte sie, »wir gehen in mein Zimmer.«

Ich war noch keine fünf Minuten dort und wollte gerade anfangen, Hopes Nagelhaut zu bearbeiten, als Colin seinen Kopf zur Tür hereinsteckte.

»Du«, sagte er und zeigte auf mich, »ich möchte mal mit dir reden.«

Seufzend ließ ich Hopes Hand los und bat sie, beide Hände in der Schüssel mit warmem Wasser einzuweichen. Dann folgte ich Colin nach unten ins Wohnzimmer.

»Gibt es irgendetwas, das du mir erzählen möchtest?«, fragte er.

»Nein«, antwortete ich mit steinerner Miene.

»Wir wissen, dass du die Tabletten genommen hast.«

Mein Herz begann, wie wild zu hämmern. Woher wusste er das? Ich hatte Angst. Was sollte ich ihm sagen? Als Nächstes erwartete ich, dass er fragen würde, weshalb ich versucht habe, Selbstmord zu begehen. Doch seltsamerweise tat er es nicht.

Stattdessen sagte er: »Es klappt nicht, weil du von den Göttern beschützt wirst. Die Götter werden dich immer bewahren, sogar vor dir selbst und deinen dummen Fehlern.«

Was?

Ich war total verwirrt. War dies der Grund, weshalb es nicht geklappt hatte? Beschützten die Götter mich wirklich? Colin sprach doch angeblich nicht mit den Göttern, wie konnte er dann wissen, was ich in der vergangenen Nacht getan hatte? Ich wusste nicht, was ich sagen sollte. Ich schaute ihn nur an und brachte kein Wort heraus.

Ich versuchte nie wieder, mir das Leben zu nehmen – ich wusste jetzt, dass es keinen Zweck hatte. Es würde kein Ende nehmen; die Götter beobachteten mich ständig, und sie würden verhindern, dass mein Selbstmord glückte. Colin würde immer da sein, im Leben und im Tod. Es gab kein Entrinnen.

Kapitel 11

Eine Wende

Die Glocke über der Ladentür klimperte, als ich aufgeregt in Julie's Beauty Salon stürzte. Ich zog meinen Kosmetikkoffer hinter mir her.

»Es tut mir furchtbar leid, Julie«, sagte ich. Ich hatte an meinen letzten beiden Praktika-Tagen gefehlt, daher war ich heute, am 12. Juni, wild entschlossen, mich rechtzeitig an die Arbeit zu machen. Doch da ich die erste Hälfte des Vormittags mit dem Kopf über der Toilettenschüssel verbracht und verzweifelt versucht hatte, gegen das trockene Würgen anzukämpfen, kam ich jetzt hoffnungslos zu spät.

»Macht nichts, Schätzchen. Zieh dich einfach um, das wird sich schon alles finden«, rief Julie. Sie blickte kaum hoch, da sie damit beschäftigt war, einer Kundin die Nägel zu polieren. Der strenge Geruch des Nagellackentferners stieg mir in die Nase, und schon wieder spürte ich, wie mein Magen zu rebellieren begann. Schnell ging ich ins Hinterzimmer, wo ich mir den weißen Kittel überzog, und als ich in den Salon zurückkam, überwältigte mich der nächste Brechreiz, und ich musste mich am Ladentisch festhalten.

»Was ist bloß mit dir los, Annabelle?« Jetzt schaute Julie hoch, und sie schien bestürzt zu sein. »Oh, mein Schätzchen, du siehst aber überhaupt nicht gut aus. Du bist ja kalkweiß im Gesicht.«

Sie legte mir eine Hand auf die Stirn. In ihren Augen spiegelte sich Betroffenheit, und in diesem Moment dachte ich, ich müsse gleich heulen.

»Mir geht es gut«, sagte ich, obwohl ich mich immer noch an den Ladentisch klammerte. Ich wusste, dass jede plötzliche Bewegung dazu führen konnte, dass ich mit meinem lauten Würgen den ganzen Salon in Aufruhr brachte. Mit geschlossenen Augen atmete ich tief durch. Schließlich war ich so weit wiederhergestellt, dass ich sprechen konnte.

»Ich hatte diese … eh … Infektion. Deswegen bin ich ja auch in den letzten beiden Wochen nicht gekommen. Es tut mir wirklich leid, Julie.«

Julie gab einem der anderen Mädchen Zeichen, es solle die Maniküre übernehmen, und dann kümmerte sie sich um mich. Behutsam fasste sie mich am Arm und führte mich ins Hinterzimmer.

»Nun erzähl mir mal, was mit dir los ist«, sagte sie lächelnd und manövrierte mich zu einem Klappstuhl neben einem kleinen Metalltisch in der Zimmermitte. Während sie den Wasserkessel füllte, schaute ich mich im Raum um. Im Gegensatz zum vorderen Teil des Salons, der fein säuberlich eingerichtet war mit Parkettfußboden und weißen Wänden, blätterte hier hellgrüne Farbe von den Wänden, und der Fußboden bestand aus altmodischem schwarz und weiß gemusterten Linoleum. Als Beleuchtung hing eine nackte Glühbirne von der Decke.

»Ach, es ist eigentlich nichts. Meine letzten Perioden waren ein bisschen komisch«, sagte ich. »Ich bin ziemlich sicher, dass das nur eine Infektion ist. Deshalb habe ich mich häufig krank gefühlt. In den vergangenen drei Tagen habe ich ein Antibiotikum eingenommen, und ich dachte schon, es würde helfen, aber heute Morgen habe ich wieder gebrochen.«

Ich seufzte und blickte auf meine Hände in meinem Schoß.

Ich hatte wirklich gehofft, dass die Pillen, die Colin mir gegeben hatte, die Infektion beseitigen würden. Wie immer hatte ich keinen Arzt aufsuchen dürfen – stattdessen verpasste mir Colin eine Behandlung aus seinem eigenen Medizinschrank. Nach sechs Dosen fühlte ich mich aber immer noch nicht besser.

»Oh, mein Schätzchen, das klingt nicht gut«, sagte Julie und legte eine Hand auf meine Hände. Dann näherte sie sich mir und fragte ganz leise: »Bist du denn sicher, dass es eine Infektion ist, Annabelle?«

Irritiert legte ich den Kopf zur Seite. Worauf wollte sie hinaus? In diesem Moment kam Michelle, eine der anderen Kosmetikerinnen, in den Raum.

»Alles in Ordnung, Annabelle?«, fragte sie. »Warst du krank oder was?«

»Ich schätze, sie ist schwanger«, sagte Julie und schaute mir in die Augen.

»Was?« Ich explodierte. »Ich bin nicht schwanger. Auf keinen Fall!«

»Wirklich?«, erwiderte Julie. »Hast du denn einen Schwangerschaftstest gemacht?«

»Nein, habe ich nicht, aber ich weiß, dass ich kein Kind erwarte.«

»Wie willst du es denn wissen, wenn du keinen Test gemacht hast? Ich meine, was du mir erzählt hast, klingt verdammt nach den ersten Anzeichen einer Schwangerschaft. Ich sollte mich da auskennen, mein Schätzchen. Ich habe vier durchgemacht!«

Sie lächelte mir zu und versuchte, mich aufzumuntern. Es stimmte, ich hatte keinen Test gemacht, aber wie sollte ich Julie erklären, dass ich nicht schwanger sein konnte, weil mich die Götter davor schützten? Colin hatte vor Jahren aufgehört, beim Sex mit mir Kondome zu benutzen, obwohl ich bei Thomas immer eins verwendete. Als ich Colin gefragt hatte, ob die Möglichkeit einer Schwangerschaft bestehe, hatte er mir gesagt, ich brauche mir keine Sorgen zu machen. Er hatte gelacht – nichts würde geschehen, außer er wollte es. Die Götter würden mich vor allem bewahren.

In die Stille hinein sagte Julie: »Was hältst du davon, wenn du zur Apotheke gehst und dir einen Schwangerschaftstest holst? Es kann doch nicht schaden, sich ein Bild zu machen. Schließlich willst du bestimmt keine Antibiotika zu dir nehmen, wenn du ein Baby im Bauch hast.«

»Ich kann nicht schwanger sein«, wiederholte ich leise. »Das kann nicht sein.«

»Hm … nun ja, mal sehen. Was meinst du? Hier, nimm etwas Kleingeld mit.«

Sie fischte ein paar Münzen aus ihrer Kitteltasche und drehte sich dann zu Michelle um. »Geh mit ihr zu der Apotheke am Ende der Straße. Da bekommt ihr einen billigen Test. Jetzt macht euch auf den Weg.«

Michelle begleitete mich also zu der Apotheke am Ende der Einkaufspassage, und wir erstanden den billigsten Schwangerschaftstest, den es dort gab – ein kleines Gefäß mit einem Stab für 2,50 Pfund. Michelle schnatterte die ganze Zeit. Sie hatte einen neuen Typen aufgetan, und er war gestern Abend mit ihr ausgegangen, aber sie war sich nicht sicher, ob sie ihn mochte. Er stand auf Autos und aß mit den Fingern. Das gefiel ihr nicht. Ich nickte zwar, hörte jedoch nur halb hin und war verärgert, dass ich dieses blöde Spiel mitmachen musste – das war doch alles Schwachsinn. Ich hatte nur eingewilligt, um Julie zu beruhigen. Ich wusste, dass ich nicht schwanger sein konnte.

Als wir zurückgekehrt waren, schickte mich Julie, die inzwischen mit einer anderen Kundin beschäftigt war, in die kleine Toilette im Flur, um das Gefäß mit Urin zu füllen. Im Hinterzimmer tauchte Michelle das Stäbchen in die Flüssigkeit. Sofort wurden auf dem Stift zwei rote Striche sichtbar.

»Oh, mein Gott!«, stieß Michelle hervor.

»Was ist? Was bedeutet das?«

»Zwei Streifen! Das heißt, dass du schwanger bist. Schau! Beide Streifen sind ganz klar und deutlich zu sehen.«

Ich konnte es nicht glauben. Ich konnte es immer noch nicht glauben. Ich starrte eine Weile auf das Stäbchen und fragte dann mit leiser hoffnungsvoller Stimme: »Kann sich der Test manchmal irren?«

Sie nahm die Schachtel und begann zu lesen.

»Hier steht, dass das Ergebnis in 99,9 Prozent der Fälle stimmt«, sagte sie und tippte wie zur Bestätigung mit ihren funkelnd violetten Fingernägeln auf die Schachtel. »Ich glaube nicht, dass das Ergebnis positiv wäre, wenn du nicht schwanger wärst.«

Ich nickte und ging in den Flur.

»Wahrscheinlich wird sie jetzt wieder krank«, hörte ich Michelle noch Julie zuflüstern, die auch ins Hinterzimmer getreten war. »Sie hatten Recht, sie *ist* schwanger. Beide Streifen sind sofort erschienen – husch! Einfach so – auf der Stelle.«

Doch ich musste mich nicht übergeben. Zum ersten Mal seit Jahren spürte ich einen stechenden Druck in meinen Augen, und ich wusste, dass ich jeden Moment in Tränen ausbrechen würde. Ich stürzte in die Toilette, schlug die Tür zu, setzte mich mit dem Kopf in die Hände gestützt und überließ mich den ungewohnten Gefühlen. Zunächst begann ich zu zittern, unkontrollierbar von der Magengrube hinauf zum Brustkorb und zu den Schulterblättern. In einem fort ging das so, dieses lautlose Zittern, dann kam ein Schluchzer, und plötzlich entrang sich mir ein unterdrücktes Wimmern. Mit beiden Händen versuchte ich, mir den Mund zuzuhalten und so mein Wehklagen zu mildern, doch es gelang mir nicht. Jetzt rollten die Tränen, und ich überließ mich ihnen vollständig. Ich saß da und heulte mir die Augen aus dem Kopf.

Ein Baby? Ein Kind? Ich konnte kein Kind haben – ich war doch selbst noch ein Kind! Ich hatte noch nichts in meinem Leben geschafft. Nichts! Wenn ich ein Baby bekam, würde ich nie etwas erreichen. Und was für ein Leben stand dem Baby bevor? Ich konnte kein neues Leben in meine Welt setzen – das war nicht zu verantworten. Und dann traf es mich. Ich musste es Colin berichten. Ja, ich würde es Colin sagen, und der würde alles wieder in Ordnung bringen. Colin hatte die Macht, meine Lage zu ändern!

Den restlichen Tag erlebte ich wie unter einem Schleier. Julie fragte mich, ob es mir gut gehe, und ich antwortete ihr, alles sei in Ordnung, ich sei nur etwas geschockt.

»Wie schätzt du deine Situation denn selbst ein?«, fragte sie freundlich.

»Ich weiß nicht. Ich habe nicht damit gerechnet.«

»Nein, natürlich nicht. Nun ja, mach dir keine Sorgen. Es ist ja noch genügend Zeit, über die Dinge nachzudenken.«

Ich versuchte, den Gedanken an das Baby zu verdrängen, während ich mich den Aufgaben im Salon widmete, doch er schoss mir in den seltsamsten Momenten durch den Kopf. Ich konnte mir nicht vorstellen, dass da ein Leben in mir wuchs – dieser Gedanke war einfach erschreckend. Ich konnte gar nicht abwarten, dass der Tag vorüberging, damit ich nach Hause eilen und es Colin erzählen konnte. Er würde wissen, was zu tun war. Er war alles für mich: Vater, Liebhaber, Beschützer und Führer. Ich wusste, dass Colin alles wieder in Ordnung bringen konnte.

Draußen war es immer noch warm, als ich um sechs Uhr nach Hause kam. Mama saß am Küchentisch und unterhielt sich mit Colin.

Ich blieb in der Türöffnung stehen und sagte: »Hallo, kann ich dich bitte mal sprechen, Colin?«

Er schaute mich kurz an, dann blickte er wieder zu Mama und nickte ihr zu, was bedeutete, dass sie verschwinden sollte. Sie stand auf und rauschte an mir vorbei. Ich nahm ihren Platz am Küchentisch ein.

»Ich muss dir etwas sagen«, begann ich, und das Herz rutschte mir in die Hose. »Ich bin schwanger.«

Für den Bruchteil einer Sekunde sah ich ihm den Schock an.

Colins Augen weiteten sich, der Mund öffnete sich, aber er schwieg. Ich wartete. Mehrere Sekunden vergingen, bis er sich wieder gefangen hatte und den Blick senkte und einen Zug aus seiner Zigarette nahm.

»Das wussten wir schon«, sagte er und atmete aus.

Ich glaube dir nicht.

Zum ersten Mal in meinem Leben wusste ich, dass er log, und es überraschte mich. Ich hatte seine Reaktion gesehen! Einen Schock kann man nicht spielen. Die Nachricht von meiner Schwangerschaft hatte ihn eindeutig überrascht, daher kaufte ich es ihm nicht ab, als er behauptete, er oder vielmehr er und die Götter hätten es bereits gewusst. Das stimmte nicht! Es war enttäuschend, feststellen zu müssen, dass Colin meine Schwangerschaft nicht erahnt hatte. Er sagte doch ständig, ich sei geschützt, es sei denn, er wolle, dass ich ein

Kind bekam. Wenn ich schwanger geworden war, ohne dass er es gewollt hatte, wie hatte das geschehen können?

Er beugte sich vor und sagte schnell und leise: »Wir wollen es wegmachen lassen.«

Erleichterung durchströmte meinen Körper. *Gott sei Dank!* Das war alles, was ich hören wollte.

»Ich möchte es auch weghaben«, sagte ich.

»Nun ja, ich lasse dir etwas Zeit, über die Sache nachzudenken. Ich komme nachher zu dir. In der Zwischenzeit solltest du es besser deiner Mutter erzählen.«

»Was? Warum?«

»Ich denke, sie sollte die Wahrheit kennen.«

»Ich will nicht, dass …«

»JACKIE!« Es war zu spät, er schrie bereits nach ihr. Sie kam hereinstolziert, mit ihrem üblichen wiegenden Gang, eine Hand an der Hüfte.

»Was ist?«

»Jackie, Annabelle muss dir etwas sagen.«

Ich wollte es nicht. Trotz allem, was geschehen war und was sie mir angetan hatte, wollte ich sie nicht enttäuschen. Sie war immer noch meine Mutter, und ich wollte sie nicht vor den Kopf stoßen.

»Ich bin schwanger«, sagte ich leise.

»Ja, das habe ich gewusst. Ich hätte es euch auch erzählen können.«

Meine Mutter blieb völlig ruhig – auf ihrem Gesicht spiegelte sich lediglich ihre gewohnte Gleichgültigkeit. Ich weiß nicht, wie sie es hatte feststellen können. Ich war nach wie vor gertenschlank.

»Du solltest lieber versuchen, deine Beine nicht so oft breit zu machen«, sagte sie gedehnt und rauschte ab in den Garten. Das war alles. Ich hatte das Gefühl zu zerbrechen.

Wie konnte sie dermaßen kaltschnäuzig und herzlos sein? In diesem Moment brauchte ich Liebe und Unterstützung. Ich brauchte eine Mutter. Natürlich war das mehr, als ich jemals von ihr hätte erwarten können. Colin grinste mich an. »Ich komme später bei dir vorbei. Halte dich bereit.«

Also wartete ich nach einem langen und anstrengenden Tag auf Colin, bis er um Mitternacht zur Hintertür hereinkam. Als er das Wohnzimmer betrat, wickelte ich den Morgenmantel enger um mich. Mir war kalt, und ich war müde.

»Das Baby ist von dir«, sagte ich.

Er lächelte und schüttelte den Kopf, während er sich neben mich aufs Sofa setzte.

»Nein, nein. Nein, das ist es nicht.«

»Doch«, versicherte ich. »Mit Thomas benutze ich ein Kondom. Seins kann es also nicht sein. Aber egal, ich will es ja sowieso loswerden.«

»Nun ja, das ist dein Wille, Annabelle«, entgegnete er und griff nach dem Gürtel meines Morgenrocks. »Jetzt zieh dich aus und leg dich hin.«

Am nächsten Tag war ich mit Moses zu Hause, da Mama arbeiten musste. Ich wusste immer noch nicht, wohin sie die Hälfte der Woche verschwand und was sie machte. Ich wusste lediglich, dass Shelley sie am Donnerstagnachmittag mit dem Auto abholte und dass die beiden nicht vor Montag wieder auftauchten. Früher war es freitags gewesen, doch seit ein paar Wochen fuhren sie schon donnerstags weg. Manchmal begleitete Millie sie, aber nicht jedes Mal.

Moses war inzwischen achtzehn Monate alt und verbrachte so viel Zeit mit mir, dass er dachte, ich sei seine Mutter. Ich hatte nichts dagegen – Moses war neben meiner Arbeit im Salon der einzige Lichtblick in meinem Leben. Für ihn war ich die wichtigste Person der Welt, und er folgte mir von einem Zimmer zum nächsten. Ich bin sicher, dass es Mama irritierte, wenn sie ihn »Mama, Mama« brabbeln hörte und er damit mich meinte. Aber was erwartete sie denn? Sie überließ ihn die meiste Zeit meiner Obhut, daher durfte sie sich nicht beschweren, dass er mich fälschlicherweise für seine Mutter hielt.

Ich fand es toll, mit Moses zu spielen, ich lebte für sein Lachen. Zu sehen, wie sein winziges Gesicht zu strahlen begann, und seine Jauchzer zu hören, wenn ich ihm durch den Flur folgte, versüßte mir den Tag. Er war ein goldiger kleiner Junge, und sobald ich mit ihm zusammen war, konnte ich nicht anders, als zu schmunzeln oder lachen. Im letzten Jahr war es in unserer Wohnung enger geworden; Colins ältester Sohn Damian wohnte jetzt bei uns. Als er noch jünger war, hatte er Schwierigkeiten gehabt, daher hatte man ihn für ein paar Jahre nach England geschickt, um bei Verwandten zu leben. Jetzt gehörte er wieder zur Kirche. Colin wollte nicht, dass seine Söhne unter einem Dach mit ihm wohnten, und daher war Damian in unsere Abstellkammer gezogen.

Im Großen und Ganzen war er verträglich und anspruchslos. Er stand jeden Morgen auf, um zu seinem Job im örtlichen Supermarkt zu gehen, und wenn er zu Hause war, verbrachte er die meiste Zeit in seinem Schlafzimmer, einem absoluten Saustall. Ich betrat es so selten wie möglich, denn es war sein Reich. Doch wenn Damian die Tür offenließ, bekam ich das Durcheinander zu Gesicht. Da waren Teller mit verschimmelten Essensresten, schmutzige Unterhosen und alte Tassen Tee. Es war ekelerregend.

Jetzt, da Mama meistens unterwegs war, war es meine Aufgabe, den Haushalt zu versorgen, mich um die Kinder zu kümmern, zu kochen, zu putzen, die Kleidung zu waschen und mit den Katzen fertigzuwerden. Sakkara hatte inzwischen einen Partner – einen siamesischen Kater, den Colin aufgetrieben hatte –, und der ließ sie nicht in Ruhe. Sie hatte bereits drei Würfe zur Welt gebracht, die Colin verkauft hatte, und jetzt war sie schon wieder tragend. Mir tat das arme Tier leid – sie hatte den einen Wurf kaum hinter sich, da meldete sich bereits der nächste an.

Ich seufzte, während ich das Katzenklo säuberte und eine Büchse mit Katzenfutter öffnete. An mir blieb es hängen, all diese Aufgaben zu erledigen – neben meiner Ausbildung zur Schönheitstherapeutin. Wieso also war Damian nicht in der Lage, wenigstens seine winzige Bude in Ordnung zu halten? Doch ich traute mich nicht, zu Colin etwas über die Unordnung zu sagen – der machte seinem Sohn das Leben sowieso schon schwer genug.

Um neun Uhr abends war ich gerade im Wohnzimmer mit Staubsaugen beschäftigt, als Colin total aufgeregt hereinschneite. Er rauchte Kette, lief rastlos auf und ab, verstreute überall seine Zigarettenasche. Ich stellte den Staubsauger aus. Aber er schien nicht zu bemerken, dass ich mich über ihn ärgerte.

»Nun, hast du dir überlegt, was du tun willst?«, blaffte er mich an.

Ich war überrascht. Ich war der Meinung, wir hätten uns bereits geeinigt, was zu tun sei.

»Ja, du weißt doch, dass ich mich entschieden habe«, sagte ich. »Ich will das Baby nicht.«

»So, du willst das Baby nicht«, wiederholte er meinen Satz, als höre er ihn zum ersten Mal. »Das Baby wegmachen lassen. Einfach so. Ist es das, was du tun möchtest?«

Er schwieg und starrte mich an – plötzlich spürte ich, wie

mir ein Schauer über den Rücken jagte. Irgendetwas hatte sich seit gestern geändert. Colin war jetzt wütend.

»Das ist ein Kind von den GÖTTERN!«, brüllte er. »Dir ist ein Segen zuteilgeworden, und du willst es wegmachen lassen? Einfach wegwerfen? Wie eine MÖRDERIN? Ja, eine Mörderin – genau das wirst du sein, wenn du dieses Kind tötest.«

Er schwieg, und ich konnte kaum atmen, geschweige denn sprechen. Ein paar Sekunden verstrichen, bevor er fortfuhr, jetzt etwas ruhiger: »Wenn es das ist, was du willst, in Ordnung. Wir werden es morgen erledigen – aber du wirst dein Leben lang mit dieser Entscheidung leben müssen, und wer weiß, wie es deinen Pfad möglicherweise beeinträchtigen wird.«

Verzweifelt sank ich aufs Sofa zurück, und erneut sah ich, wie mir die Felle davonschwammen. Meine Lebensplanung war verloren. Diesmal kamen mir die Tränen sofort, und ich ließ sie zu. Ich erinnerte mich an die Zeit, als ich sieben war und von zu Hause weglaufen wollte. Oberflächlich betrachtet ließ mir Colin die Wahl, doch in Wirklichkeit hatte ich überhaupt keine.

Er stand vor mir und nahm eine Zigarette aus dem Päckchen. Er zündete sie an und blies den Rauch in meine Richtung.

»Es gibt keinen Grund, sich aufzuregen«, sagte er kalt. »Triff einfach deine Wahl. Wenn du das Baby wegmachen lassen willst, werden wir das morgen regeln. Es ist *dein* Pfad, Annabelle, *dein* Wille. Und wenn du dich gegen die Wünsche der Götter entscheidest, dann wirst du die Konsequenzen tragen und deinen Pfad so akzeptieren müssen, wie er dann ist. Du solltest nur die Auswirkungen auf dein späteres Leben berücksichtigen. Also, was wird nun?«

Ich gab mich geschlagen.

Nach diesem Gespräch fühlte ich mich wie eine Art Zombie, innerlich völlig taub. Ich konnte mich den Wünschen der Götter nicht widersetzen; ich konnte ihr Kind nicht töten. Colin sagte, das würde mich zur Mörderin machen, daher hatte ich keine Wahl. Ich musste das Baby austragen. Mein Leben gehörte mir nicht. Colin forderte jetzt sogar noch häufiger Sex mit mir. Er meinte, das Baby in mir verleihe ihm Energie.

»Ich kann es sehen«, sagte er, »ich kann das Kind in dir sehen. Es füttert mich, es macht mich stärker.«

Zwei Wochen später beorderte mich Colin in sein Wohnzimmer, um Thomas die Nachricht zu überbringen. Colin lag wie gewöhnlich ausgestreckt in seinem Lieblingssessel und schlürfte eine Tasse Tee, zu seinen Füßen schlief zusammengerollt ein Rottweiler. Thomas und ich saßen ihm gegenüber unbeholfen auf dem Sofa.

»Sie ist schwanger und bekommt ein Kind von dir«, richtete Colin das Wort an Thomas und nippte an dem Tee mit Milch in seinem Leeds-United-Becher. »Verstehst du? Du wirst Vater.«

Thomas drehte sich zu mir hin, sein Gesicht war vor Schreck starr wie ein Eisblock. Ich nickte, um zu bestätigen, dass Colin die Wahrheit sagte. Thomas hatte allen Grund, geschockt zu sein – schließlich hatten wir immer ein Kondom benutzt, wenn wir miteinander geschlafen hatten.

»Aber wie …?« Seine Stimme erstarb, und ungläubig schüttelte er den Kopf.

»Ich weiß nicht«, sagte ich und zuckte mit den Achseln, »ich fürchte, dass die Verhütung einmal nicht funktioniert hat.«

»Die Götter!«, sagte Colin zu Thomas, als hätte er es mit einem Idioten zu tun. »Die Götter haben die Angelegenheit für euch beide entschieden. Und letzten Endes kannst du dich glücklich schätzen, Thomas! Du und Annabelle, ihr seid gesegnet. Ihr seid auserwählt!«

Jetzt lachte Thomas und umarmte mich.

»Das ist … eh – … das ist ja eine tolle Nachricht«, flüsterte er, während er seinen Kopf in meinen Nacken drückte. »Das wird prima. Wir werden eine richtige Familie.«

Er schob mich etwas von sich weg, um mich anzuschauen, und dann wanderte sein Blick zu meinem Bauch, an dem mittlerweile eine winzige Wölbung zu erkennen war. Ich erwiderte sein Lächeln, doch es war gespielt. Die Wahrheit würde er nie erfahren.

Hope nahm die Nachricht nur halb so freudig auf. Sie war eifersüchtig und gereizt, dass ich ein Kind bekommen würde. Ich glaube, ich war die Erste in unserer kleinen Gruppe von Mädchen innerhalb der Kirche, die schwanger geworden war. Natürlich wusste sie nicht, dass ich kein Kind haben wollte. Dass es nicht meine Wahl gewesen war. Alles war so verzwickt, dass ich am liebsten hätte schreien mögen.

Doch ich konnte nichts machen, deshalb zog ich mich immer mehr in mein Inneres zurück. Mittlerweile hatte das Ausbildungsinstitut Sommerpause, und mein Praktikum bei Julie war ebenfalls beendet. Ich setzte keinen Fuß mehr vor die Tür. Ich glaubte auch nicht mehr, dass ich meine Ausbildung am Institut im September fortsetzen konnte. Was stand mir also bevor? Meine Zeit verbrachte ich jetzt daheim, und dasselbe zeichnete sich für die Zukunft ab: ein nicht enden wollender Kreislauf von Kochen, Putzen und Waschen.

Eines Tages war ich dabei, das Besteck einzuräumen, als mein Blick plötzlich auf ein kleines sägeartiges Küchenmesser mit Holzgriff fiel. Ohne richtig zu wissen, weshalb, schob ich es in die Gesäßtasche. Im Badezimmer nahm ich es später heraus und krempelte einen Ärmel hoch. Dann presste ich die Klinge kräftig auf meinen Unterarm. Alles, was ich anfangs empfand, war Druck, deshalb presste ich noch stärker. Jetzt wurde die Haut entlang der Klinge weiß, und ich begann ein Kribbeln am Arm zu spüren. Es tat sich etwas!

Ich drückte immer stärker, und dann zog ich das Messer mit einer schnellen Bewegung über die Haut auf mich zu. Ich holte tief Luft, aber es fühlte sich gut an. Es fühlte sich an wie … wie … irgendetwas. Tief aus meinem Inneren quoll der Schmerz an die Oberfläche. Ich sah, wie sich rote Tropfen in einer geraden Linie bildeten, und ich lächelte. Der körperliche Schmerz, stechend und süß, hatte mich wieder etwas empfinden lassen. In freudiger Erregung atmete ich kräftig durch, und obwohl ich wusste, dass es gefährlich war, was ich da tat, kümmerte ich mich nicht um die Folgen. Ich nahm ein Blatt Toilettenpapier, legte es auf die Schnittwunde und beobachtete, wie das Blut in das dünne weiße Gewebe sickerte. Ich hatte einen Weg gefunden, die Taubheit zu durchbrechen.

Die Tage und Wochen glitten vorüber. Ich nahm überhaupt nicht wahr, dass die Rundung über meinem Becken kontinuierlich größer wurde. Ich wollte nicht über das Baby nachdenken; ihm gegenüber empfand ich nichts. Ab und zu, wenn alles zu viel wurde und ich wieder zu mir selbst finden musste, verkroch ich mich in die Toilette und brachte mir Schnitte bei. Sie hinterließen keine großen Narben, und ich achtete darauf, dass ich sie dort machte, wo Colin und Thomas sie nicht sehen würden – vor allem am Oberarm. Sie taten gut. Ich fühlte, als würde ich langsam erdrosselt, aber die Schnitte verschafften mir Luft. Sie waren die einzige Erleichterung unter dem dunklen schweren Tuch, das die ganze Zeit auf mir lastete.

Ich war im sechsten Monat, als Colin mir sagte, es sei an der Zeit, einen Termin bei einem Allgemeinarzt zu vereinbaren. Er hatte in den Wochen zuvor meine Bitte verworfen, einen Facharzt aufsuchen zu dürfen, da er meinte, er könne das Baby in mir sehen, und es gehe ihm gut. Der Allgemeinarzt überwies mich prompt zur Hebamme im Krankenhaus, die bestürzt war, als sie feststellte, wie weit die Schwangerschaft bereits fortgeschritten war, doch ich log und erzählte ihr, ich habe sie gerade erst entdeckt. Das erste Ultraschallbild wurde an meinem 18. Geburtstag gemacht. Als ›Vater‹ des Babys war auch Thomas dabei. Er war total aus dem Häuschen, und für mich war es fürchterlich, dort zu liegen und so zu tun, als teile ich seine Begeisterung.

»Da! Schau mal!« Er zeigte auf den Bildschirm, und ich zwang mich, mir die undeutlichen schwarzen und grünen Kleckse anzusehen. »Das ist der Kopf!«

»Möchten Sie das Geschlecht wissen?«, fragte die Röntgenassistentin und fuhr mit dem Gerät über meinen rundlichen Bauch.

»Ja, unbedingt!«, antwortete Thomas für uns beide.

»Für mich sieht das nach einem Mädchen aus«, sagte sie, während sie den Bildschirm studierte. »Wir können nie zu hundert Prozent sicher sein, aber ich würde sagen, zu achtzig Prozent ein Mädchen. Herzlichen Glückwunsch!«

Thomas strahlte mich an. »Ein kleines Mädchen. Meine kleine Prinzessin! Ist das nicht genial?«

Ich fand es nicht genial. Ich fand es überhaupt nicht genial. Ich war am Boden zerstört. In meinem Herzen hatte ich dafür gebetet, es möge ein Junge sein, damit Colin nie auf den Gedanken käme, dem Kind etwas anzutun. Ein Mädchen wäre verwundbar.

Als wir später nach Hause zurückkehrten, lief Thomas

überall herum und erzählte jedem, ich erwartete ein Mädchen. Colin hatte seine übliche Antwort parat.

»Das wussten wir«, sagte er.

Ich verließ das Zimmer und ging in unsere Wohnung. Ich musste das Abendessen für Moses und Olivia vorbereiten. Es war bereits spät, als ich in mein Zimmer trat und zum ersten Mal darüber nachdachte, wie es sein würde, wenn ich ein Mädchen zur Welt brachte.

Mit dem Rücken an die Tür gelehnt, saß ich auf dem Fußboden und schüttelte ungläubig den Kopf. Ich konnte doch ein Mädchen nicht dieser Situation aussetzen. Würde Colin ihm antun, was er mit mir gemacht hatte? Würde er es seinem eigenen Kind antun? Ich wusste, dass er Hope nicht angerührt hatte. Sie war wirklich seine Prinzessin – er schützte sie vor der Wahrheit über seine Prüfungen und die Kirche. Ich vermutete, ihre Stellung als seine Tochter sicherte ihr einen Platz im Palast. Würde meiner Tochter die gleiche Behandlung zuteilwerden?

Verwirrt und aufgebracht wusste ich nicht, was ich denken sollte. *Ich sitze in der Falle.* Das war das Einzige, dessen ich mir gewiss war. *Wenn ich da nicht rauskomme und dieses Kind nicht beschützen kann, dann muss ich uns beide töten*, schlussfolgerte ich. Ich holte das Messer aus dem Ärmel, nahm den Holzgriff in die rechte Hand und fuhr mit dem Daumen über die Klinge. Dann drehte ich meine linke Hand um, sodass die weiße Haut des Handgelenks nach oben zeigte. Ich betrachtete die darunterliegenden mattblauen Adern. Entschlossen stieß ich das Messer in die Haut und riss sie auf.

Das Blut schoss augenblicklich hervor.

Oh mein Gott!

Angst übermannte mich. Das Blut floss so dick und schnell,

dass ich geschockt war. Im selben Moment wusste ich, dass ich nicht sterben und auch mein Kind nicht töten wollte. Mir wurde klar, dass ich von ganzem Herzen am Leben hing. Währenddessen spritzte das Blut aus meinem Handgelenk und ergoss sich auf meine grauen Leggings. *Nein, nein, nein!* Ich umklammerte mein Handgelenk, drückte mich hoch, öffnete mit der rechten Hand die Tür und rannte ins Badezimmer. Mit dem Ellbogen schlug ich die Tür zu, drehte den Wasserhahn auf und hielt die offene Wunde unter das kalte Nass.

OH MEIN GOTT!

Das Wasser auf der Haut brannte weitaus mehr als der Schnitt selbst. Es schmerzte dermaßen, dass ich schon dachte, ich würde ohnmächtig werden, doch es gelang mir, die Panik zu unterdrücken, indem ich mich auf das Handgelenk konzentrierte und beobachtete, wie sich das Wasser mit dem dunklen Blut vermischte und es heller und violett färbte. Nach einer Weile zog ich das Handgelenk weg und presste weißes Toilettenpapier darauf. Dann setzte ich mich auf die Toilette und umfasste es ewig lange. Da das Blut immer wieder durchsickerte, war ich gezwungen, das Toilettenpapier mehrfach zu wechseln. Die blutigen Reste spülte ich in der Toilette weg, um die Spuren dessen, was ich getan hatte, zu beseitigen. In diesem Moment fühlte ich mich schrecklich. *Ich kann nicht glauben, dass ich vorhatte, mein Baby zu töten. Das hätte mich zur Mörderin gemacht.*

Danach hörte ich auf, mich zu schneiden. Ich wusste, dass ich nichts tun konnte, um mein Schicksal zu ändern, daher überließ ich mich dem, was die Zukunft bringen würde, und dem Pfad, den die Götter für mich bestimmt hatten. Mit jedem Tag schwoll der Bauch unter meiner Kleidung an, und ich watschelte hinter Moses her, wenn er von einem Zimmer ins andere tobte, mich mit Himbeeren bewarf und hemmungslos lachte. Er war der einzige Mensch auf der Welt, der mich aufmuntern konnte. Das Interessante war, dass Colin sich nie zu meinen Schnitten oder dem zweiten Selbstmordversuch äußerte. Ich wartete darauf, dass er etwas sagen würde, doch er tat es nicht. Ein verwegener, rebellischer Gedanke reifte in mir. *Vielleicht weiß er es ja nicht.*

Kapitel 12

Damian

PIEP, PIEP, PIEP.

Das hartnäckige hohe Piepen meines elektrischen Weckers unterbrach an diesem kalten Wintermorgen um halb sieben meine Träume. In meinem unteren Etagenbett blinzelte ich ein paar Mal und blieb noch einen Moment liegen. Dann streckte ich meine Glieder und musste dabei mit dem dicken Bauch, der jetzt bis zum Brustkorb reichte, vorsichtig umgehen. Ich griff unter der warmen Bettdecke hervor nach dem Wecker auf dem Nachttisch und stellte ihn aus, wobei ich noch das Datum registrierte – 1. Februar. Ich war im neunten Monat und spürte es deutlich. Bis zu meinem Entbindungstermin waren es nur noch wenige Tage, und obwohl ich Angst vor der Geburt hatte, hatte ich es satt, meinen schwerfälligen Körper herumzuschleppen.

»Olivia?«, flüsterte ich.

»Ja, ja, ich weiß«, kam es gähnend von oben. »Ich habe es gehört.«

Die Federn des oberen Betts knarrten, als sie sich rekelte. Ich genoss diese zusätzliche Stunde, die ich im Bett bleiben konnte, nachdem Olivia zur Schule gegangen war und bevor Moses aufwachte. Er schlief in seinem Kinderbett im Schlafzimmer meiner Mama, aber ich war es immer, die mit ihm aufstand und ihn nach unten zum Frühstück mitnahm. Ich ließ mich wieder auf das Kopfkissen zurückfallen und schloss die Augen, während ich hörte, dass Olivia langsam das Bett verließ und die Leiter hinabstieg. Dann überquerte sie den Flur und ging ins Badezimmer.

Ich seufzte schwer. Mittlerweile bereitete mir alles Mühe – schon beim Treppensteigen wurde ich atemlos. Selbst das Einschlafen war schwierig, da es nachts fast unmöglich war, eine bequeme Lage zu finden, das Etagenbett engte mich furchtbar ein. Und kaum hatte ich mich in einer halbwegs angenehmen Lage eingerichtet, musste ich schon wieder auf die Toilette. Die arme Olivia wachte immer auf, wenn ich auf meine nächtliche Wanderschaft ging. Obwohl ich mich von Abend zu Abend früher schlafen legte, fühlte ich mich nie richtig ausgeruht, und der Morgen begrüßte mich immer mit einem neuen Bündel an Wehwehchen.

Hinten im Flur hörte ich, dass Damians Zimmertür geöffnet wurde, und da das Badezimmer besetzt war, schlich er die Treppe hinab auf die Toilette. Flink wie ein Wiesel kam er kurz darauf wieder nach oben, und seine Zimmertür fiel ins Schloss. Ein paar Minuten später kehrte Olivia zurück, und ich drehte mich in der Hoffnung um, noch einige Minuten Schlaf zu ergattern, bevor der Tag für mich begann.

Plötzlich setzte ein furchtbares Poltern und Krachen ein – es drang aus Damians Zimmer. Ich hob den Kopf, und Olivia und ich schauten uns fragend an.

»Was mag er da drin wohl anstellen?«, sagte ich leise. »Moses schläft noch. Nicht, dass er ihn aufweckt. Olivia, kannst du mal zu ihm gehen, an die Tür klopfen und ihm sagen, dass er ruhig sein soll?«

Olivia, inzwischen in ihrer Schuluniform, ging also raus. Ich hörte ein energisches Pochen an der Tür, gefolgt von einem lauten Ruf: »Damian!«

Danach war alles totenstill. Schweigen. Olivia kehrte ins

Schlafzimmer zurück und machte sich weiter fertig, während ich träge vor mich hindöste.

Um acht Uhr war Olivia aus dem Haus. Eine halbe Stunde später wachte Moses auf, daher holte ich ihn aus seinem Bettchen in Mamas Zimmer, wo sie immer noch schlief, und nahm ihn mit nach unten, um ihm seine Flasche Milch und ein Toastbrot zu geben. Nach dem Frühstück zogen wir uns an, danach holte ich die Buntstifte heraus und stellte im Wohnzimmer den Fernseher an. Mama musste am Nachmittag zur Arbeit, daher wusste ich, dass sie den Morgen gerne im Bett verbringen wollte. Als es immer später wurde, machte ich mir Gedanken über Damian.

Moses präsentierte mir stolz sein Ausmalbild – ein psychedelisches Eichhörnchen auf einer knallbunten Nuss.

»Oh, das ist aber schön!«, lobte ich, die hellvioletten und purpurnen Wirbel auf dem Schwanz des Eichhörnchens betrachtend. Im Fernsehen ging gerade *Waybuloo* zu Ende – das hieß, es war 11.45 Uhr. Damian musste um 12 Uhr auf der Arbeit sein, aber ich hatte ihn seit seinem morgendlichen Gang zum Klo in der unteren Etage nicht aus seinem Zimmer kommen hören. *Ist er schon gegangen?*, fragte ich mich. Vielleicht hatte ich es nicht bemerkt. Ich schaute erneut auf die Uhr. Was, wenn er wieder eingeschlafen war? Ich wollte nicht, dass er zu spät zur Arbeit kam.

»Moses, warte hier«, sagte ich. »Ich schau mal kurz nach Damian, er muss heute zur Arbeit gehen.«

Mädchen war es nicht erlaubt, das Zimmer eines Jungen zu betreten, und umgekehrt – eine der Kirchenregeln –, daher klopfte ich an Damians Tür. Keine Antwort.

Ich zögerte. Normalerweise hätte ich auf eine Reaktion gewartet, doch mich beschlich ein komisches Gefühl. Also beschloss ich, sofort zu handeln. Ich drückte die Klinke hinunter. Die Tür öffnete sich nicht ganz, sondern nur einen Spalt. Etwas blockierte sie. In diesem Moment entdeckte ich ihn oder zumindest einen Teil von ihm. Damian lehnte an der Tür, seitlich, so als stünde er dort. Ich sah zuerst nur eine Gesichtshälfte. Ich dachte, er müsse eingeschlafen sein – Damian war als Schlafwandler bekannt. Nun gelang es mir, die Tür etwas weiter aufzustoßen.

»Damian!«, sagte ich und versuchte ihn aufzuwecken. Ich legte ihm eine Hand auf die Schulter, um ihn zu schütteln, doch seine Haut war eiskalt. Da stimmte etwas nicht. Er war nackt. Jetzt bemerkte ich den Gürtel über der Schranktür. Ich schaute nach unten, und nun sah ich, dass Damian nicht stand, sondern wenige Zentimeter über dem Boden baumelte, gehalten von dem über die Schranktür geworfenen Gürtel, der um seinen Hals geschlungen war.

Oh mein Gott!

Ich betrachtete sein Gesicht – seine glasigen Augen waren halb geschlossen, und der Mund stand offen. Er atmete nicht mehr. Damian war tot.

Mein Herz begann zu trommeln, und ich schloss die Tür so schnell ich konnte. Als ich mich umdrehte, sah ich, dass Moses mir gefolgt war und jetzt auf der obersten Treppenstufe stand. Ich glaubte nicht, dass er irgendetwas gesehen hatte, Gott sei Dank, aber jetzt fuhr es mir in die Glieder. Ein stechender Schmerz in meinem Bauch ließ mich zusammenzucken, als ich über den Flur zu meiner Mutter eilte.

Ohne vorher anzuklopfen, stürmte ich in ihr Zimmer.

»Mama, Damian hat sich aufgehängt!«, schrie ich.

Mama schoss in ihrem Bett hoch. »Was sagst du da?«

»Er hat sich in seinem Zimmer erhängt – er ist tot. Was soll ich machen? Was soll ich nur tun?«

Ich war hektisch, während Mama ruhig und kontrolliert blieb.

»Geh nach nebenan und sag es Colin«, schlug sie vor. »Ich passe auf Moses auf.«

Blitzartig sprang sie aus dem Bett und stieg in ihre Jeans. Ich drehte mich um und lief, so schnell es ging, die Treppe hinab, froh darüber, dass jemand anderes das Kommando übernommen hatte. Ich watschelte zur Hintertür hinaus, umklammerte dabei den unteren Bereich meines Bauchs, überquerte den Rasen und betrat Colins Wohnung durch die Küche.

Dort erwartete mich eine für die Wochenmitte ganz gewöhnliche Szene: Hope, Elaine, Shelley, Sandra und Thomas spielten gemeinsam Dart. Für den Bruchteil einer Sekunde erschien es mir gemein, die Idylle mit dieser grauenhaften Nachricht zu zerstören. Doch ich musste, die Zeit drängte.

»Damian hat sich erhängt!«, rief ich.

Die Küche versank im Chaos – Elaine schrie in Panik nach Colin, Hope sackte zusammen und brach in Tränen aus, und Thomas rannte zur Hintertür hinaus zu unserem Haus. Ich stand einfach nur da, verstört und verzweifelt. Seit Monaten hatte ich nicht mehr mit Hope gesprochen oder sie getroffen, und jetzt erschien ich hier, um die Neuigkeit zu überbringen, dass ihr Bruder tot war. Sie stand heulend in der Küche, und ich ging zu ihr und nahm sie in die Arme, doch sie stieß mich weg.

»Nein, lass mich in Ruhe«, schrie sie. Es traf mich zutiefst. Sie war immer noch meine beste Freundin, und sie litt Qualen – ich wollte ihr doch nur Trost spenden. Elaine kam und legte einen Arm um sie; Hope schaute hoch.

»Ich will ihn sehen«, sagte sie.

»Nein!«, platzte es aus mir heraus. »Bitte, geh nicht hin. Du möchtest ihn nicht sehen.«

Aua! Erneuter stechender Schmerz im Bauch raubte mir den Atem. Ich musste mich hinsetzen. Doch ich sagte niemandem etwas und schaffte es irgendwie, in unsere Küche zurückzuhumpeln. Mama wartete auf mich.

»Ich habe die Polizei und den Rettungsdienst angerufen«, sagte sie ruhig. »Wenn du gefragt wirst, dann erzähl ihnen, dass Damian hier nur während der letzten paar Tage gewohnt hat.«

Ich nickte, um ihr zu zeigen, dass ich verstanden hatte, aber ich hatte sie nicht verstanden. Weshalb sollte ich lügen? Damian hatte bereits seit über einem Jahr bei uns gelebt. Das ergab keinen Sinn. Weshalb hatte Damian Selbstmord begangen? War es ein Unfall, oder hatte er es wirklich vorsätzlich getan?

Thomas kam und setzte sich im Wohnzimmer neben mich.

»Ich musste die Tür aufstoßen«, sagte er mit bebender Stimme. Seine Augen waren hervorgetreten, Knie und Hände zitterten. »Der Gürtel hing um seinen Hals. Er war an einer Stütze befestigt, die Damian an der Schranktür festgeklemmt hatte.«

»Er war nackt«, sagte ich.

»Ich weiß.«

»Warum war er nackt?«

»Ich weiß es nicht, Annabelle. Ich weiß es wirklich nicht.«

Jetzt betrat Colin die Wohnung. Er wirkte angeschlagen und war geisterhaft bleich. Er brachte kaum einen Ton heraus – pausenlos lief er im Zimmer auf und ab. Es war das erste Mal, dass ich ihn vollkommen außer Kontrolle erlebte, außerstande, Worte zu finden oder zu wissen, was er tun sollte. Die Schmerzen in meinem Bauch meldeten sich jetzt heftig und schnell, doch ich wollte niemanden belästigen. Daher verließ ich das Wohnzimmer und ging in die Küche, wo ich mich krümmte und den qualvollen Wellen freien Lauf ließ, die jetzt meinen Körper erfassten. Kurz nach mir trat Hope in die Küche.

»Ist mit dir alles in Ordnung?«, fragte sie. Plötzlich schauten wir uns an. Es tat uns beiden weh, und in diesem Moment schmolzen sämtliche quälende Eisblöcke, die uns in den letzten Monaten voneinander getrennt hatten, einfach dahin. Sie kam auf mich zugelaufen und umarmte mich stürmisch.

»Oh, Annabelle! Ich kann gar nicht glauben, dass er tot ist. Es tut mir leid, dass ich dich verstoßen habe. Ich brauche dich so sehr.«

Wir blieben so endlos lange stehen, und schließlich warteten wir versöhnt auf die Polizei.

»Was meinst du, weshalb er das getan hat, Annabelle?«, fragte sie, während sie an der Hintertür stand und in den Garten starrte, der nur noch schwach vom orangenen Glanz des ausklingenden Tages beleuchtet wurde.

»Ich weiß es nicht«, erwiderte ich. Es war furchtbar, ihr außer meiner Anteilnahme an ihrem Kummer nichts bieten zu können. War er unglücklich gewesen? Es fiel mir schwer, mich nach der wenigen Zeit, die ich mit ihm verbracht hatte, über Damian zu äußern. Er hatte wie ein Schatten in unserem Haus gelebt. Eigentlich hatte ich ihn kaum wahrgenommen.

Kurze Zeit später erschien der Rettungsdienst, und man nahm den Toten in einem blauen Leichensack mit. Ich sah, wie er herausgetragen wurde, während ich auf dem Sofa saß und einer freundlichen Polizistin meine Aussage machte. Sie wollte eine genaue Beschreibung, wie ich Damian heute Mittag gefunden hatte. Und sie befragte mich eingehend über Damians Kenntnis von Lokalnachrichten, doch ich konnte ihr zu den meisten ihrer Fragen nichts sagen.

In diesem frühen Stadium vermutete die Polizei einen Zusammenhang mit einer Serie von Teenager-Selbstmorden, die sich in Bridgent in Südwales ereignet hatten. Vierzehn Jugendliche aus der Region hatten sich im letzten Jahr in einer Welle von Nachahmungstaten das Leben genommen. Wie es schien, hatte Facebook eine Rolle gespielt – doch ich konnte diese Vorfälle nicht mit Damian in Verbindung bringen. Schließlich war er kein Teenager; er war fünfundzwanzig, und soviel ich wusste, hatte er auch nichts mit Facebook zu tun gehabt. Die Polizei durchsuchte sein Zimmer, doch sie fand keinen Abschiedsbrief.

Später ging ich mit Thomas hinein – wir entdeckten einen kleinen Bücherstapel direkt vor der Schranktür. Er musste ihn zuerst als eine Art Trittstufe benutzt und darauf gestanden haben. War er absichtlich von dem Stapel gesprungen, oder war er ausgerutscht? Ich fand keine Antwort, während ich die Umgebung absuchte. Damian war groß – er hätte bloß die Hände ausstrecken und sich zu einer der beiden Türrahmen hochstoßen zu brauchen, um sein Leben zu retten. Und er schwebte nur etwa drei Zentimeter über dem Boden! Weshalb hatte er es nicht getan? War es ein Unfall, oder wollte er wirklich sterben?

Ich konnte mir nicht vorstellen, was für ein Leben Damian bis zu diesem Zeitpunkt geführt hatte. Ich war erst sieben, als ich Colin begegnete – Damian war sein Sohn, sein ältester Sohn. Colin war ihm gegenüber härter gewesen als gegenüber irgendjemandem sonst. Er beschimpfte ihn, beschuldigte ihn, »schwul« und »dreckig« zu sein, Eigenschaften, die Colin mit Schwäche gleichsetzte. Er demütigte und attackierte ihn häufig vor anderen. Hatte Damian schließlich zu sehr unter Colin gelitten? Was hatte er während der Jahre erlebt, die er mit Colin unter einem Dach verbracht hatte? Welche Geheimnisse nahm er mit ins Grab?

Abends, als Olivia nach Hause kam, nahm Mama sie zur Seite und erzählte ihr, dass Damian gestorben war. Niemand verriet ihr, dass er bei uns zu Hause gestorben war, in seinem Zimmer, womöglich in dem Moment, als sie an seine Tür geklopft hatte. Es gab keinen Grund, sie dieser traumatisierenden Information auszusetzen. Es war ein anstrengender und furchtbarer Tag gewesen, dennoch konnte ich nicht einschlafen. Ich verbrachte endlose Zeit am Telefon mit Hope und ging ein ums andere Mal die Details durch. Ich konnte den Gedanken nicht ertragen, dass Damian nur ein paar Meter von meinem Bett entfernt gestorben war, vermutlich genau in dem Moment, als ich mich über ihn aufregte, weil er Krach machte. Ich fühlte mich schuldig. Weshalb war ich nicht zu ihm gegangen, um nachzusehen? Vielleicht hätte ich ihn retten können!?

»Du hättest absolut nichts machen können.« Hope versuchte mit allen Mitteln, mich zu beruhigen. »Ich meine, wie solltest du denn ahnen, was er tat?«

»Ich weiß nicht«, sagte ich, und die Tränen flossen. »Ich hätte aufstehen können und schauen, ob mit ihm alles in Ordnung ist.« Ich bekam nicht dieses Bild aus meinem Kopf, wie sein Gesicht an die Tür gequetscht war, die Augen halb geöffnet, der Mund schlaff.

»Es ist schon spät«, fuhr Hope fort. »Du musst jetzt endlich mal zu schlafen versuchen. Das hier ist nicht gut für das Baby.«

Wir vereinbarten, am nächsten Tag weiter miteinander zu reden, und ungefähr um Mitternacht stieg ich nach oben in mein Schlafzimmer. Ich konnte nicht einmal in die Richtung von Damians Zimmer schauen, aus lauter Angst vor dem, was ich zu sehen bekommen könnte. Irgendwann frühmorgens wachte ich auf und musste dringend pinkeln, doch ich wollte nicht in den Flur, und so blieb ich mehrere Stunden liegen, unfähig zu schlafen und nicht bereit, meiner Angst vor einer Begegnung mit seinem Geist zu trotzen. Schuldgefühle verfolgten mich in diesen schlaflosen Stunden. *Ich hätte ihn retten können. Warum habe ich ihn nicht gerettet?*

Am nächsten Tag war ich immer noch erschöpft, und die Schmerzen, die tags zuvor begonnen hatten, schienen schlimmer zu werden. Hope rief mich vormittags an und lud mich zu sich ein. Ich rief Thomas an, er kam ebenfalls. Als ich das Wohnzimmer betrat, saßen dort auf dem Sofa Händchen haltend Hope und Elaine, die völlig am Boden zerstört wirkte. Colin lümmelte wie immer in seinem Sessel und rauchte schlecht gelaunt. Ich setzte mich neben Hope, sie lächelte und nahm meine Hand. Es beruhigte mich, sie als Freundin wiederzuhaben, obwohl ich in diesem Moment alles getan hätte, um die Umstände unserer Versöhnung zu verändern.

Lange herrschte Schweigen, jeder war in seinen eigenen Kummer vertieft. Dann sprach Colin: »Ich wusste, was er tun würde.«

Wir starrten ihn alle an. Er sah wie immer aus, hatte sich auch wieder unter Kontrolle, doch was er eben zugegeben hatte, war verrückt.

Wie konnte er es gewusst haben?

»Die Wächter teilten mir mit, was Damian vorhatte«, fuhr er fort. Die Wächter verkörperten die Augen und Ohren der Götter auf Erden, offenbar waren sie es, die uns die ganze Zeit beobachteten.

»Aber es war Damians Wille, es zu tun. Wir konnten nichts unternehmen, um ihn davon abzuhalten, denn es war sein Wille, sein Pfad.«

Elaine begann zu weinen, und Hope ließ meine Hand los, um sie ihrer Mutter auf die Schulter zu legen. Mir wurde ganz schlecht. Wie konnte Colin so etwas sagen? Ich wusste, dass es Unsinn war – wenn er gewusst hätte, was sein Sohn plante, hätte er ihn davon abgehalten. Natürlich hätte er das getan! Es tat mir so leid für Elaine. Wie konnte sie dort sitzen und sich solchen Quatsch anhören? Nahm sie Colin tatsächlich ab, dass er gewusst hatte, was ihr Sohn tun wollte? Dann konnte sie doch unmöglich akzeptieren, dass ihr Mann nichts unternommen hatte, um die Katastrophe zu verhindern. Andererseits lebte Elaine seit ihrem achtzehnten Lebensjahr mit Colin zusammen, und sie akzeptierte alles, was er sagte. Sie war seine erste und treueste Anhängerin. Ja, ich konnte sehen, dass sie ihm diesen Blödsinn glaubte. Sie würde hinnehmen, dass dies Damians Pfad gewesen sei, seine eigene Wahl. Vielleicht würde es ihr sogar helfen, mit dem Verlust fertigzuwerden.

Ich aber nahm es Colin nicht ab. Ich hatte ihn gestern gesehen, und wie alle anderen war auch er total geschockt gewesen – das hatte er nicht spielen können. Wieder einmal zog ich Colins Version der Realität in Zweifel. Doch ich stellte ihn nicht zur Rede – niemand wagte es jemals, Colins Behauptungen zu hinterfragen. Auch in diesem Moment wunderte sich keiner, weshalb Damian sich getötet hatte. Doch in mir brannten die Fragen, angefacht durch die Erinnerungen an gestern: an diesen klammen Körper und diese leblosen Augen. In meinem Kopf drängten sich Fragen über Fragen, doch hier in diesem Haus herrschte nur Schweigen.

»Ich weiß es!«, sprach Colin uns plötzlich alle mit übertrieben lauter Stimme an. Er schlug mit der flachen Hand auf die Armlehne seines Sessels. »Wir spielen jetzt eine Runde Dart! Ihr wisst schon, für Damian.«

Wir schauten uns alle an und zuckten die Achseln. Es stimmte – Damian war ein Dart-Fanatiker gewesen. Etwas anderes konnten wir jetzt ohnehin nicht tun, und wir hatten sogar das Gefühl, ihn mit dem Spiel in gewisser Weise zu würdigen.

»Dart hat er wirklich geliebt«, sagte Thomas. Er lächelte traurig.

»Na los, dann lasst uns anfangen.« Colin hievte sich aus seinem Sessel. Seine beiden Rottweiler erhoben sich ebenfalls und stellten sich neben ihn. Hope half Elaine auf die Beine, die immer noch konfus und fassungslos wirkte, und ich folgte allen in die Küche, wo wir uns dem Dartspiel widmeten. So surreal es in diesem Moment auch sein mochte, es gab sonst nichts anderes zu tun.

Wir hatten gerade zehn Minuten gespielt, als Hope auf ein Stück Papier stieß. Sie hatte in den Schubladen der Küchenschränke nach etwas gesucht, auf dem sie die Punkte notieren konnte, und jetzt hielt sie einen gelben Zettel in ihrer zitternden Hand. Auf ihrem Gesicht machte sich Verzweiflung breit.

»Was ist das, Kleines?« Elaine ging zu ihr.

»Das sind die Ergebnisse eines anderen Spiels«, schniefte Hope, »und es ist Damians Handschrift. Schau!«

Sie zeigte ihr den Zettel mit den gekritzelten Zahlenreihen.

Elaine lachte traurig und sagte: »Er hatte wirklich eine Sauklaue! Da kann man ja nichts entziffern.«

Selbst von meinem Platz neben dem Küchenschrank konnte ich erkennen, dass es eindeutig Damians Schrift war. Seine miese Handschrift war unverwechselbar, und diese zufällige, aber dennoch innige Erinnerung an ihn traf mich wie ein Schlag. Ein entsetzlich stechender Schmerz schoss in meinem Bauch hoch, und ich musste tief durchatmen. Jetzt schluchzte Hope, und zu sehen, wie bestürzt sie war, berührte mich sehr. Ich wollte sie trösten, doch ich schaffte nur einen Schritt in ihre Richtung, dann brach ich zusammen.

»Annabelle!«, kreischte Elaine. Sie kam angelaufen, um mir zu helfen. Ich kauerte am Boden, und mein Bauch verkrampfte sich unter heftigen spasmischen Stößen. Ich hatte Angst um mein Baby.

»Was ist los?«, japste ich. »Verliere ich mein Baby?«

Elaine schüttelte schweigend den Kopf, ihr hatte es die Sprache verschlagen. Die Ereignisse überschlugen sich. Ihr Gesichtsausdruck verriet mir, dass sie sich große Sorgen um mich machte.

»Jetzt setzt du dich erst mal aufs Sofa«, sagte sie sanft und fasste mich am Arm. Hope nahm den anderen Arm, und irgendwie gelang es ihnen, mich ins Wohnzimmer zu bringen und auf das Sofa zu bugsieren. Die Schmerzen waren inzwischen nicht mehr auszuhalten. Ich hatte so lange versucht, sie zu ignorieren und vor den anderen zu verbergen, dass sie überhandnahmen, als ich endlich bereit war sie wahrzunehmen. Lange, heftige Schmerzwellen, die im Bauch einsetzten, durchfluteten meinen gesamten Körper. Ich schaute nach links und nach rechts. Elaine und Hope – die beiden Frauen, die ich auf der ganzen Welt am liebsten hatte, von denen ich gedacht hatte, dass ich sie verloren hatte –, sie waren bei mir. Mühsam entrang ich mir ein Lächeln, und Elaine tätschelte meinen Arm.

»Das kriegen wir schon hin, Annabelle«, sagte sie. »Du musst nur durchhalten.«

Meine Mama erschien, und kurz darauf war auch die Hebamme da.

Von irgendwo über meinem Kopf hörte ich ihre Stimmen.

»Sie hat einen fürchterlichen Schock erlitten«, sagte meine Mama. »Sie hat die Leiche entdeckt.«

»Ich denke, am besten bringen wir sie ins Krankenhaus, damit wir uns das auf dem Monitor anschauen können.« Die Stimme der Hebamme klang besorgt. »Es kann sein, dass sie die Wehen bekommt.«

Als Nächstes nahm ich wahr, dass mir jemand auf den Beifahrersitz von Sandras Auto half.

»Ich will noch nicht weg«, protestierte ich schwach und presste meine Finger gegen das kalte Fensterglas. Draußen sah ich Hope und Elaine verloren auf dem Bürgersteig warten, sie hielten einander an den Händen und erwiderten meinen Blick. Ich hätte gerne neben ihnen gestanden.

»Ich fürchte, da hast du nichts zu melden, mein Schatz«, antwortete Sandra. »Die Hebamme sagt, es könnte Zeit für das Baby sein. Du musst tun, was am besten für das Kind ist. So, und jetzt schnall dich an!«

»Ich möchte bei Hope sein«, flüsterte ich, während Sandra den Wagen aus unserer Sackgasse steuerte und in die Hauptstraße einbog. Ich lehnte meinen Kopf zurück und schloss die Augen. Ich wollte nicht über das Baby nachdenken. Ich wollte nur bei Hope sein.

Kapitel 13

Emily

»Sie müssen sich zu entspannen versuchen.«

Die Schwester sprach behutsam auf mich ein, während ich panisch ihre Hand umklammerte. Es war meine dritte Nacht im Krankenhaus, und draußen tobte ein fürchterlicher Sturm. Sekunden zuvor hatte ein kräftiger Windstoß eins der Fenster aufgestoßen, und ich hatte vor Angst zu schreien begonnen. Schwester Jennifer war herbeigeeilt. Sie dachte, es handle sich um einen medizinischen Notfall. Stattdessen hatte sie mich schreiend und zitternd in der Zimmerecke vorgefunden.

»Er ist es!«, brüllte ich. »Es ist Damian, sein Geist ist hier im Zimmer.«

»Annabelle, legen Sie sich bitte wieder in Ihr Bett«, sagte sie. Sie ignorierte völlig meinen unerschütterlichen Glauben daran, dass sich hier in der Abteilung des Krankenhauses jetzt ein Geist befand. Obwohl sonst immer nett und geduldig, war Nachtschwester Jennifer in diesem Moment sichtlich genervt davon, dass sie grundlos das Schwesternzimmer hatte verlassen müssen. Ich war zu verängstigt, mich vom Fleck zu rühren.

»Ich … ich kann nicht«, stammelte ich und begann zu heulen. »Was, wenn er hier ist?«

Jennifer versuchte erneut, mich zu beruhigen, doch erst nachdem sie das Fenster geschlossen und verriegelt hatte, ließ ich mich zum Bett führen und wieder mit dem Überwachungsmonitor verbinden. Ich beobachtete, wie der grüne Strich unregelmäßig auf und ab tanzte. Der winzige Herzschlag des Babys spiegelte die Panik wider, die ich in mir spürte.

»Sie müssen versuchen, wieder zur Ruhe zu kommen«, wiederholte Jennifer, »um des Babys willen. Es ist nicht gut, wenn Sie sich dermaßen aufregen. Ihr Kind leidet, und das ist doch wohl das Letzte, was Sie wollen.«

Ich konnte nicht sprechen. In mir war alles in Aufruhr. Ich wollte mich nicht aufregen, aber wie sollte ich mich beruhigen? Seit drei Tagen ohne Besucher im Krankenhaus alleine gelassen, hatte ich die Kontrolle über meine Gedanken und Fantasien komplett verloren. Ich stand immer noch unter Schock angesichts von Damians Tod, und alles, was ich morgens, mittags und abends sah, war sein Gesicht. Gefoltert von Schuldgefühlen und an den Überwachungsmonitor gekettet, war es mir seit meiner Einlieferung nicht gelungen, längere Zeit zu schlafen. Jetzt bildete ich mir ein, der heulende Wind und der ständige Regen draußen seien ein Zeichen der Götter, ein Zeichen, das weitere Katastrophen ankündigte.

Ich bemerkte kaum, dass die Schwester verschwand und wieder zurückkam, diesmal mit einer Spritze.

»Was ist das?«, fragte ich benommen.

»Das ist Pethidin«, antwortete sie und tupfte mein Bein ab. »Es wird Ihnen helfen, Schlaf zu finden. Wir wissen, dass Sie einen fürchterlichen Schock erlitten haben, Annabelle, aber Sie müssen wirklich zur Ruhe kommen, für Ihr Baby.«

Ich nickte gehorsam und ließ sie das Mittel in mein Bein spritzen. Auch ich wollte schlafen, doch ich hatte Angst vor den Albträumen, davor, dass Damian zurückkehren würde, um mich zu verfolgen. Ich wandte meinen Blick dem Monitor zu und beobachtete, wie die Piepser langsamer und regelmäßiger wurden.

»So ist es richtig, Annabelle.« Die Schwester prüfte meinen Puls und schrieb am Fußende meines Bettes etwas auf ein Klemmbrett. »Jetzt entspannen Sie sich und versuchen, etwas zu schlummern. Es wird schon alles gut werden.«

Irgendwann musste ich eingenickt sein, denn das Nächste, das ich bemerkte, war das Licht, das durch das Fenster hereinfiel. Eine andere Schwester betrachtete mich prüfend, wobei ihre Miene sorgenvoll schien.

»Annabelle?«, rief sie. »Annabelle, hören Sie mich? Sind Sie wach?«

Ich nickte erschöpft.

»Annabelle, Sie haben eine leichte Schwellung im Gesicht. Ich rufe mal die Ärztin. Können Sie sich bitte hinsetzen?«

Was war denn jetzt schon wieder los? Bis zu Damians Selbstmord hatte ich die Dinge halbwegs im Griff – und nun ging so viel schief. Mir schien, die Götter hatten mich verflucht, weil ich es unterlassen hatte, ihn vor dem Tod zu bewahren. Ich hatte Colin nicht geglaubt, als er behauptete, er habe gewusst, was Damian vorhatte, und daher bezweifelte ich auch seine Behauptung, Damian sei für seinen eigenen Pfad verantwortlich gewesen. Ich hatte etwas Schreckliches getan, und jetzt musste ich dafür bezahlen.

Stunden schienen zu vergehen, dann trat jemand an mein Bett.

»Es könnte Mumps sein«, sagte die sympathisch aussehende Ärztin zu dem Kollegen an ihrer Seite. Obwohl sie ein paar Falten hatte, trug sie ihr kurzes, ergrauendes Haar als moderne Kurzhaarfrisur, und ihre nur halb eingefasste Brille wurde von einer ungewöhnlichen Kette in Regenbogenfarben gehalten. Sie klopfte mit einem silbernen Stift auf das

Klemmbrett und starrte mich über die Brillengläser hinweg an.

»Annabelle, kennen Sie das Geschlecht des Babys?«, fragte sie.

»Ja, es ist ein Mädchen«, sagte ich.

»Oh, das ist eine gute Nachricht. Bei Jungen kann Mumps nämlich tödliche Folgen haben. Wir werden Ihnen ein Antibiotikum verabreichen.«

Und damit schob sie mein Blatt wieder in die Halterung am Fußende des Bettes und verschwand.

Zur nächsten Mahlzeit erhielt ich meine erste Tablette – als ich sie sah, geriet ich in Panik. Sie war riesig, von der Größe einer Granate. Die würde ich nie hinunterbekommen. Ich fragte die Schwester, ob sie sie für mich zerbrechen könne, und es gelang ihr, sie in vier kleine Stücke zu teilen. Während ich die Viertel herunterschluckte, erinnerte ich mich an den Tag, als ich die vielen Paracetamol genommen hatte. Damians Tod hatte mich wieder über die Zeit nachdenken lassen, als ich selbst versucht hatte, mir das Leben zu nehmen.

Es ist so egoistisch, dachte ich. Selbstmord ist der pure Egoismus. Es ist eine endgültige Lösung für ein Problem – aber was, wenn dieses Problem unbedeutend ist oder nur kurzfristig besteht? Dann bürdet man jedem Menschen, der einem nahesteht, einen Schmerz auf, den er für den Rest seines Lebens spüren wird. Und nicht nur Schmerz, sondern furchtbare Qual. Alle Menschen um dich herum werden mit der Frage zurückgelassen, ob sie dich daran hätten hindern können. Mir wurde nun bewusst, dass ich bei einem erfolgreichen Selbstmord mit Sicherheit Olivia, Moses und Hope verletzt hätte. Vielleicht nicht so sehr meine Mutter. Doch ich wusste ganz sicher, dass mich diese drei Menschen liebten, und ihnen wollte ich nie Leid oder Kummer bereiten.

Warum hat er es getan? Während dieser langen Tage und Nächte war ich wie eine Gefangene an das Krankenhausbett gekettet. Während der Herzmonitor die Töne des Babys aufzeichnete, wälzte ich die Frage wieder und wieder in meinem Kopf herum. Damian war sicher ein gestörter Mensch – wie hätte er das nicht sein können? Während Colin vor Hope und Elaine sorgfältig verbarg, was er tat, hatte er bei Damian mit Sicherheit keine Bedenken gehabt, in dessen Gegenwart seine Sexualität mit Millie oder meiner Mutter auszuleben. Colin hatte mich in eine Beziehung mit Thomas gezwungen. Er hatte mich mit Pete Sex haben lassen. Hatte er vorher etwas Ähnliches mit Damian angestellt? Ich wusste es nicht. So vieles in unserem Leben fiel unter das Kirchengeheimnis, dass man kaum dahinterkommen konnte, welche Erfahrungen Damian mit Colins verquerer Vorstellung von Religion gemacht hatte.

Nur eins wusste ich sicher, dass sein Leben bis ins kleinste Detail von der Kirche kontrolliert wurde – wie das aller anderen. Er hatte in einem Supermarkt gearbeitet und sein gesamtes Einkommen bei Colin abgeliefert, und obwohl in letzter Zeit kaum noch Zeremonien oder Versammlungen stattgefunden hatten, musste er sämtliche Regeln der Kirche befolgen. Vielleicht hatte er einfach genug gehabt, als er an jenem Morgen aufgewacht war. Wenn es tatsächlich so gewesen war, hätte ich ihn gewiss verstanden. Wenn irgendjemand sich in einen verzweifelten Menschen einfühlen konnte, dann war ich es. Und dennoch hatte ich ihm nicht helfen können. Ich hatte tagein, tagaus unter einem Dach mit ihm gelebt, und ich hatte ihm nicht zur Seite stehen können. Das zermürbte mich.

Am vierten Tag meines Krankenhausaufenthalts begann die Schwellung abzuklingen – und mein erster Besucher kam. Thomas erschien, um mir ein frisches Nachthemd und Unterwäsche zu bringen.

»Wie fühlst du dich?«, fragte er und überreichte mir eine Tasche mit Kleidern und Zeitschriften.

»Es geht so«, sagte ich. »Wie läuft es denn bei Colin?«

»Elaine ist völlig niedergeschlagen. Sie haben die Beerdigung arrangiert, am 14. Februar, Valentinstag. Alle meinen, es sei eine gute Idee, weil wir uns so künftig an jedem Valentinstag, wenn jeder an Liebe denkt, an Damian erinnern werden.«

Ich schwieg – der Valentinstag bedeutete mir sowieso nichts, aber ich fragte mich, ob das nicht doch ein bisschen makaber war.

»Alles in Ordnung mit dir?«, fragte Thomas. »Die sagen, du müsstest jetzt hier bleiben, bis das Baby geboren ist.«

»Ist mir egal«, sagte ich und zuckte mit den Achseln. »Ich habe keine Lust, darüber nachzudenken, ob ich nach Hause zurückkehren will, zurück in dieses Haus. Jedenfalls glauben die Ärzte, ich hätte Mumps. Ich bekomme Antibiotika.«

»Hast du das nicht schon als Kind gehabt?«

»Kann ich mich nicht dran erinnern«, sagte ich und kratzte mich geistesabwesend an der Handfläche. Thomas blieb eine Weile, und ich verbrachte den restlichen Tag damit, zu dösen und in den Zeitschriften zu lesen, die er mitgebracht hatte.

Als ich am nächsten Morgen aufwachte, musste ich mich wieder kratzen. Meine Handflächen juckten fürchterlich. Ein paar Stunden später fingen auch die Füße zu krabbeln an. Die Schwester fragte mich, ob alles in Ordnung sei.

»Es juckt schrecklich«, sagte ich. »Das geht mir auf den Geist.«

Wieder wurde die Ärztin gerufen. Als sie mich untersuchte, bemerkte ich, dass sie zu ihrer schwarzen Hose und dem weißen Kittel coole Nike-Turnschuhe trug. Diesmal schien sie besorgter zu sein.

»Ihre Leber verliert Salz«, erklärte sie. »Das ist ein ziemlich seltener Befund. Für Sie als werdende Mutter ist es generell nicht gefährlich, aber es kann Komplikationen für Ihr Baby mit sich bringen. Vermutlich ist es am besten, wenn wir jetzt die Geburt einleiten, um ganz sicher zu sein. Was halten Sie davon?«

»Ich bin einverstanden, wenn es das Beste für das Baby ist.«

»Das ist es bestimmt«, sagte sie und lächelte jetzt. Diese kleine dynamische ältere Frau mit den kurzen Haaren und den modernen Turnschuhen – aus irgendeinem Grund vertraute ich ihr. Vor allem wollte ich es bald hinter mich bringen. Ich hatte es satt, mir Sorgen zu machen, nicht schlafen zu können, mich die ganze Zeit müde zu fühlen, also unter psychischem Druck zu stehen. *Bitte, bringt sie auf die Welt*, dachte ich. *Bitte, bringt sie sicher auf die Welt.*

So wurde also am 7. Februar 2008 um 11:30 Uhr die Geburt eingeleitet. Fast augenblicklich hatte ich ein ungutes Gefühl, als müsse ich zur Toilette. Dann setzten die Qualen ein: starke, heftige Wehen, die meinen ganzen Körper erfassten.

»Ich habe heftige Schmerzen«, keuchte ich, als die Hebamme zwanzig Minuten später kam, um nach mir zu sehen.

Sie rollte eine Flasche mit Gas und Sauerstoff herein und reichte mir die Maske. »Drücken Sie sich das Ding auf den Mund und atmen kräftig ein, wenn Sie spüren, dass eine Wehe kommt«, erklärte sie mir.

Ich befolgte ihren Ratschlag und versuchte, die Schmerzen mit Hilfe des Sauerstoffgemischs zu bekämpfen, doch jede Wehe schien stärker und länger zu sein als die vorherige. Weitere zehn Minuten verstrichen – für mich war es wie eine Stunde. Jetzt konnte ich mich stöhnen hören, als beobachtete ich mich selbst von weit her.

»So, Annabelle, dann bringen wir Sie mal runter in den Kreißsaal«, sagte die Schwester und half mir aus dem Bett in einen Rollstuhl.

Ich nahm immer noch kräftige Züge aus der Sauerstoffflasche, als wir dort ankamen – in einem riesigen violetten Raum mit einem Bett und einer verwirrenden Ansammlung von piepsenden Geräten. Ein junger dunkelhäutiger Arzt und meine Hebamme Helen mit ihrer Praktikantin Emma erwarteten mich. Gemeinsam hoben sie mich auf das Bett, und der Arzt bereitete eine Spritze mit Pethidin vor.

»Was machen Sie da?«, schimpfte Helen, als er die Nadel in die Rückseite meiner Hand stach.

»Es ist das Pethidin«, erwiderte er konsterniert.

»Nein, das ist die falsche Nadel!«, rief sie. Um meinetwillen versuchte sie offenbar, ruhig zu bleiben, aber sie war stocksauer.

Ich blickte auf die Stelle hinab, wo er die Nadel hineingestochen hatte, und ich sah, wie sich ein großer lila Bluterguss entwickelte. Schwoll die Stelle auch an?

»Wird meine Hand dick?«, fragte ich Helen. Ich hatte das Gefühl, alles habe sich gegen mich verschworen. Urplötzlich packte mich wieder die Angst. Die Angst, das Baby zu verlieren, die Furcht, die Götter hätten mich mit einem Fluch belegt, weil ich Damians Tod nicht verhindert hatte, und schließlich meinte ich, selbst zu sterben.

»Machen Sie sich keine Gedanken«, beschwichtigte Helen mich, während sie einen Tropf heranrollte. Sie wollte ihn gerade an meinem Arm anbringen, als ich das dringende Bedürfnis spürte, auf die Toilette zu gehen.

»Ich muss aufs Klo!«, schrie ich. »Können Sie mich bitte hinbringen?«

»Natürlich.« Helen nahm meinen Arm und führte mich zu der angrenzenden Toilette, wo ich mich auf die Schüssel setzte und zu drücken begann.

Ich strengte mich kräftig an, als Helen wieder um die Ecke lugte.

»Haben Sie das Gefühl, Sie müssen Groß machen?« Ihre Stimme klang mehr als besorgt.

»Ja.«

»Haben Sie das Gefühl, Sie müssen drücken?«

»Ja.«

In Helens Gesicht machte sich Schrecken breit.

»Ach du meine Güte! Dann müssen wir Sie wohl sofort wieder ins Bett zurückbringen. Das klingt, als wolle das Baby gleich kommen.«

»Jetzt?« Ich fühlte mich noch nicht bereit. Ich hatte Angst. Niemand war hier außer Helen und ihrer Praktikantin. Niemand war hier, der mich beruhigen und mir die Hand halten konnte.

»Wir dachten, es würde noch ein paar Stunden dauern«, schnaufte Helen, während sie mich wieder aufs Bett bugsierte. Mittlerweile begann das Pethidin zu wirken, und ich wurde so müde, dass ich mich kaum bewegen konnte. Gleichzeitig wurden die Wehen heftiger. Sie dauerten jedes Mal länger, und sie wurden schlimmer. Ich verspürte die Abstände von einer Wehe zur nächsten jetzt schon gar nicht mehr. Es war wie eine lange Welle von Höllenqualen.

»Einen Kaiserschnitt!«, schrie ich, als der Höhepunkt einer dieser Torturen abebbte und ich einen klaren Moment hatte. Ich knirschte mit den Zähnen und spürte, wie sich der nächste kräftezehrende Schmerz an den vorherigen anschloss. In meiner Panik sprach ich schnell, da ich wusste, dass in wenigen Sekunden mein ganzer Körper wieder von unerträglichen Schmerzen überrollt werden würde: »Bitte, kann ich bitte einen Kaiserschnitt bekommen? Ich halte es nicht mehr aus!«

Ich war vollkommen hinüber – ich konnte nichts mehr sehen oder hören. Das Einzige, was ich empfand, war die Qual, die meinen ganzen Körper erfasst hatte. Irgendjemand versuchte mich aufzurichten.

»Wir wollen zur Epiduralanästhesie greifen.« Helen näherte sich meinem Ohr. »Können Sie sich hinsetzen?«

Ich zitterte unkontrolliert, und obwohl mich drei Personen festhielten, gelang es ihnen nicht, die Nadel in meinen Körper einzuführen. Ich hatte keine Ahnung mehr, wo ich war – ich verlor das Bewusstsein und erlangte es kurze Zeit darauf wieder, nur noch von Schmerzen beherrscht.

»Das Baby kommt!« Helens aufgeregte Stimme durchbrach den Nebel. Ich wurde mit aufgestellten Beinen gegen das Kopfende des Bettes gelehnt, doch alles, was ich wollte, war schlafen.

»Nicht aufgeben, Annabelle!«, rief Helen gegen mein Ächzen an. »Ihr Baby braucht Ihre Hilfe, pressen Sie. Möchten Sie den Kopf sehen? Möchten Sie Ihr Baby sehen?«

»Ja.« Ich fühlte mich so schwach, dass ich kaum einen Ton herausbrachte. Doch Helen hörte mein mattes Flüstern und stellte am Fußende des Bettes einen Spiegel auf. Dadurch schaffte ich es einigermaßen, mich auf das zu konzentrieren, was dort unten geschah. Ihr Kopf! Ich erblickte einen Kopf mit schwarzem Haar. Plötzlich wurde ich von Emotionen überwältigt.

»Nur noch einmal pressen, Annabelle«, flüsterte Helen. »Sie schaffen es. Los!«

Und so presste ich mit aller Kraft, presste und presste. Ich spürte einen heftigen stechenden Schmerz, doch ich machte weiter, und mit meiner allerletzten Kraftreserve presste ich ein weiteres Mal.

»Noch einmal!«, feuerte mich Helen an. »Nur noch einmal!«

Mit aufeinandergebissenen Zähnen presste ich erneut und musste vor Anstrengung schreien.

»Der Kopf ist draußen«, sagte Helen. »Hervorragend gemacht – der Kopf ist draußen. Jetzt holen Sie tief Luft und pressen erneut. Dann wird sie herausrutschen.«

Ich tat, wie mir gesagt worden war, und diesmal erschien es mir leichter. Das Baby kam heraus, und plötzlich legten sie mir diese seltsame kleine Kreatur an die Brust.

Ach du meine Güte! Sie sah aus wie ein kleiner Alien – mit zerknautschtem, zerknittertem blauen Gesicht. Ich begann gleichzeitig zu lachen und zu weinen; es war überwältigend. In diesem Moment gab es niemanden sonst auf der Welt, es gab nur meine Tochter und mich.

Plötzlich öffnete sie ihre kleinen Augen und schaute mir unvermittelt ins Gesicht – mit tiefschwarzen Augen, der Farbe der Nacht. Es war berauschend, magisch.

»Hallo du«, flüsterte ich und berührte ihre kleine Faust mit einem Finger, nach dem sie sofort griff. »Du hast ja gar keine Vorstellung davon, was ich für dich alles durchgemacht habe!«

In dieser ersten unglaublichen Minute ihres Lebens hatten zärtliche Gefühle mich gepackt, ich war hingerissen. Ich konnte selbst kaum glauben, wie sehr ich sie bereits liebte. Während der letzten neun Monate hatte ich dieses Baby nicht in mein Herz schließen können. Ich hatte keinerlei Gefühle für es entwickelt. Und nun, in diesem erstaunlichen Moment, als sie mir in die Arme gelegt wurde, verliebte ich mich. Und als Helen sich herüberbeugte, um sie mir wegzunehmen, wollte ich sie aufhalten. *Nein, bitte nicht. Bringen Sie sie nicht weg. Sie gehört mir.*

»Wir müssen sie wiegen und untersuchen«, beruhigte mich Helen. Sie schien meine Gedanken gelesen zu haben. »Es dauert nicht lange. In der Zwischenzeit müssen Sie noch einmal für die Nachgeburt pressen.«

Ich presste die Placenta heraus und fühlte mich erleichtert. Ich habe Glück gehabt, sagte der Arzt, dass ich nicht genäht zu werden brauche. Ein paar Minuten später brachte mir Helen meine Tochter zurück, und erneut ergoss sich meine Liebe über dieses winzige hilflose Wesen, das frisch gebadet und fest in ein weißes Tuch gewickelt worden war. Helen schaute mich an, und da wusste ich, dass ich wie eine Idiotin grinste, denn sie sagte: »Sie glühen ja!«

Sie schob mir eine lose Haarsträhne aus dem Gesicht, und ich flüsterte: »Danke!«

Ich war ihr mehr als dankbar, dass sie meinem Baby so sicher auf die Welt geholfen hatte; dafür, dass sie für uns beide da gewesen war und uns bei diesem wunderbaren Ereignis begleitet hatte. Es gab so viel, das ich hätte sagen wollen, doch ich war so voller Emotionen, dass ich kaum sprechen konnte.

»Gut gemacht!«, sagte Helen lächelnd. »Sie ist wunderschön.«

»Ja, das ist sie«, flüsterte ich und war außerstande, meinen Blick von dem winzigen Gesicht und den Augen meiner

Tochter zu lösen, die jetzt geschlossen waren. »Sie ist wunderhübsch.«

»Haben Sie schon einen Namen?«

»Sie heißt Emily.«

Emily. Meine wunderbare Tochter Emily.

Kapitel 14

Mutterschaft

Emily. Emily. Ich wiederholte den Namen ein ums andere Mal für mich, während ich sie durch das durchsichtige Plexiglas-Bettchen anstarrte. Ihre Augen waren so dunkel, dass ich nicht hätte sagen können, wo die Pupillen begannen oder endeten. Sie waren wie winzige Schokoladenknöpfe. *Emily.* Während sie da so friedlich lag, studierte ich jeden Teil von ihr, von den Spitzen ihrer kleinen Fingerchen bis zu den Falten in ihrem Gesicht. Und erneut wurde ich von einem ungewohnten Gefühl überwältigt. Es war Liebe – pure Liebe. In Emilys Nähe fühlte ich mich ruhig und ausgeglichen. Es war, als sei das Eis um mein Herz geschmolzen und an seine Stelle ein neues Gefühl getreten: Glück.

Ich konnte sie keinen Moment aus den Augen lassen. Als der Bereitschaftsarzt kam, um ihre Hüften zu untersuchen, konnte ich mich gerade noch beherrschen, um nicht aus dem Bett zu springen und ihn zu schlagen. Bei der Art und Weise, wie er ihre Beinchen herumwirbelte, sah es aus, als würde er sie zerreißen. Als die Hebamme meine Tochter hielt, während ich mein erstes Bad nahm, konnte ich es nicht erwarten, sie wieder zu berühren. Und niemand außer mir durfte ihr das Fläschchen geben. Colin hatte mir gesagt, ich dürfe ihr nicht die Brust geben, daher reichte ich ihr die Flasche und beobachtete, wie sie gierig an dem Nuckel sog. *Emily.*

Im Stillen musste ich jetzt darüber lachen, als ich mich an die Diskussionen erinnerte, die ich mit Colin und Thomas über ihren Namen geführt hatte. Colin hatte Ägypten-inspirierte Namen wie Nil oder Kairo vorgeschlagen – blödsinnige Namen, die sie in der Schule zur Zielscheibe des Spotts gemacht hätten. Die Alternativen von Thomas waren auch nicht besser, doch als ich auf Emily kam, erschien mir das passend. Einfach, süß und hübsch; glücklicherweise stimmten beide zu. Ich betrachtete Emily, die jetzt eines der alten weißen Strampelhöschen von Moses trug, und plötzlich packte mich die Wut.

Weshalb konnte sie nicht ihre eigenen Strampelhöschen haben? Es ärgerte mich: Alles, was ich bekommen hatte, waren gebrauchte Kleidungsstücke von Moses. Dies und zusätzlich eine einmalige Zuwendung von 500 Pfund, um etwas für das Baby zu kaufen. Natürlich hatte Colin mir dieses Geld vorher abgenommen.

Wir hatten nicht mal einen Kindersitz für den Transport nach Hause, daher musste Thomas einen von einem Freund borgen, als er am nächsten Tag mit Sandra kam. Sobald sie die Abteilung betraten, setzte ich einen anderen Gesichtsausdruck auf, sodass sie mein Lachen nicht sehen konnten, denn ich wollte ihnen mein neu erworbenes Glücksgefühl nicht offenbaren. Thomas wollte das Baby halten, und widerwillig legte ich es ihm in die Arme. Er wirbelte Emily in die Höhe, als er sie stolz Sandra präsentierte, und mein Herz blieb fast stehen.

Lass sie in Ruhe, schrie ich innerlich. LASS MEIN KIND IN RUHE!

»Oh, sie sieht aus wie du«, sagte Sandra bewundernd.

NEIN, DAS TUT SIE VERDAMMT NOCHMAL NICHT! Ich musste die Zähne gewaltig zusammenbeißen, um nicht wie eine Wildkatze zu fauchen. Die Intensität meiner Gefühle für das Kind, das gerade erst einen Tag alt war, war beängstigend.

Schweigend zählte ich die Sekunden, um mich zu beruhigen, während ich die Fäuste an meiner Seite ballte. Später zog ich Emily zum ersten Mal ihr Mäntelchen an, dann legten wir sie in den geliehenen Kindersitz und fuhren nach Hause.

Als wir uns dem Haus näherten, spürte ich, wie sich in meinem Magen vor Angst ein Knoten bildete. Im Krankenhaus, wo wir beide alleine gewesen waren, hatte ich die ganze Zeit auf mein Baby aufpassen können. Dort hatte es keine Ablenkungen gegeben, es schwirrten keine Leute herum, die ihm Schaden hätten zufügen können, weder zufällig noch absichtlich. Wir waren alleine gewesen, und befreit von der Verantwortung für den Haushalt hatte ich diese Zweisamkeit genossen.

Sobald wir die Einfahrt zu unserem Grundstück erreichten, wurde ich wachsam. Die Anspannung wuchs. Wir waren noch keine fünf Minuten in der Wohnung, als Colin mit Hope zur Hintertür hereinkam. Ich war so froh, Hope zu sehen, dass ich zu lachen begann, doch in diesem Moment schnappte sich Colin den Kindersitz mit der schlafenden Emily darin und knallte ihn auf die Arbeitsplatte. Ich geriet in Panik. Was, wenn jemand dagegenstieß und der Sitz herunterfiel? Ich wollte nicht, dass sie da oben thronte. Und welches Recht hatte er überhaupt, hier hereinzuschneien und so mit ihr umzugehen? Ich war stocksauer, aber natürlich sagte ich nichts.

Stattdessen wandte ich mich an Hope: »Danke, dass du gekommen bist.«

Hope warf einen Blick auf das Baby und rannte heulend nach draußen. Ich hatte die Nase voll von ihren Launen, und zum ersten Mal spürte ich eine Kraft, die ich vorher noch nie an mir erlebt hatte. Ich eilte hinter ihr her in den Garten und wirbelte sie herum.

»Was soll das Ganze?«, fragte ich sie. Ich hatte gerade ein Baby bekommen, Himmelherrgott, und sie schien zu wollen, dass sich alles um *sie* drehte! Mit einem Mal fühlte ich mich stark und Hope überlegen, sogar mutig.

»Es ist wegen des Babys«, schluchzte sie.

»Was ist mit dem Baby?«

»Es ist das erste Baby innerhalb der Kirche«, brüllte sie. »Ich habe immer gedacht … ich habe immer gedacht, ich würde es bekommen.«

»Himmel, Arsch und Zwirn!«, platzte es aus mir heraus. »Es spielt doch keine Rolle, dass Emily die Erste ist. Dein Kind wird für deinen Vater immer wichtiger sein als sie, weil es deins ist. Nichts kann daran etwas ändern.«

Sie schaute mich an, und plötzlich entdeckte ich etwas anderes in ihren Augen. Hope hatte ständig gegen all die anderen um die Aufmerksamkeit ihres Vaters kämpfen müssen – gegen meine Mutter, Orla, Shelley, Sandra, Millie und Fiona. Sie scharwenzelten die ganze Zeit um ihren Vater herum und stritten sich um ihn, ganz wie er es haben wollte. Sie hatte seine Aufmerksamkeit vor Jahren verloren. Sie wusste, dass ich kein Interesse an Colin hatte und ihre Freundin sein wollte. Würde das Baby alles verändern? Ich konnte sehen, wie in ihrem Kopf eine Frage arbeitete: Würde das Baby mich von ihr entfernen?

Doch ich konnte mich auf kein längeres Gespräch einlassen – alles, was ich in diesem Moment wollte, war, wieder ins Haus zurückzugehen und mich um mein Kind zu kümmern. Dort draußen, getrennt von Emily, hatte ich panische Angst, weil ich die Kontrolle verloren hatte. Ich nahm Hope in den Arm und wischte ihre Tränen weg.

»Komm«, drängte ich sie, »lass uns reingehen und das Baby anschauen.«

Als ich wieder drinnen war und Emily betrachtete, ging es mir gleich viel besser. Meine Mama war gekommen, und sie half mir, ein Fläschchen vorzubereiten, obwohl ich nicht scharf darauf war, sie mein Kind füttern zu lassen. Das war meine Aufgabe.

Allmählich verschwanden alle, und ich nahm Emily mit nach oben in mein Etagenbett. Allerdings wusste ich, dass dies keine ideale Lösung war. Colin hatte versprochen, für Thomas, Emily und mich ein eigenes Haus in unserer Sackgasse zu besorgen. In der Zwischenzeit sollte Olivia in Damians alte Abstellkammer ziehen und Thomas mit mir in das größere Zimmer, so hatte es Colin vorgeschlagen. Ich wollte überhaupt nicht mit Thomas zusammenwohnen – weder in diesem Haus noch in einem anderen. Ich liebte ihn nicht, und er war nicht der Vater meines Kindes. Das Ganze war eine einzige große Heuchelei. Doch als ich mich mit unbehaglichen Gefühlen in meine Koje fallen ließ, fand ich es komisch, immer noch ein Etagenbett mit meiner kleinen Schwester teilen zu müssen.

Noch unangenehmer allerdings war der Gedanke an das, was sich hier nur eine Woche zuvor zugetragen hatte. Ich hatte erst eine Nacht in diesem Haus zugebracht, nachdem Damian sich erhängt hatte, und jetzt, wieder hier, fürchtete ich mich und fühlte mich unwohl. Ich mochte die Wohnung nicht mehr. Emily und meine neuen Glücksgefühle – in diesem Haus waren wir gefährdet.

Nachts um vier Uhr wachte Emily auf, und meine Mutter kam sofort, um sie zu beruhigen und füttern zu helfen. Zum ersten Mal war sie hilfsbereit, und ich wollte ihr danken, ihr Anerkennung dafür zollen, dass sie mir unter die Arme griff. Doch ich wusste nicht, was ich sagen sollte. Ja, ich wollte, dass sie mich unterstützte, doch zugleich wollte ich nicht, dass sie Emily irgendwie zu nahe kam. Ich war innerlich gespalten.

Seit dem Moment, als Emily geboren wurde, hatte sich mein Leben für immer geändert. Nun hatte ich jemanden, für den es sich aufzuwachen lohnte. Natürlich liebte ich Moses, aber mit Emily war es anders. Sie gehörte von Anfang an mir, und ich wollte keine Sekunde von ihr getrennt werden. Das Problem war, dass ich es Colin jetzt wirklich übelnahm, dass er die Kontrolle über mein Leben hatte. Vielleicht gab es gar keinen Unterschied zu meinem vorherigen Leben, es war nur so, dass seine Entscheidungen auch Emily betrafen, und dafür hasste ich ihn. Anfangs besaß ich für Emily nichts außer den abgelegten Kleidungsstücken. Ich hatte nicht mal eine Wiege, in die ich sie hätte setzen können, daher benutzte ich einen Wäschekorb und ein altes Kopfkissen. Ich musste Colin erst einen blasen, bevor er mir das Geld gab, Windeln für Emily zu kaufen!

»Ich brauche einen Kinderwagen«, sagte ich ihm eines Tages. Ich wollte mit Emily nach draußen, damit sie an die frische Luft kam.

»Wofür brauchst du denn einen Kinderwagen?«, sagte er spöttisch und schnippte die Asche seiner Zigarette auf den Fußboden.

»Ich brauche ihn, wenn ich sie zur ärztlichen Untersuchung bringen muss«, erwiderte ich. »Oder wenn ich dich besuche und sie mitbringe.«

»Sie braucht noch keinen Kinderwagen«, meinte er. »Sie ist noch so klein, dass du sie tragen kannst, wenn du sie irgendwohin mitnimmst.«

Das war das Ende der Diskussion, und so hatte Emily während der ersten paar Monate ihres Lebens keinen Kinderwagen und keinen Kindersitz. Wenn ich in Sandras Auto mitfuhr, musste ich sie auf dem Schoß halten, und natürlich wusste ich, dass das strafbar war.

Zwei Wochen nach Damians Tod gab es eine gerichtliche Untersuchung darüber, wie er gestorben war. Meine Mutter war dort und erzählte mir später, die Polizei habe auf seinem Handy Bilder gefunden, die er selbst aufgenommen hatte, während er dort hing. Daher ging man davon aus, Damian habe sich mit dem Strangulieren sexuelle Erregung und Nervenkitzel verschaffen wollen, und die Aktion sei schiefgegangen; autoerotische Asphyxie hatten sie es genannt: Das bedeutet, dass er erstickt war, ohne dass er es vorgehabt hatte. Der Untersuchungsrichter hatte Unfalltod durch Erhängen als Ursache benannt. Also hatte Damian sich letzten Endes gar nicht selbst töten wollen.

Ich wusste nicht, ob das die Sache besser oder schlimmer machte. Ich musste die offizielle Version des Hergangs so akzeptieren, doch ich fand sie gruselig. Sie bestätigte, dass er nicht hatte sterben wollen.

Ich konnte immer noch nicht mein schreckliches Schuldgefühl abschütteln, dass ich nichts unternommen hatte, um Damian aufzuhalten. Außerdem ging mir nicht aus dem Kopf, dass es da irgendwo einen Film von Damian zum Zeitpunkt seines Todes gab. Colins Behauptung, dies alles sei der Wunsch seines Sohns gewesen, wurde dadurch noch unglaubwürdiger als zuvor. Ich meine, Damian hatte definitiv nicht sterben wollen – es war schlicht und ergreifend ein Unfall.

Ich ging nicht mit zur Beerdigung – niemand war der Ansicht, es sei richtig, wenn ich ein Baby mitnehmen würde. Stattdessen blieb ich mit Moses und Emily zu Hause, und ganz alleine mit den beiden Kindern fühlte ich mich wohl. Es waren die anderen Personen, die mir zu schaffen machten. Und es sollte noch schlimmer kommen.

Nach zwei Monaten entrümpelten wir Damians Abstellraum, Olivia zog dort ein, und Thomas kaufte ein Doppelbett und nistete sich in meinem Schlafzimmer ein. Erneut war ich gezwungen, mit ihm zu schlafen, allerdings nur auf Colins Befehl. Thomas gab sich gerne mit Emily ab, sodass er ihr Papa sein konnte, ich jedoch fand es irritierend. Es war fast wie eine Befreiung für mich, als Colin von ihm verlangte, dass er einen Job in Tenby annehmen sollte, und nun war er nicht mehr so oft bei uns.

Nach ebenfalls zwei Monaten begann Colin wieder, mich zum Sex zu nötigen. Die Vorstellung, Sex zu haben, war für mich völlig abwegig, doch jetzt bestand er darauf, es in meinem Zimmer zu treiben, während Emily in ihrem Bettchen schlummerte. Ich hasste es – ich fand es nicht richtig, im Beisein eines Kindes miteinander zu schlafen.

Eines Tages, nachdem Colin auf heftigem Oralverkehr beharrt hatte – etwas, das ich hasste –, erklärte er mir, ich würde demnächst mein erstes Tattoo bekommen.

»Da du jetzt ein Kind der Götter hast, musst du die ganze Zeit ein Zeichen tragen, damit ihr beide beschützt seid. Wenn du zum Tor des Palastes kommst, werden sie in dir die Auserwählte erkennen.«

Colin sagte mir nicht, wie das Tattoo aussehen oder auch nur, wo auf meinem Körper ich es tragen würde. Ich erfuhr nur, dass es irgendwann geschehen sollte und dass ich darauf vorbereitet sein müsse.

Inzwischen hatte mein Körper wieder die ursprüngliche Form angenommen, und ich hatte so viel an Gewicht abgenommen, dass ich in Kleidergröße 34 passte. Die Miniröcke, die ich am Wochenende für Colin tragen musste, rutschten mir über die Hüfte. Es lag an der ewigen Haushaltsarbeit, die ich zu verrichten hatte. Da Mama vier Tage in der Woche auswärts arbeitete, war ich jetzt tatsächlich die Mutter für drei Kinder – Olivia, Moses und Emily. Und ich war ständig auf Trab.

Hope machte immer noch ihre Ausbildung, doch morgens kam sie vorbei, um mich und die Babys zu besuchen und einige Zeit mit uns zu verbringen. Zum Glück war Emily ein unkompliziertes Baby – sie schlief und ließ sich füttern und war rundum zufrieden. Ich hätte unheimlich gerne meine Ausbildung am Institut beendet, doch gleichzeitig gefiel mir die Mutterschaft wirklich. Ich hätte nie damit gerechnet, dass ich mein Kind dermaßen lieben würde. Es war immer wieder ein Wunder und eine Wonne, jeden Morgen neben meiner Tochter aufzuwachen. Sie machte mich glücklich. So einfach war es.

Eines Morgens um 10 Uhr, nachdem ich Olivia zur Schule geschickt hatte und gerade mit Moses und Emily im Wohnzimmer spielte, erschien Hope mit ihrem Vater im Schlepptau.

»Bist du bereit?«, fragte er geheimnisvoll.

»Wofür bereit?«

»Antworte mir einfach – bist du bereit?«

Plötzlich wurde mir klar, was er meinte – es war Zeit für das Tattoo.

»Ja, ich bin bereit«, sagte ich. »Kann ich Emily mitnehmen?«

»Stell dich nicht so blöde an«, sagte er verächtlich. »Du lässt sie hier bei Sandra.«

Das gefiel mir nicht. Ich war noch nie für längere Zeit von meinem Baby getrennt gewesen, und ich machte mir sofort Sorgen. Würde Sandra wissen, was zu tun war, wenn Emilys Windel gewechselt werden musste? Ich hatte noch nie ein Tattoo bekommen, daher hatte ich keine Ahnung, wie lange ich wegbleiben würde.

Doch Colin ließ mir keine Zeit, mich weiter vorzubereiten. Eine halbe Stunde später unterschrieb ich eine Einverständniserklärung in dem Tattoo-Studio. Der Tätowiererin erzählte ich nicht, dass ich den Entwurf für das Tattoo noch nicht gesehen hatte. Als Nächstes wurde ich zu einem Stuhl im Hintergrund gebracht, und dort entdeckte ich auf dem Tisch eine Zeichnung. Es war ein sehr großer bunter Skarabäus, ein Käfer mit ausgestreckten Flügeln.

Oh mein Gott! Ich wollte mich auf der Stelle umdrehen und davonlaufen. Das Bild war lächerlich – und groß!

»Also dann …« Die Tätowiererin zog einen Stuhl heran und setzte sich neben mich. »Ich denke, es ist besser, wenn du dein Oberteil ausziehst.«

Für die nächsten drei Stunden saß ich auf dem Stuhl, während sie mir diesen gewaltigen Käfer auf den linken Oberarm tätowierte. Und ich hasste jede Minute. Es tat nicht sonderlich weh – verglichen mit der Geburt war es wirklich ein Kinderspiel. Ich litt vor allem darunter, dass mir dies angetan wurde, ohne dass ich in dieser Angelegenheit überhaupt ein Mitspracherecht gehabt hätte. Für den Rest meines Lebens war ich jetzt gebrandmarkt.

Colin verbrachte die Zeit bei den Buchmachern, und später, als er kam, um mich abzuholen, betrachtete er das Ergebnis voller Stolz.

»Ja, das ist gut«, sagte er und drehte meinen Arm zur Seite, um sich den Käfer aus allen Blickwinkeln anschauen zu können. Die Frau hatte den Oberarm mit Zellophan eingewickelt, um die Haut zu schützen, dennoch konnte man das Tattoo darunter deutlich erkennen. Es war gigantisch.

»Das hat sie wirklich hervorragend gemacht. Richtig gute Arbeit. Ist es nicht toll?«

Ich musste nicken, doch in Wirklichkeit hätte ich heulen mögen.

»Du solltest dankbar sein, dass du für immer ein so prächtiges Symbol zu deinem Schutz auf deinem Körper trägst«, sagte er, als wir zurückgingen. Mir war so sehr daran gelegen, nach Hause zu kommen und Emily in die Arme zu schließen, dass ich ihm in allem zustimmte.

»Dieser Skarabäus wird dich hier auf Erden und im Jenseits bewahren, ganz egal, was auf deinem Pfad geschehen möge«, fuhr Colin fort. »Du hast ein Kind für die Götter zur Welt gebracht – du hast eine Erneuerung des Lebens bewirkt, ihres Lebens, und dafür schulden sie dir ihren Schutz. Jetzt werden sie immer wissen, dass du die Spenderin eines geweihten Lebens bist.«

Abends betrachtete ich den riesenhaften Käfer im Badezimmerspiegel. Mir drehte sich der Magen um. Eines stand fest: Im Sommer würde ich nie mehr ein ärmelloses Oberteil tragen. Es war ja schön für die Götter, aber ich wollte nicht, dass eine andere Menschenseele diese abscheuliche Zeichnung zu Gesicht bekam.

In der darauf folgenden Woche, nach einer weiteren Stunde mit derbem Sex im meinem Schlafzimmer, sagte mir Colin, es sei für mich an der Zeit, für die Kirche zu arbeiten, genau wie meine Mutter, Shelley, Orla und deren Töchter.

»Bist du bereit, deine Ergebenheit für die Kirche zu zeigen, dich auf den Pfad zum Palast zu begeben?«, fragte er, während er auf dem Doppelbett lag, das Thomas gekauft hatte, und mein Tattoo streichelte.

»Ja«, erwiderte ich.

»Ich hätte dich eigentlich zur Arbeit geschickt, als du achtzehn wurdest, aber du warst schwanger, daher ging es natürlich nicht«, sagte er, während seine langen gelben Fingernägel meine Haut kitzelten. »Nachdem du dich jetzt wieder erholt hast, ist es Zeit für dich, deine Pflicht zu erfüllen.

Es gibt eine Menge Jobs, die du übernehmen kannst. Einer wäre, dich im Film zu betätigen, ein anderer ist die Arbeit in einem Laden, und dann ist da noch der eine, der in Verbindung mit deiner Aufgabe steht, die Hure Babylon zu werden.

Dieser dritte Job wäre natürlich am besten für deinen Pfad, da er dich der höchsten spirituellen Ebene näher bringen würde, die du brauchst, um die Verrufene Frau zu werden. Das, so glaube ich, ist deine Bestimmung. Doch du musst es mir beweisen, musst es dir selbst beweisen. Die Freuden der Liebe werden dich von jeglicher Pein befreien. Folge den Martyrien des Wissens. Der Prophet wird auf Erden unvorstellbaren Genuss offenbaren, und dieser Frau, der Verrufenen Frau, wird alle Macht verliehen werden. Verstehst du?«

Ich nickte, doch es war gelogen. Ich verstand immer weniger von dem, worüber Colin sprach.

»Erfolg ist dein Beweis, Mut deine Rüstung. Lass die Verrufene Frau in Hochmut auferstehen – lass sie ihre Arbeit der Verruchtheit verrichten. Lass sie ihr eigenes Herz töten! Lass sie laut und ehebrecherisch sein! Lass sie schamlos vor allen Männern sein. Dies ist dein Pfad, Annabelle – du musst die Verrufene Frau verkörpern, zeige deine Macht!«

So ging das in einem fort weiter. Ich hörte kaum noch zu. Ich beobachtete, wie mein kleines Mädchen schlief. Ihr verträumter Gesichtsausdruck ließ mein Herz schmelzen, und in meinem Inneren schrie meine Seele, indem sie Colins düstere und wirre Worte übertönte: Emily, Emily, Emily!

Kapitel 15

Bristol

Ich saß auf dem großen Doppelbett in dem Raum, der mir fremd war, und betrachtete die Reihe der rosa Stickereien auf den schwarzen Satinbetttüchern. *Wie konnte das nur passieren? Ist das hier die Realität?* Es erschien mir wie ein Albtraum, aus dem ich jeden Moment aufzuwachen hoffte. Gleich würde ich zurückversetzt werden in mein Zuhause in Kidwelly, wo mich meine wunderbare Tochter anschauen würde. Doch nein. Die Sekunden strichen vorüber, und der Raum blieb derselbe, mit mir darin. Ich blickte auf das rote Baby-Doll-Negligé hinab, das ich trug, auf die rote spitzenbesetzte Garnitur aus Schlüpfer und BH sowie die schwarzen Stilettos. Ich konnte nicht glauben, dass ich hier hockte.

Vor ein paar Stunden war es noch ein ganz normaler Tag gewesen. Ich beschäftigte mich im Wohnzimmer mit Emily, als Colin durch die Hintertür hereinstürmte. Er schnappte sich Emily und begann sofort, sie auf seinem Schoß auf und nieder hopsen zu lassen. Sie wackelte widerwillig herum, und ich wollte etwas sagen, aber natürlich hielt ich den Mund. Er schien allerbester Laune zu sein.

Schließlich, nachdem Colin Emily gekost und unter dem Kinn gekitzelt hatte, wandte er sich an mich: »Also, meine kleine Hure Babylon, dein Tag ist gekommen!«

Ich schaute ihn fragend an.

»Du fährst heute mit Orla nach Bristol«, fuhr er fort. »Sei um vier Uhr fertig und pack die Sachen ein, die du letzte Woche gekauft hast. Deine Mama wird dir alles erklären, wenn du dort bist.«

Ich wusste nicht mal, wo Bristol liegt – ich hatte noch nie von dieser Stadt gehört. Doch ich wusste, dass es um meine Arbeit für die Kirche ging.

»Wer kümmert sich um Emily?«, fragte ich.

»Ich!« Er grinste und schaute auf sie herab. »Das wird lustig werden, was, Kleine?«

Mir wurde bange ums Herz. Ich konnte den Gedanken nicht ertragen, Emily für wie lange auch immer zu verlassen. Noch schlimmer war noch, dass Colin einen denkbar schlechten Babysitter abgeben würde. Er kümmerte sich um niemandes Bedürfnisse außer um seine eigenen. Das bereitete mir bereits jetzt größte Sorgen.

»Wie lange werde ich weg sein?«, fragte ich und kaute an einem Fingernagel.

»Das ist doch egal«, schnauzte er. »Du konzentrierst dich gefälligst darauf, hart für die Kirche zu arbeiten, und entäusche mich nicht!«

Also bereitete ich mich vor und packte alles, was wir gekauft hatten, in meinen schwarzen Kosmetikkoffer. Ich war immer noch im Ungewissen darüber, was ich tun sollte. In der Woche zuvor war ich mit Mama zum Billigausstatter Peacocks geschickt worden, um Unterhosen und BHs für mich zu kaufen. Mama wählte eine Kombination aus einer roten, mit Spitze verzierten Hose und dazu passendem BH, einen schwarzen Tanga und ein durchsichtiges Baby-Doll-Negligé mit Spitzen am oberen und unteren Ende. Außerdem entschied sie sich für einen schwarzen Strapsgürtel und ein Paar schwarzer Stilettos.

Normalerweise liebte ich Schuhe, und ich wäre begeistert gewesen, hochhackige Schuhe zu tragen, doch diese waren nicht schön, sie waren kitschig. Ich kam beim besten Willen nicht dahinter, was das alles sollte. Während sie jedes Teil hochhielt, um es sorgfältig zu begutachten, und dann in den Korb fallen ließ, beschäftigte ich mich mit anderen Dingen. *Was mache ich für die Kinder zum Abendessen?*, fragte ich mich.

Am nächsten Tag schleppte Mama mich zur Drogeriekette Superdrug, um Vorräte an Haar- und Make-up-Produkten zu kaufen – schwarze Wimperntusche, Kajal-Eyeliner und rote Lippenstifte. Wieder war ich abgelenkt und dachte an Emily und ob ich sie heute noch baden sollte. Mama wählte sogar noch Haarglätter für mich aus, doch es interessierte mich kaum. Ich kam gar nicht erst auf die Idee, sie zu fragen, wofür das alles gedacht war – ich hütete mich. Ich wusste, dass ich es rechtzeitig erfahren würde. Vorerst war ich froh, es nicht zu wissen.

Um vier Uhr saß ich im Wohnzimmer auf dem Sofa und umklammerte Emily verzweifelt. Die Gewissheit, sie zurücklassen zu müssen, machte mich ganz krank. Wenn Mama für die Kirche arbeiten ging, dauerte das normalerweise drei oder vier Tage – würde ich also auch so lange wegbleiben? Ich betete, es möge kürzer sein, und drückte Emily noch enger an mich. Es war das erste Mal, dass wir nachts getrennt wurden, und ich war nur noch ein Nervenbündel.

Sie kannte doch nur mich! Was, wenn Colin sich nicht ordentlich um sie kümmerte? Was, wenn er nicht wusste, wie er ihre Windeln wechseln sollte, oder wann sie ihr Nickerchen brauchte? Wie würde sie einschlafen können, wenn ich nicht da war, um sie zu trösten? Ich sah, wie Orla die Einfahrt heraufgeschlendert kam, dicht gefolgt von Colin.

»Los!«, rief sie, während sie an die Haustür klopfte, woraufhin ich aufsprang. »Auf geht's!«

Ich wollte meine Tochter nicht verlassen, doch ich hatte nichts zu melden. Schweren Herzens stand ich auf, und während ich in Gang kam, stürzte Colin zur Haustür herein.

»Mach schnell!«, sagte er. »Du bist am Zug, es ist dein Pfad, Annabelle. Geh und arbeite hart, und in ein paar Tagen werde ich dich wiedersehen.«

Er hielt mir die Arme hin, damit ich ihm das Baby überreichte, doch ich brachte es nicht fertig. Jede Faser meines Körpers war in Aufruhr, und ich konnte sehen, dass Colin ungeduldig wurde. Niemand wagte es, sich ihm zu widersetzen.

»Komm, gib sie mir«, knurrte er. »Mach schon.«

Ich konnte mich immer noch nicht bewegen.

»HER DAMIT!«, brüllte er jetzt, und ich erschrak zu Tode.

Ich konnte es nicht länger hinauszögern, doch ich hatte bislang keine Ahnung gehabt, wie schwer es werden sollte. Ich hielt die Tränen verzweifelt zurück und legte ihm Emily in die Arme. Aus meiner warmen Umarmung gerissen, begann sie zu weinen. Als ich die Arme zaghaft nach ihr ausstreckte, brüllte sie.

Ich stand da und war unfähig, den Raum zu verlassen, es zerriss mir das Herz.

»Los, verschwinde endlich!« Colin deutete mit dem Kopf auf die Tür. »Beweg dich. Ihr geht's gut.«

Doch es ging ihr nicht gut. Ich wusste, dass es Emily nicht gut ging. Sie schrie sich die Lunge aus dem Leib, und auch ich spürte, dass ich gleich hemmungslos schluchzen würde. Ich wollte sie nicht verlassen, aber wenn ich noch länger blieb, würde es nur schlimmer werden. Daher drehte ich mich um und marschierte zur Tür hinaus, das jämmerliche Gebrüll meiner drei Monate alten Tochter im Rücken, die nach ihrer Mutter schrie.

Während der folgenden zwei Stunden sah ich, wie die Autobahn am Fenster vorbeiflitzte, und ich dachte an Emily. Sie bei Colin zu lassen war das Schlimmste, was ich jemals hatte tun müssen. Erst in diesem Moment wurde mir klar, wie sehr ich sie brauchte. Und als wir weiter und weiter fuhren, schien die ganze Welt für mich zusammenzubrechen. Emily bedeutete mir jetzt alles. Sie war der Grund, weshalb ich noch atmete. Da wusste ich, dass mein Leben ohne sie einfach keinen Sinn ergab.

Orla neben mir war still und wortkarg. Es war schon schwer genug, mein Zuhause zu verlassen, mein Baby und die Stadt, in der ich aufgewachsen war, doch ich hatte keine Ahnung, wohin wir fuhren oder was wir tun würden. Ich war völlig ohne Halt, und ich hatte große, große Angst. *Wohin ging es? Was stand mir bevor?*

Zwei Stunden später erreichten wir Bristol und schlängelten uns durch unzählige Vorstadtstraßen, bis wir einen Hügel hinauffuhren und Orla den Wagen neben einem Haus parkte. Sie nahm ihr Handy und verschickte eine SMS. Eine Minute später kam Shelley aus dem Haus, und Orla sagte zu mir: »So, du kannst jetzt aussteigen und mit Shelley mitgehen.«

Ich tat wie mir geheißen und nahm den schwarzen Koffer vom Rücksitz. Shelley wartete, während ich nach meinen Sachen griff, und dann gingen wir weiter den Hügel hinauf. Es war ungefähr sechs Uhr, und unsere Körper warfen vor uns lange Schatten auf den Bürgersteig. Eine Minute später hielten wir vor einem Laden, der rosa und schwarz gestrichen war. Eine helle Leuchtreklame über der Tür besagte, dass es sich um The Paradise Lounge handelte.

Shelley klingelte an der Haustür, und eine Frauenstimme antwortete. Zunächst dachte ich, es handle sich um eine Fremde. Ich bekam den Schock meines Lebens, als ich feststellte, dass das hoch aufgesteckte Haar, das extravagante Make-up und die farbig lackierten Fingernägel zu Orlas Tochter Fiona gehörten. Vor Schreck musste ich erst mal nach Luft schnappen!

Sie führte uns beide ins Haus und lächelte verschmitzt, nachdem sie meine Reaktion auf ihre äußere Erscheinung bemerkt hatte. Unter einem chinesischen lachsrosa Morgenrock trug sie lediglich einen mit Spitzen verzierten rosa BH und einen Slip, die nackten Füße steckten in endlos hohen mit Pailletten besetzten Stöckelschuhen. Fiona sah außergewöhnlich aus. Sie geleitete uns in einen Empfangsbereich, in dem es eine schwarze Rezeption und zwei schwarze Ledersessel gab.

Fionas Absätze klapperten laut auf den Terrakottafliesen. Ich versuchte, mir ein Bild von meiner neuen Umgebung zu machen. Da war eine Tür, die nach hinten führte, über eine Treppe ging es in die obere Etage, und links stand eine Kommode mit einem kleinen Fernseher darauf. Daneben befanden sich ein Klappstuhl, ein kleiner Plastiktisch und ein Sofa mit hellrosa Überwurf.

»Komm mit«, sagte Fiona und ging durch die Tür in den hinteren Bereich des Ladens. Immer noch verwirrt, folgte ich ihr stumm. Ich wusste nicht, was wir hier alle sollten. Es erschien mir völlig rätselhaft. Wir kamen zu einem Raum auf der linken Seite des Flurs. Im gedämpften Licht machte ich an der Wand einen großen Spiegel aus, außerdem stand da ein Bett mit Seidenbetttüchern mit schwarzem und rosa Blümchenmuster darauf. Daneben entdeckte ich eine kleine Ablage, auf der eine Packung Papiertaschentücher und ein

Beutel mit Windeln lagen. Fiona stöckelte weiter den Flur entlang, und so folgte ich ihr in den nächsten Raum. Ich sah Millie und meine Mama, die auf einem großen Doppelbett herumlagen. Auch meine Mutter hatte sich mit Make-up und aufreizender Unterwäsche aufgedonnert, während Millie wie ich normale Straßenkleidung trug. Zu ihren Füßen lag eine kleine Tasche.

Die Wände dieses Raums waren in knalligem Rosa gestrichen. Der Fußboden bestand aus weißen Fliesen, an der Wand hing wieder ein großer Spiegel, und auf der Ablage befanden sich diesmal Handtücher, eine Flasche mit Desinfektionsmittel und wiederum eine Packung Papiertaschentücher. Auf einer Seite ging es in eine kleine Dusche. Die Bettwäsche war wieder rosa und aus Seide, bestickt mit einem schwarzen Motiv mit Leuchtern.

Ich war fasziniert, erstaunt und verängstigt, alles gleichzeitig. Shelley nickte Millie zu, die den Raum verließ. Sie überreichte mir zwei Päckchen mit Kondomen, dann verschwand sie ebenfalls. Ich stand da, starrte ihr hinterher und hielt die Päckchen in der Hand. Meine Mutter beobachtete mich vom Bett aus.

»Du solltest dich lieber setzen«, sagte sie, und ich nahm zögernd neben ihr Platz. Ich trug Jeans und ein schlabbriges gestreiftes Hemd, daher war es ein seltsames Gefühl, dass sich neben mir meine Mama in Unterwäsche ausgestreckt hatte. Es sollte noch sehr viel seltsamer werden.

»Folgendermaßen«, begann sie, »dein Name hier ist Camilla. Wenn ein Freier kommt, gehst du nach vorne und stellst dich als Camilla vor, alle anderen präsentieren sich ebenfalls, und dann sucht sich der Kerl eine aus. Sie zahlen 60 Pfund – das sind 30 Pfund für dich und 30 Pfund für das Haus. Und dann nimmst du den Mann mit in deinen Raum.

Die 60 Pfund sind für eine halbe Stunde. Dafür kriegen sie mit Kondom einen geblasen und Sex mit Kondom. Sobald sie kommen, ist Schluss.«

Mir pochte das Herz bis zum Halse, und ich spürte, dass ich jetzt schwer atmete. Fremde kamen hierher und bezahlten, um Sex mit uns zu haben? Ich konnte es nicht glauben. Bei all den Überlegungen, die mir durch den Kopf gegangen waren, welche Art Arbeit ich für die Kirche verrichten sollte, war mir Derartiges nicht in den Sinn gekommen. Doch Mama war noch nicht fertig.

»Wenn sie in deinem Raum sind, müssen sie für Extrawünsche bezahlen: 20 Pfund für Küssen, 20 Pfund für Oralsex und 50 Pfund für einen blasen ohne Kondom. Nach jeder Nummer schickst du Colin eine SMS. Du schreibst »Hallo« und fügst ein Kuss-Smiley hinzu – oder zwei Küsse oder was auch immer, abhängig davon, wie viele Extras die Freier gehabt haben. Hast du alles verstanden?«

Ich nickte nur.

»Gut, wir haben nämlich nicht mehr viel Zeit. Das Haus wird bald geöffnet, und du musst dich noch fertig machen.«

In der nächsten Stunde half mir meine Mutter, mich herauszuputzen. Sie wählte die Kombination aus rotem, mit Spitzen verziertem BH und passendem Schlüpfer, und darüber zog ich das Baby-Doll-Negligé an. Meine Hände zitterten dermaßen, dass es mir nicht gelang, die Strapse am Gürtel zu befestigen, und so musste Mama um mich herumgehen und sie alle einhaken. Dann trug sie mir dickes Augen-Make-up auf und toupierte auch mein Haar, sodass es jetzt unmäßig abstand.

Als ich in den Spiegel blickte, erkannte ich mich kaum wieder. Ich sah aus wie eine kastanienbraune Barbie-Puppe; das überbordende Haar, die hohen Absätze und die hauchdünne Unterwäsche ergaben ein eigenartiges Bild. Meine schmale Gestalt erschien noch kleiner. Ich machte ein paar Schritte auf den hohen Absätzen und wackelte dabei unsicher. Sie waren höher als alles, was ich bisher getragen hatte, und ich verlor ständig das Gleichgewicht. Instinktiv streckte ich die Arme aus, und Mama griff nach meiner Hand, um zu verhindern, dass ich fiel.

Unvermittelt schauten wir uns in die Augen, und in diesem Moment schrie ich ihr unhörbar zu: *Bitte, zwing mich nicht, das zu tun, Mama! Bring mich bitte von hier weg.* Doch sie war blind und taub gegenüber meiner Angst. Sie hob lediglich eine Augenbraue und witzelte: »Mach dir nichts draus – lange wirst du sowieso nicht stehen müssen!«

Als es an der Haustür klingelte, fuhr ich erschrocken herum. Mama betrachtete mich von oben bis unten und nickte mir zu.

»Du schaffst das schon«, sagte sie. »Jetzt komm mit. Und vergiss nicht zu lächeln. Wenn du ausgewählt wirst, nimmst du ihn mit in diesen Raum. Verstanden?«

Ich war so eingeschüchtert, dass ich zu zittern begann, doch irgendwie schaffte ich es, den Flur hinunter bis in den Empfangsbereich zu stöckeln. Dort sah ich dann, wie all die anderen Frauen und Mädchen aus der oberen Etage nach unten kamen. Insgesamt waren wir zu sechst: Mama, Shelley, Fiona, ich und zwei andere, die ich nicht kannte. Wir standen in einem kleinen Halbkreis vor zwei jungen Kerlen, die sich in den Ledersesseln fläzten. Sie wirkten wie Mittzwanziger, und einer sah sogar ziemlich nett aus mit seinem lockigen blonden Haar und den großen blauen Augen.

Er schien mutiger zu sein als der andere Bursche: »Mein Kumpel hier möchte eine haben.«

Jetzt erhob sich sein Freund aus dem Sessel und sagte nervös »Hi«. Nun antworteten alle Frauen mit »Hallo« und stellten sich vor. Ich war erstaunt, als ich hörte, wie verführerisch meine Mutter und die anderen dem jungen Mann ihren Namen säuselten.

»Hallo, mein Name ist Diandra«, sagte meine Mutter, mit einer Hand an der Hüfte und mit der anderen in ihrem langen Haar spielend.

»Hallo, ich bin Nell«, sagte Shelley und formte einen Schmollmund.

Schließlich war ich an der Reihe, und ich wagte es kaum, den Blick zu heben, als ich den Namen Camilla stammelte. Meine Mutter und ich schauten uns an. Sie nickte mir auffordernd zu. Ich wusste, dass ich lächeln sollte. Doch ich konnte es einfach nicht.

Der Bursche wählte Fiona. Er holte das Geld heraus und überreichte Shelley 60 Pfund in bar, die die Hälfte davon in eine Registrierkasse hinter dem Empfang tat und die andere Hälfte Fiona gab. Dann führte Fiona ihn in den ersten Raum hinter uns. Ich war total erleichtert und wollte gerade in das Schlafzimmer zurückkehren, in dem ich mit meiner Mutter gewesen war, als der Freund des jungen Mannes aus seinem Sessel aufsprang.

»Warte eine Sekunde, Camilla«, sagte er. Es dauerte einen Moment, bevor ich begriff, dass er mich meinte. »Ich glaube, ich möchte mit dir zusammen sein.«

Oh mein Gott, ich war das reinste Nervenbündel, doch ich versuchte, es nicht zu zeigen. Ich hatte vorher schon Sex gehabt – schon viele Male. Aber dieser Mann war mir völlig fremd. Ich hatte keine Ahnung, was mich erwartete. Ich stand da und fingerte an der Schleife meines Baby-Doll-Negligés herum, während er mit Shelley die Bezahlung regelte.

Dann tat ich es Fiona gleich und führte ihn zu dem Raum, in den ich ihn bringen sollte, wie mir meine Mutter gesagt hatte. Ich konnte ihm nicht in die Augen schauen, als ich ihn hineinließ und die Tür hinter ihm schloss.

»Ziehen Sie sich aus und legen Sie sich aufs Bett«, wies ich ihn schroff an. »Nur damit Sie es wissen, ich mache grundsätzlich keinen Sex ohne Kondom, Sie brauchen also gar nicht erst zu fragen.«

»In Ordnung, alles klar«, sagte er lachend und knöpfte sein Hemd auf. »Habe schon verstanden, Kleine, du zeigst mir gleich, wo's langgeht. So ist's recht, ich werde keinen Sex ohne Kondom fordern. Darf ich dich trotzdem etwas fragen?«

»Was?«

»Was um alles in der Welt macht so ein nettes Mädchen wie du an einem Ort wie diesem?«

Wäre ich in diesem Moment nicht so verängstigt gewesen, hätte ich gelacht. Ich hätte ihm zugestimmt. So aber sagte ich: »Ich finanziere damit meine Ausbildung zur Schönheitstherapeutin.«

»Wirklich? Dann bist du also Kosmetikerin? Ich wusste doch, dass du zu gut für diesen Laden hier bist. Ich hatte gar nicht vor, heute Abend aktiv zu werden, aber bei dir habe ich es mir anders überlegt. Du bist einfach umwerfend.«

Ich wurde rot und wendete mich deshalb ab. So hatte noch nie jemand zu mir gesprochen, und obwohl ich diese Begegnung als entsetzlich und schockierend empfand, fühlte ich mich auch geschmeichelt.

»Ich bin noch keine Kosmetikerin«, beichtete ich, »es dauert noch ein paar Jahre.«

»Nun ja, wie wäre es denn mit einer Massage, Camilla?«

»Gut!« Ich war erleichtert. Wie immer wollte ich die Sache

einfach hinter mich bringen. Andererseits gefiel es mir auch, je länger wir uns unterhielten.

Ich saß rittlings unterhalb seines Rückens, während ich mit meinen Händen sein Rückgrat auf und nieder fuhr und dabei mit den Daumen kräftig auf die Muskelstränge drückte.

»Wie heißen Sie?«, fragte ich.

»Mike«, murmelte er ins Kissen. »Oh, autsch – das tut richtig gut. Du hast talentierte Hände, junge Lady! Ich könnte mich glatt daran gewöhnen.«

In diesem Moment fiel mir ein, dass ich meine Periode hatte! Irgendwie musste ich meinen Tampon loswerden, bevor wir zur Sache gingen.

»Warten Sie eine Minute«, sagte ich. »Wir haben es nicht eilig.«

Ich sprang vom Bett und ging in die kleine Dusche, wo ich den Kosmetikkoffer abgestellt hatte. Dort zog ich mit dem Rücken zur Tür schnell den Tampon heraus und verstaute ihn in einer Tasche. Dann ging ich zurück und fuhr mit der Massage fort.

Nach zehn Minuten sagte er: »Sehr schön, Kleine. Du hast deinen Spaß gehabt. Ich denke, jetzt bin ich dran, Hand an dich zu legen.«

Er drehte sich um, und ich tat, wie mir aufgetragen worden war. Ich streifte ihm das Präservativ über und blies ihm einen, danach hatten wir Sex. Die ganze Zeit fühlte ich nichts. Es war einfach Sex mit einer anderen Person; es hätte jeder Mann sein können.

»Weißt du, ich hoffe für dich, dass du deine Ausbildung bald beenden kannst«, sagte er danach, während er sich seine Jeans anzog. »Ich finde, du gehörst hier nicht hin.«

Ich lächelte ihn traurig an. Was hätte ich sagen sollen? Mike hatte gerade für meinen Körper bezahlt. Orte wie dieser würden ohne Leute wie ihn nicht existieren! Ich fühlte mich angewidert – von ihm, mir selbst, den beschissenen Umständen.

»Camilla, ich komme wieder, um bei dir zu sein«, sagte er zum Abschied. »Du bist wirklich süß. Du gehörst hier nicht hin.«

Danach schloss er die Tür und war weg. Ich saß auf dem Bett, betrachtete das Muster der Leuchter auf dem Betttuch und fragte mich, ob ich das hier alles träumte.

In dieser ersten Nacht hatte ich insgesamt acht Kunden. Jedes Mal bekam ich die Hälfte des Geldes, und ich musste die Männer auf dem Zimmer animieren, Extrawünsche zu äußern. Nach jedem schickte ich Colin eine SMS mit »Hallo«. Nach Mike reihte sich einer an den anderen. Die lange Nacht schleppte sich dahin, und jedes Mal, wenn es an der Tür klingelte, nahm ich mit den anderen Frauen Aufstellung und betete im Stillen, nicht ausgewählt zu werden.

Deprimierenderweise half es nicht. Es erwischte mich öfter als die anderen. Der Letzte kam um ungefähr vier Uhr morgens, und inzwischen war ich erschöpft und hungrig. Es gelang mir, ein paar Stunden Schlaf zu erhaschen, und als ich aufwachte, brachte mir meine Mutter einen Teller Nudeln und zeigte mir, wo ich mir Nachschub holen konnte. Da The Paradise Lounge vierundzwanzig Stunden pro Tag geöffnet war, durften wir eigentlich nicht schlafen, solange wir dort waren. Deshalb verbrachten wir die Zeit damit, Fernsehen zu gucken oder uns gegenseitig die Haare zu frisieren und zu schminken.

Gegen Mittag standen die Kunden wieder vor der Tür, und danach war es ein ständiges Kommen und Gehen bis Sonntagmorgen. Als Orla mich am Sonntagvormittag nach

Kidwelly zurückfuhr, quoll mein schwarzer Koffer fast über vor Bargeld. Es war mehr Kohle, als ich je zuvor in meinem Leben gesehen hatte – Hunderte und Hunderte von Pfund. Doch alles, woran ich denken konnte, war Emily. Ich vermisste sie schrecklich und wünschte sehnlichst, sie schnell wiederzusehen.

Sobald ich nach Hause kam, rannte ich zur Haustür hinein, schaute mich im ersten Zimmer um und schrie: »Emily! Emily!«

Nichts. Das Herz schlug mir bis zum Hals, während ich von Zimmer zu Zimmer eilte und krächzend ihren Namen rief. Panik schnürte mir fast die Kehle zu. Aufregung, Angst und Erschöpfung drohten mich zu überwältigen. Meine Mutter schleppte sich zur Haustür herein und brüllte: »Hör auf, hier solchen Lärm zu machen. Sie ist drüben bei Colin!«

Während mein Herz wie wild schlug, schoss ich zur Hintertür hinaus und stürzte ins Nachbarhaus. Ich hörte meine Tochter weinen und fand sie auf einer Liege im Wohnzimmer. Sie bewegte sich am Rande der Hysterie. Im gleichen Moment, als ich sie hochhob, beruhigte sie sich, doch dann entdeckte ich die Prellungen, und ich begann zu zittern. Im Gesicht und am Hals waren kleine Flecken, als habe sie dort jemand zu heftig gedrückt. Mit dicken Fingern.

Ich befühlte ihre Windel – sie war zum Bersten voll, als sei sie seit Stunden nicht gewechselt worden. Im ganzen Haus war niemand zu sehen oder zu hören. Ich flitzte mit Emily in unsere Wohnung und brachte sie ins Schlafzimmer. Ich wollte sie nie, nie wieder verlassen.

Als ich ihre Windel entfernte, sah ich, dass der Hintern rot und wund war, weil sie so lange in einer vollen Windel gelegen hatte. »Es tut mir leid«, flüsterte ich mit dem Gesicht an ihrem Hals. In dieser Nacht hielt ich sie dicht an mich gepresst und flüsterte: *Es tut mir so leid. Keine Angst, Mama ist wieder zurück. Mama ist hier. Ich werde dich nie wieder alleine lassen.*

Leider musste ich dieses Versprechen ein ums andere Mal brechen.

Kapitel 16

318, 618, 918

Mein Leben glich einem Albtraum. Unter der Woche war ich die Mutter meiner Tochter, von Freitag bis Montag eine Prostituierte in Bristol. Colin erklärte mir, ich müsse mich als wert erweisen, seine Verrufene Frau zu werden, indem ich in die Rolle der Hure Babylon schlüpfte. Die Zahlen dafür waren in den drei Kapiteln des »Buches des Gesetzes« festgehalten, und sie standen für jede neue spirituelle Ebene. Sie lauteten 318, 618 und 918. Dies hieß, ich musste zuerst mit 318 Männern schlafen, dann mit 618 und schließlich mit 918, um die höchste spirituelle Ebene zu erreichen. Insgesamt ergab das 1854 Männer.

In einer Strichliste auf meinem Handy musste ich jedes Mal festhalten, wenn ich mit einem neuen Kunden Sex hatte, und ich musste genau Buch führen, wie weit ich mit meiner Aufgabe vorangekommen war. Alle Frauen mussten das tun – untereinander konkurrierten wir also, und die Konflikte zwischen uns wuchsen von Monat zu Monat.

Es machte mich jedes Mal fertig, wenn ich Emily verlassen musste. Mir graute immer vor dem Freitag, und wenn es dann so weit war und ich sie bei Colin, Orla oder Millie lassen musste, war der Abschied schauderhaft. Solange ich mich in Bristol aufhielt, die gesamten 72 Stunden, konnte ich nur an meine Tochter denken. Stundenlang machte ich mir Sorgen, wie es ihr wohl ergehen mochte. Jede Stunde, die wir getrennt waren, wurde zu einer Ewigkeit.

Von Anfang an war klar, dass ich häufiger ausgewählt wurde als irgendeine der anderen Frauen. Mehr als einmal passierte es, dass ein Mann sich die anderen im Empfangsbereich anschaute, und dann hörte ich, als ich als Letzte erschien: »Teufel noch mal, die ist es schon eher!« Natürlich war Sex mit einem Fremden das Letzte, was ich wollte, aber es bedeutete, dass ich eine Menge Geld einnahm.

Von zwanzig Männern, die ins Paradise Lounge kamen, entschieden sich gewöhnlich zwölf für mich. Nach einer Weile hatte ich auch schon »Stammkunden«, die auf mich bestanden. Und viele von ihnen waren reich. Sie gaben mir ein Trinkgeld von 50 Pfund, nur weil sie sich wohlgefühlt hatten. Für mich aber bedeutete es, dass ich von Freitagnachmittag bis Montagmorgen ständig beschäftigt war. Schlafen konnte ich höchstens für ein paar Stunden im Morgengrauen, daher war ich, wenn ich am Montag nach Hause fuhr, völlig ausgepowert.

Ich verdiente jetzt bis zu 1200 Pfund pro Nacht. Das hieß, nach einem Wochenende kehrte ich zurück und drückte Colin mehr als 3000 Pfund in die Hand. Einen ganz schönen Batzen Geld! Am nächsten Tag musste ich ihm wieder einen blasen, um das Geld für Windeln zu bekommen. Da stimmte etwas nicht! Es zerriss mir das Herz: Ich war erschöpft, am Rande meiner Kräfte und schuftete, damit ich jede Woche Tausende für ihn verdienen konnte, und dann musste ich um ein paar Windeln betteln. Ich konnte sehen, wo das Geld blieb; Colin motzte seine Wohnung auf, mit exklusiven neuen Teppichen, Kronleuchtern, neuer Einbauküche, und sich selbst genehmigte er einen teuren Urlaub.

Als Hope ihre Führerscheinprüfung bestand, kaufte er ihr einen nagelneuen Peugeot Cabrio. Er tauschte auch seine billigen Umbro-Turnschuhe und Trainingshosen gegen Nike-Klamotten aus.

Ich sah Hope in ihrem schicken roten Peugeot herumfahren und kochte vor Wut. *Den habe ich dir gekauft*, dachte ich bei mir selbst. Ich habe ihn verdient! Aber nein, so war es nicht. Colin behauptete steif und fest, das Geld, das wir ihm ablieferten, fließe direkt an die Kirche.

»Ich dachte, *du* bist die Kirche«, provozierte ich ihn eines Tages.

»Nein, nein, nein.« Er schüttelte den Kopf und lachte über meine vermeintliche Dummheit. »Die Kirche hat ein internationales Hauptquartier, und dorthin geht das ganze Geld. Es befindet sich in einer kleinen Stadt in Frankreich. Du hast bestimmt noch nicht von ihr gehört, und außerdem fällt die genaue Lage unters Kirchengeheimnis. Unnötig zu sagen, dass man dort sehr zufrieden mit dir ist. Es ist gewünscht, dass du genau so weitermachst.«

Ich begann ihm jetzt mehr und mehr zu misstrauen. Ging es wirklich um mich und meinen Pfad zum Palast, oder drehte sich alles nur um Sex und Geld? Mein Verstand wehrte sich, die eigenartige Geschichte über ein internationales Hauptquartier in Frankreich zu glauben.

Mit der Zeit wurde die Arbeit immer belastender. Colin bestand darauf, dass ich als »Rundum-Hure« agieren sollte, das hieß, ich musste eine größere Auswahl an Sonderwünschen anbieten. Er wollte jetzt, dass ich Analsex für 80 Pfund offerierte. Ich könnte 30 weitere Pfund verlangen, wenn der Kunde innerhalb der festgelegten halben Stunde ein zweites Mal kommen wollte. Doch das Schlimmste, und das, was ich nicht akzeptieren konnte, war Colins Befehl, für 100 Pfund Sex ohne Kondom anzubieten.

»Und was passiert, wenn die Männer sich woanders etwas eingefangen haben und damit zu mir kommen?«, wendete ich ein, als er es das erste Mal vorschlug.

»Keine Angst!«, meinte er lachend. »Die Götter beschützen dich. Deine Skarabäen bieten dir Schutz.«

Nach meiner ersten Woche als Prostituierte hatte mir Colin eine goldene Halskette mit einem Skarabäus als Anhänger gegeben. Er sagte, jeder Skarabäus biete eine neue Stufe des Schutzes, doch mittlerweile kaufte ich ihm seine Behauptungen nicht mehr ab. Ohne Kondom? Das hieß doch, russisches Roulette auf Kosten meiner Gesundheit zu spielen. Ich erzählte ihm, ich würde es tun, in Wirklichkeit aber machte ich es nur einmal. Auch wenn ich tausend Skarabäen mit mir herumgeschleppt hätte, ein zweites Mal hätte ich es nicht getan. Ich hatte zu viel Angst. Mit diesen kleinen Mutproben begann ich Colin zu testen.

Wie viel wusste er wirklich? Ich hatte immer Furcht vor den Göttern und Wächtern gehabt und geglaubt, dass sie mich beobachteten, wenn er abwesend war. Ich war überzeugt gewesen, dass sie ihm dann berichteten, was er nicht hatte sehen können. Der Umstand, dass er von dem Päckchen Paracetamol erfahren hatte, das ich bei meinem Selbstmordversuch genommen hatte – für mich war das ein Beweis für seine gewaltige Macht gewesen. Dass er behauptete, Dinge zu »wissen«, bevor er auf normalem Weg davon hören konnte. Jetzt stellte ich ihn zum ersten Mal auf die Probe, indem ich mich seinen Forderungen widersetzte. Und seltsamerweise kam er nie dahinter.

Woche für Woche schlief ich mit Männern jeden Alters, jeder Ethnie, jeder Klasse und jeden Typs: klein und fett, groß und hässlich, gutaussehend, reich, arm, sauber, dreckig, betrunken, bekifft, high, alt, jung, schwarz, weiß, Asiate, Chinese, Inder, selbstbewusst, schüchtern, lustig, blöde, gemein, glücklich, dreist, widerlich oder schlicht geil. Trotz der schrecklichen Umstände öffnete es mir die Augen. Ein ums andere Mal fragten mich die Männer, was zum Teufel ich hier machte. Ich blieb bei dem Märchen, das ich anfangs Mike aufgetischt hatte – dass ich mit dem Geld meine Ausbildung als Kosmetikerin finanzierte, doch mit der Zeit nutzte sich das ab.

»Du bist zu gut für das hier«, meinten sie hartnäckig. Und nach einer Weile begann ich, ihnen zu glauben. *Was machte ich hier?* Ich war jung, achtzehn, gutaussehend (nach Meinung vieler von ihnen), aufgeweckt, die Zukunft lag noch vor mir. Ich war keine Alkoholikerin, ich war nicht drogenabhängig, und obdachlos war ich auch nicht. Weshalb also war ich hier?

Es war Mike, der mein Selbstvertrauen mehr als jeder andere stärkte. Er suchte mich immer wieder auf; selbst wenn ich in ein anderes Bordell in einem anderen Stadtteil umzog, fand er mich und nahm meine Dienste in Anspruch. Er bezahlte dafür, nur bei mir zu sitzen und mit mir zu reden. Er wollte mich da rausholen, damit wir gemeinsam ein neues Leben beginnen könnten.

»Das kann ich nicht, Mike«, sagte ich ihm. Mittlerweile betrachtete ich ihn als Freund. Obwohl ich nichts über die Kirche oder Colin preisgab, ging mein Vertrauen doch so weit, dass ich ihm erzählte, dass ich eine Tochter hatte, die zu Hause auf mich warte.

»Sie kann auch mitkommen«, beharrte er. »Du musst hier raus. Das ist doch keine Umgebung für ein Mädchen wie dich. Du bist so viel wertvoller und hast so viel zu bieten. Ich weiß, dass es dir hier nicht gefällt und du diese Dinge nicht tun willst. Ich möchte dich gerne unterstützen, bis du deine Kosmetikausbildung beendet hast und selbstständig arbeiten kannst. Dies ist doch kein Weg, dein Leben zu beginnen; so kannst du doch kein Kind aufziehen! Bitte, *bitte* lass mich dir helfen.«

Natürlich blieb mir nichts anderes übrig, als das Angebot abzulehnen, aber Mikes Worte machten mich immer nachdenklicher.

Zum ersten Mal kam ich mit Männern in Kontakt, die anders waren als Colin. Männer mit ordentlichen Berufen, die mir von der Welt da draußen berichteten. Sie redeten nicht die ganze Zeit über Götter, Paläste, Pfade oder die Unterwelt. Gab es im Leben mehr als dies? Konnte ich zu träumen und hoffen anfangen, ein Leben jenseits von der Kirche und von Colin aufzubauen? Monate vergingen, und ich hatte immer mehr das Gefühl, gar kein Leben zu leben. Am Wochenende war ich Camilla, die Prostituierte. Dann fuhr ich nach Hause, und dort wurde ich sowohl zur Mutter als auch zu Colins Sexsklavin.

Was war aus Annabelle geworden? Wo war ich noch ich? Ich war eine Maschine ohne Identität.

Was mich noch aufrechthielt, war Emily. Sie war der einzige Lichtblick in meinem Leben, und mit jedem Mal, das ich sie verlassen musste, wurde ich wütender und wütender. Ich konnte es nicht mehr verbergen. Ich schaffte es auch nicht mehr, Colin gegenüber so zu tun, als würde mir der Sex mit ihm gefallen, als wolle ich seine kleine Hure sein. Ich wollte nur noch, dass alles ein Ende fand. Vielleicht spürte er es und begann deshalb, unaufgefordert Kleidung für Emily zu kaufen. Das änderte aber nichts. Ich schmorte in der Hölle, während er wie ein König lebte, und die Wahrheit über die Außenwelt tröpfelte langsam in mein Bewusstsein: Die Männer waren nicht wie Colin. *Niemand* ähnelte Colin, und vielleicht war die Welt da draußen ja gar nicht so bedrohlich, wie er es immer behauptet hatte.

Tatsächlich begegnete ich vielen sehr netten Männern, seriösen Männern mit guten Jobs, die mich anständig behandelten. Abgesehen davon, dass sie dafür bezahlten, Sex mit mir zu haben, waren es freundliche Leute. Ich machte Bekanntschaft mit Männern aller sozialen Schichten, und die meisten waren respektvoller zu mir als Colin. Sie machten mir Komplimente, sagten mir, ich sei hübsch, meinten, ich besäße ein großartiges Auftreten, ein reizendes Lächeln, einen schönen Körper … so ging es immer weiter.

Irgendetwas dergleichen hatte ich zuvor noch nie gehört. Natürlich war nicht alles rosig – weit entfernt davon! Da gab es die Arschlöcher, die Schindluder mit mir treiben wollten, die Kokser, die ewig lange brauchten, bis sie kamen, und dann die Grobiane, die mich zu unterwerfen versuchten. In diesen Fällen musste ich auf den Boden klopfen, um zu signalisieren, dass ich in Schwierigkeiten war, und dann stürzten die anderen Frauen herein. Meine Mutter konnte durchaus einschüchternd auftreten, aber es war Shelley, die richtig taff mit schwierigen Kunden umsprang.

Doch es geschah selten, dass ich die anderen Frauen herbeirufen musste. Im Allgemeinen waren die Freier anständig, wenn man bestimmt, aber nicht unhöflich mit ihnen umging. Ansonsten herrschte herzlich wenig Solidarität unter uns Frauen. Der Konkurrenzkampf zwischen uns war jetzt derart erbittert, dass wir kaum noch miteinander sprachen. Jede versuchte, das gleiche Ziel zu erreichen – die Zahlen 318, 618 und schließlich 918 zu schaffen. Und nachdem ich eingestiegen war, waren bei den meisten Frauen die Zahlen der Freier zurückgegangen. Ich musste ihre hasserfüllten Blicke und bissigen Bemerkungen über mich ergehen lassen, ich hätte am liebsten gesagt: *Das ist mir doch völlig egal.* Was mich einzig berührte, war, dass ich nicht bei Emily sein konnte. Solange ich mich im Bordell aufhielt, konnte ich nur an sie denken. Ich überlegte, was ich alles mit meiner Tochter hätte tun können, während sie heranwuchs, und das machte mich kaputt.

Wenn Orla nicht damit beschäftigt war, uns nach Bristol zu fahren oder uns abzuholen, kümmerte sie sich um Emily. Mittlerweile begann sie mir Geschichten über sie zu erzählen, als kenne sie mein Kind besser als ich! Schlimmer noch, Emily krabbelte zum ersten Mal bei ihr, und dann erzählte Orla mir, sie sei von alleine aufgestanden. Ich verpasste die Kindheit meiner eigenen Tochter – ich verlor sie, genau wie meine Mutter Moses verloren hatte.

Der Wendepunkt kam im Dezember, sechs Monate, nachdem ich als Prostituierte zu arbeiten begonnen hatte. Es war in den Morgenstunden eines Sonntags. Bei meiner Mutter war ein reicher Stammkunde namens Clive, der es gerne zusammen mit zwei Frauen trieb. Gewöhnlich entschied er sich für meine Mutter und Shelley. In dieser Nacht waren sie gemeinsam ungefähr zehn Minuten oben gewesen, als meine Mutter plötzlich auf ihren hohen Absätzen in den Empfangsbereich heruntergetrippelt kam, wo ich zusammen mit den anderen vor dem Fernseher saß. Mittlerweile stammten alle Frauen, die im Paradise Lounge arbeiteten, aus unserer Kirche. Es war paradox – das Bordell war voller gläubiger Kirchenmitglieder, die hart dafür arbeiteten, ihre Seelen für das Jenseits zu retten.

»Camilla!« Meine Mutter benutzte während der Arbeit immer meinen Bordellnamen. »Er will dich auch haben!«

»Was?« Das hörte ich überhaupt nicht gerne. Ich arbeitete sonst nie mit anderen Frauen zusammen – das war etwas, worauf ich wahrlich nicht scharf war. Deshalb hatte ich auch noch nie einen Raum mit meiner Mutter geteilt. Plötzlich fühlte ich mich äußerst unbehaglich.

»Komm!«, rief meine Mutter, drehte sich um und stapfte wieder nach oben. Wie immer hatte ich keine andere Wahl. Meine Mutter hatte innerhalb der Kirche einen höheren Rang als ich, und ich wusste, dass es Konsequenzen haben würde, falls ich nicht tat, was sie von mir verlangte. Daher folgte ich ihr widerwillig die Treppe hinauf.

Als ich den Raum betrat, bot sich mir eine Szene, an der ich mich nicht zu beteiligen wünschte. Meine Mutter saß rückwärts auf Clide, ritt auf ihm und hatte gleichzeitig Oralsex mit Shelley. Ich hatte keine Ahnung, was ich hier sollte, daher setzte ich mich einfach neben sie aufs Bett. Ich bewegte mich nicht, ich wurde überhaupt nicht mit einbezogen, und nach einer Weile war das Spiel beendet. Ich war so erleichtert, als es vorüber war und ich es geschafft hatte, nicht das Geringste tun zu müssen, dass ich mich schleunigst aus dem Staub machte.

Doch zehn Minuten später, nachdem Clive sich angezogen hatte und gegangen war, trat meine Mutter in meinen Raum, wo ich mir gerade die Lippen neu schminkte.

»Er ist nur kurz weg, um mehr Geld zu holen, bald kommt er zurück«, sagte sie, wickelte sich in ihren blauen Morgenrock ein und band den Gürtel zu. Ich wusste nicht, was ich dazu sagen sollte. Vielleicht wollte sie, dass ich mich glücklich zeigte, weil sie heute so erfolgreich war. Mittlerweile war sie nicht mehr sehr gefragt, und manchmal verging eine ganze Nacht, ohne dass sie einen einzigen Freier gehabt hatte.

Sie zündete sich eine Zigarette an und beobachtete mich, wie ich mein Gesicht im Spiegel begutachtete. Dann atmete sie aus und ließ die Bombe platzen: »Wenn er wieder da ist, will er uns beide haben.«

Oh mein Gott! Ich erstarrte. In diesem Moment war mir klar, dass es kein am Bettrand-Sitzen und Zuschauen mehr geben würde. Ich würde mitmachen müssen, mit meiner Mutter! Natürlich hatte der Kunde keine Ahnung, dass wir verwandt waren, und ich ging auch nicht davon aus, dass es für ihn einen großen Unterschied gemacht hätte.

»Ich muss das nur eben schnell mit Colin klären«, sagte meine Mutter, holte ihr Handy aus dem Morgenrock und begann, eine SMS zu schreiben.

Ich saß auf dem Bett und schaute schweigend die Wand an. Ich konnte nicht glauben, was wir gleich tun würden. Das ging zu weit. So saß ich dort regungslos und starrte einfach nur die Wand an, während meine Mutter rauchte, auf und ab ging und auf die Antwort wartete. Ich wusste bereits, wie die Antwort lauten würde. Er würde einwilligen – natürlich würde er das tun. Colin ging es nur ums Geld. Das war mir jetzt klar.

Eine Stunde später lag ich auf dem Rücken und starrte ins Leere, während der Kerl vor mir kniete und ich ihm einen blasen musste. Meine Mutter machte derweil Oralsex bei mir. Es war unglaublich furchtbar. Einfach alles. Und während ich in diesem abscheulichen Raum lag, mich elend, verdorben und erniedrigt fühlte, beschloss ich endlich, mich von der Kirche abzusetzen.

Ich kann das nicht länger machen, ich schaffe es nicht mehr, sagte ich mir. *Es muss einen anderen Weg für mich geben. Es muss einen Weg geben, mein Leben selbstbestimmt und zusammen mit meiner kleinen Tochter zu leben, ohne dass ich immer wieder durch diese Hölle gehen muss.*

Ab diesem Moment wusste ich, dass ich fliehen werde. Colin würde mich nie einfach so ziehen lassen. Selbst wenn ich eines Tages das Ziel von 1854 erreichen sollte, gab es keine Garantie, dass ich mit der Arbeit würde aufhören dürfen. Für ihn war ich eine zu gute Einnahmequelle, und er hatte sich an leicht verdientes Geld gewöhnt. Mit ihrem Vorsprung von drei Jahren mir gegenüber hatte meine Mutter das Ziel bereits erreicht, und sie verbrachte dennoch jedes Wochenende im Bordell. Es würde immer eine neue Ebene geben, eine neue Herausforderung. Es gab keinen Ausweg. Doch diesmal dachte ich nicht einen Moment an Selbstmord. Nie würde ich meine Tochter allein zurücklassen.

Wenn sich Emilys kleines Gesicht in Vorahnung meines Abschieds am Freitag in Falten legte, reichte das bereits aus, damit ich angesichts dieser größten Ungerechtigkeit zu weinen anfing. Am liebsten hätte ich Colin umgebracht. Meine Wut stieg ins Unermessliche. Ich war mehr als seine kleine Hure, mehr als Camilla, die Prostituierte. Ich war eine Mutter! Warum musste er mir meine Tochter wegnehmen? Weshalb musste er mir so das Herz zerreißen? Er hatte mir diese Situation aufgezwungen. Er hatte darauf bestanden, dass ich dieses Kind austrug. Jetzt war die Belastungsgrenze überschritten – physisch, mental und seelisch. So konnte ich nicht mehr weitermachen. Ich konnte nicht noch mehr einstecken. Und ich konnte meine Tochter nicht solchem Schmerz aussetzen.

Ich musste einen Plan schmieden.

Kapitel 17

Das Ende

Als Erstes schaffte ich Geld beiseite. Nun ja, es war kein Diebstahl, denn es handelte sich um Geld, das ich selbst verdient hatte. Nach jedem Wochenende legte ich immer etwas für mich zur Seite, statt alles bei Colin abzuliefern. Das war sehr riskant. Wenn eine der anderen Frauen mitbekommen hätte, was ich da tat, hätte sie es ihm bestimmt erzählt, und dann wäre ich in arge Schwierigkeiten geraten. Sonst überreichte ich ihm meinen Haufen Geld in einem rosa Portemonnaie, das er mir für genau diesen Zweck besorgt hatte. Als heimliches Versteck diente mir nun eine Reißverschlusstasche in meinem Kosmetikkoffer, die hinter einer kleinen Klappe aus schwarzem Stoff verborgen war. Wenn man nicht wusste, dass es da einen Reißverschluss gab, kam man nicht auf den Gedanken, dort nachzuschauen.

Anfangs hielt ich regelmäßig nur einen kleinen Betrag zurück, 30 oder 40 Pfund, die ich in meinem Raum für einen Extrawunsch kassiert hatte, ohne es Colin mitzuteilen. Ich stellte ihn auf die Probe. Bekam er mit, dass ich ihm nicht alles ausgehändigt hatte? Wusste er, dass ich ihn betrog? Nach einigen Wochen ohne Beschwerde wurde ich kühner. Jetzt versteckte ich jedes Mal 200 Pfund, und er bemerkte es immer noch nicht. Nein, er hatte auf der Rückseite seines Kopfes keine Augen, er war nicht allgewaltig. So zweigte ich jede Woche Geld für mich ab, und langsam begann mein Kapital zu wachsen. Dies war mein Fluchtweg, der Schlüssel, um für immer von Colin loszukommen. Mir wurde klar, dass ich, wenn ich das Weite suchen und draußen überleben wollte, in der Lage sein musste, finanziell auf eigenen Füßen zu stehen.

Als Nächstes bezog ich Thomas mit ein. Er wohnte immer noch bei uns, und er wurde ebenfalls zunehmend unzufrieden mit den Regelungen, die Colin für uns getroffen hatte. Er wusste nichts über das Bordell und die »Arbeit«, die wir Frauen alle in Bristol verrichteten – das fiel natürlich unter das Kirchengeheimnis. Doch es gefiel ihm nicht, dass Colin ihn nach Tenby geschickt hatte. Den größten Teil der Woche musste Thomas früh aufstehen, um pünktlich zu seinem Job zu kommen, und er kehrte erst spät zurück, sodass er meinte, ihm bliebe kaum Zeit mit Emily. Schlimmer noch war, dass Thomas an jedem Wochenende sein schwer verdientes Geld bei Colin abliefern musste. Zum ersten Mal ärgerten ihn die Regeln der Kirche.

»Weshalb kann ich mein Geld nicht behalten?«, tobte er eines Nachts. »Ich will mein Kind selbst versorgen. Ich möchte ihm schöne Kleidung kaufen. Ich arbeite wie ein Blöder, aber was bringt das, wenn ich meine Tochter am Ende nicht mal zu irgendetwas Schönem einladen kann?«

»Wenn wir von hier abhauen, können wir endlich als Familie zusammenwohnen«, sagte ich ihm. »Dann sind wir unabhängig von der Kirche und ihren Regeln. Es wird Zeit, dass wir unser eigenes Leben führen.«

»Genau das will ich«, flüsterte er ernsthaft. Er hatte Angst, Colin könnte ihn durch die Mauern hören. So viele Jahre in dieser abgefahrenen Gemeinschaft hatten ihn gelehrt, niemandem zu trauen und immer darauf zu achten, was hinter dem eigenen Rücken geschah. Jetzt allerdings hatte Thomas die Nase voll.

»Aber wie sollen wir das anstellen?«, fragte er.

Der arme Thomas hatte sogar noch weniger Vertrauen in seine Fähigkeiten, sein Leben anzupacken, als ich. Eine ganze Weile hatte ich darüber nachgedacht, wie wir verschwinden könnten, und dann kam ich zu dem Schluss, dass wir Hilfe von außen brauchten. Ich hatte mir das lange durch den Kopf gehen lassen, und jetzt endlich war der Zeitpunkt gekommen, meinen Plan in die Tat umzusetzen.

»Erinnerst du dich an Alan? Den alten Freund meiner Mutter?«

»Ich glaube, ja – netter Kerl. Mit Glatze. Dicker Bauch?«

»Genau, das ist er. Also, mit diesem Mann bin ich immer prima klargekommen. Für mich war er eher mein Vater als irgendjemand sonst, aber dann wurde er von der Kirche und Colin rausgeekelt. Ich glaube, er wäre bei uns geblieben, doch meine Mutter wollte ihn nicht mehr in ihrer Nähe haben. Egal, ich weiß, dass er mir helfen würde, wenn ich ihn davon überzeuge, dass ich ihn brauche. Kannst du in ein Computer-Café gehen und ihn dort übers Internet suchen? Das macht man über Facebook oder so, stimmt's? Wenn du Alan ausfindig machst, kannst du ihn bitten, uns zu unterstützen? Er hat einen Führerschein. Wenn er zustimmt, können wir hier gefahrlos rauskommen.«

So begann Thomas Anfang Januar 2009 seine Onlinerecherche, und es dauerte nicht lange, bis er das Ergebnis präsentieren konnte.

»Ich habe Alan entdeckt!«, flüsterte er eines Nachts, als wir alleine im Schlafzimmer waren. »Er wohnt in Carmarthen, nur ungefähr eine halbe Stunde von hier entfernt. Er meint, wir seien mehr als willkommen, bei ihm und seiner Frau zu bleiben, solange es nötig sei. Er möchte dich sehen, Annabelle. Und er sagt, er habe immer gewusst, dass dieser Tag einmal kommen würde.«

Überrascht lehnte ich mich im Bett zurück. Ich konnte nicht glauben, dass der Plan so reibungslos funktionieren würde. So leicht.

»Wann kann Alan kommen und uns abholen?«, fragte ich Thomas.

»Wann immer du willst – du brauchst ihm nur den Termin mitzuteilen.«

Ich wunderte mich immer noch darüber, dass alles so einfach war. Trotz meiner Erschöpfung lag ich in dieser Nacht noch stundenlang wach und dachte über die Nachricht von Thomas nach. Alan hatte die ganze Zeit nur eine halbe Stunde von uns entfernt gewohnt und war nie gekommen, um mich zu besuchen? Natürlich freute ich mich darüber, dass er auf meinen Hilferuf reagiert hatte. Aber ich fühlte mich dennoch verletzt und von dem Mann im Stich gelassen, den ich einmal als meinen Vater betrachtet hatte, obwohl er einen anderen Nachnamen trug.

Wo waren all die Menschen, die uns nahegestanden hatten, bevor Colin und die Kirche mich und meine Familie vereinnahmt hatten? Wo war Alan geblieben, wo waren meine Großeltern, meine Tanten? Wir waren nach Wales gezogen, und innerhalb kürzester Zeit war jeder, den ich gekannt hatte, aus meinem Leben verschwunden. Meine Großeltern besuchten uns nur ein einziges Mal und meine Tanten überhaupt nicht. Sie hatten noch nicht mal meinen Bruder Moses zu Gesicht bekommen. Ich fragte mich, warum sie sich so hatten zurückziehen können. Ich wusste, dass meine Mutter den Leuten keine Chance gelassen hatte. Dennoch, es hatte keine Anrufe gegeben, keine Geburtstagskarten, nichts. Jetzt wähnte ich mich so weit von meinem früheren Leben entfernt wie eben möglich. Was erwartete mich in der Außenwelt?

Mit diesen Fragen schlug ich mich Stunde um Stunde herum, und ich machte mir Sorgen. Sobald ich die Augen zumachte, schoss mir ein neues Problem durch den Kopf, und obwohl mein ganzer Körper vor Müdigkeit schmerzte, schwirrten in meinem Geist die Gedanken herum. Schließlich, zermürbt von der Müdigkeit und gerade als die ersten Sonnenstrahlen durch die Gardinen schlüpften, gelang es mir, für kurze Zeit einzuschlummern.

An den folgenden Tagen diskutierten Thomas und ich über das weitere Vorgehen. Wir waren uns einig, dass wir uns ganz früh morgens abholen lassen sollten, wenn noch niemand unterwegs war, vorzugsweise an einem Freitagmorgen. Während der vergangenen zwei Monate hatte meine Mutter häufig bereits am Donnerstagabend mit der Arbeit angefangen. Aber wir konnten Moses und Olivia nicht alleine in der Wohnung zurücklassen. Daher planten wir, dass ich zuerst mit Emily fliehen sollte. Thomas würde in der Wohnung bleiben, um auf die beiden aufzupassen, und dann würde er Colin erzählen, ich sei mitten in der Nacht abgehauen, wobei er behaupten musste, absolut nichts von meinem Plan gewusst zu haben. Ein paar Tage später würde er direkt von der Arbeit zu uns kommen.

»Was glaubst du, wie Colin reagieren wird?«, fragte ich Thomas nervös. Ich befürchtete, dass Thomas den Plan nicht würde durchziehen können. Würde er dem Leiter unserer Kirche gegenüber überzeugend genug lügen können, jenem Mann, den er sein ganzes Leben lang bewundert und respektiert hatte? Und was, wenn Colin ihm nicht glaubte?

»Wer weiß?«, sagte Thomas. »Ich schätze, es wird ihm nicht gefallen, aber wie ich ihn kenne, wird er behaupten, er hätte es sowieso kommen sehen.«

»Mein Pfad«, meinte ich schmunzelnd.

»Eher dein Pfad in die Freiheit«, konterte Thomas.

Wir lachten und unterhielten uns begeistert, obwohl ich mich innerlich nicht ganz so tapfer fühlte. Wir vereinbarten einen Termin – es sollte der 13. März um 2.30 Uhr sein. Alan sollte am Eingang der Sackgasse parken, damit niemand durch das Motorgeräusch seines Autos geweckt würde. Als der Tag näher rückte, zählte ich ein ums andere Mal mein Geld: 1600 Pfund. War das genug? Wie weit würde ich mit 1600 Pfund kommen? Wie lange würde es reichen? Ich machte mir Gedanken wegen Thomas – ein Teil von mir traute ihm immer noch nicht. Ich wusste, dass er die Flucht organisierte, aber was geschah, wenn er die Nerven verlieren würde? Was, wenn er einknicken und Colin verraten sollte, wo ich mich aufhielt? Colin war unheimlich geschickt darin, zu argumentieren. Thomas musste sehr standfest sein, um sich ihm gegenüber zu behaupten.

In erster Linie aber fürchtete ich mich davor, die Kirche, Colin, meine Mutter und die Sicherheit all dessen aufzugeben, was ich in meinem Leben bis zu diesem Zeitpunkt kennengelernt hatte. Colin hatte mich unentwegt davor gewarnt, ihnen den Rücken zu kehren; er behauptete, ohne die Götter an meiner Seite sei ich schutzlos. Mir würden schlimme Dinge zustoßen. Deutlich erinnerte ich mich seiner Worte, seine furchtbaren Warnungen lähmten mich: Ich würde meine Tochter dem Pfad der Bedrohung aussetzen. Was, wenn ich uns nicht ernähren konnte? Was, wenn Alan uns am 13. März im Stich lassen oder später vor die Tür setzen sollte – an wen würden wir uns wenden können?

Außer Colin und meiner Mutter hatte ich wirklich niemanden. Endgültig am Boden zerstört war ich bei dem Gedanken, meine Schwester und Moses zu verlassen. Das war zu grausam. Moses betrachtete mich als seine Mutter. Wer würde ihn so lieben und versorgen, wie ich es tat? Welche Aussichten hatte er ohne mich?

Einen Tag vor der vereinbarten Flucht warf ich das Handtuch.

»Ich stehe das nicht durch«, gestand ich Thomas in dieser Nacht unter Tränen. »Ich bin nicht stark genug. Sag Alan bitte, dass unser Plan geplatzt ist.«

»Bist du sicher?« Thomas schwankte. Die Idee war von mir gekommen, ich war diejenige gewesen, die ihn ermutigt hatte, und jetzt gab ich auf.

»Ja«, schniefte ich. »Ich habe einfach das Gefühl, dass unser Vorhaben nicht richtig ist. Ich weiß nicht, weshalb, ich weiß es wirklich nicht. Bitte ruf Alan an und sag ihm, dass nichts daraus wird. Vorerst.«

»Wirklich?«

»Ja, wirklich. Ich schaffe es nicht!«, erwiderte ich scharf. Mein Wunsch, die Flucht zu ergreifen, war so groß, dass es schon schmerzte. Doch in diesem Moment war ich nicht in der Lage dazu.

Während der nächsten Wochen war ich deprimierter als je zuvor. Der Freiheit so nahe gekommen zu sein und dann im letzten Moment die Nerven zu verlieren – das war niederschmetternd. Wieder hatte ich meine Tochter im Stich gelassen. Emily nun wieder zurücklassen zu müssen, das war herzzerreißend. *Das hätte nicht passieren dürfen*, beschimpfte ich mich am Freitag selbst, während ich sie anschaute. Ihr kleines Gesicht legte sich einmal mehr in Falten. Eigentlich wären wir beide jetzt schon weg.

Später, während ich im Bordell meiner Arbeit nachging, wiederholte ich in meinem Kopf unentwegt denselben Vorwurf gegen mich selbst: *Dies hätte nicht passieren dürfen. Es*

hätte nicht passieren dürfen ... hätte nicht passieren dürfen.
Das war alles, woran ich denken konnte.

Ich schämte mich zutiefst, in letzter Minute mein Selbstvertrauen verloren zu haben, doch zugleich wusste ich auch,
dass die Sache noch nicht ausgestanden war. Eines Tages
würde ich flüchten, versicherte ich mir. Eines Tages würde
ich bereit sein. Schließlich besaß ich noch das Geld. Tatsächlich trug ich nun sogar mehr zusammen als je zuvor. Ich vermutete, 1600 Pfund seien einfach zu wenig, um zu überleben, daher brachte ich jetzt jedes Wochenende 300 Pfund
oder mehr auf die Seite, und Colin merkte es immer noch
nicht.

Das größte Problem aber blieb, meine Familie zu verlassen. Ja, ich war vollauf damit beschäftigt gewesen, die Flucht
zu organisieren, doch wie bereit war ich, mich umzudrehen
und meine Schwester Olivia und meinen Halbbruder Moses
im Stich zu lassen? Er war praktisch mein Sohn – ich hatte
ihn aufgezogen. Jetzt musste ich ihn verlassen, möglicherweise für immer. Schon der Gedanke machte mich fertig.
Hätte es irgendeinen Weg gegeben, ihn mitzunehmen, hätte
ich es versucht.

Doch sosehr ich auch grübelte, ich wusste, dass ich ihn
zurücklassen musste. Er war nicht mein Kind. Würde ich ihn
mitnehmen, dann wäre es Kidnapping. Colin würde die Polizei rufen, und ich hätte meine Tochter einer zusätzlichen Gefahr ausgesetzt.

Nein, ich konnte ihn nicht mitnehmen. So legte ich in den
nächsten Wochen weiter Geld zurück und sagte meinen Geschwistern lautlos auf Wiedersehen. Ich drückte Moses fester
an mich als zuvor, ich spielte länger mit ihm, ich küsste ihn
häufiger. Ich versuchte ihm all das zu geben, was er vermis-
sen würde, wenn ich nicht mehr da war.

Zwei Monate nachdem ich aus unserem ersten Fluchtplan ausgestiegen war, sagte ich Thomas, ich sei bereit zu gehen. Und diesmal war ich mir meiner Sache sicher.

»Pst, meine Süße!«, redete ich beruhigend auf die schläfrige Emily ein, hob sie hoch und wickelte sie in eine mollige, weiche Wolldecke ein. Es war halb drei Uhr morgens am 22. Mai, und ich hatte die ganze Nacht kein Auge zugemacht. Abends hatte ich mich neben Thomas ins Bett gelegt, vollständig bekleidet mit meiner Jeans, vier Unterhosen und fünf T-Shirts. Da ich nur meinen Kosmetikkoffer mitnehmen konnte, gab es kaum Platz für Kleidung, und so hatte ich so viel wie möglich angezogen.

Der Koffer war bereits seit dem frühen gestrigen Abend gepackt und bereit. Darin befanden sich Emilys Kleidung, ein paar Windeln, ihr roter Gesundheitspass und mein Ausweis. Außerdem steckten hinten noch 3000 Pfund in der kleinen Reißverschlusstasche. Thomas döste, als ich ihm sagte, ich würde jetzt gehen. Er öffnete verschlafen die Augen, gähnte und streckte beide Arme aus. Wie kann er nur so ruhig sein?, dachte ich. Ich war nur noch ein Nervenbündel. Ich zitterte.

»Es wird schon alles gut«, flüsterte er. »Mach dir keine Sorgen, bald sind wir alle zusammen.«

Ich lächelte schwach. Ich hatte Angst, wir könnten jeden Moment entdeckt werden; dann wäre ich vor Schreck wie gelähmt, und unser Plan wäre zum Teufel. Ich sagte auf Wiedersehen – kein Kuss, keine Umarmung. Das gehörte nicht zu unseren Umgangsformen, die wir miteinander pflegten. Wir nickten uns nur feierlich zu, dann schloss ich die Schlafzimmertür hinter mir. Ich zog meinen Koffer hinter mir her und achtete darauf, nicht auf die knarrenden Holzdielen zu treten. Ich wollte Olivia oder Moses nicht wecken. Am Treppenabsatz hielt ich kurz an und schaute zu ihren geschlossenen Türen hinüber; hinter jeder lag ein schlafendes Geschwisterchen, das ich zurückließ. In meinem Herzen sandte ich ihnen eine stumme Botschaft: *Ich liebe euch, und ich werde mich bemühen, etwas für euch zu tun. Bis dann, seid stark, seid clever und überlebt.*

Ich hauchte einen letzten Kuss in die Richtung jedes Kindes, dann schlich ich auf Zehenspitzen in das dunkle Wohnzimmer. Emily hatte sich in ihrem Tuch zusammengerollt und schlief an meiner Schulter. Ich zog den Briefumschlag heraus, den ich vorbereitet hatte. Darin befand sich die Halskette, die Colin mir zusammen mit dem Skarabäus gegeben hatte. Auf die Vorderseite hatte ich einfach nur »Colin« geschrieben. Das Ganze legte ich in der Küche auf die Arbeitsplatte. Ich schaute mich noch ein letztes Mal in der stillen und ruhigen Wohnung um, jenem Ort, an dem ich aufgewachsen war und so viele fürchterliche Jahre verbracht hatte, und dann öffnete ich vorsichtig die Haustür.

Draußen auf der Straße war kein Laut zu hören, der Nebel schimmerte orange im Licht der Straßenlaternen. Ich wusste, dass dies der gefährlichste Abschnitt war, das Stück von unserer Haustür vorbei an Colins Haus. Ich spürte, wie ich vor Angst zitterte, als ich einen Fuß vor den anderen setzte, und das Herz sprang mir fast aus der Brust. Ich hatte gerade das Ende des kurzen Wegs zur Straße erreicht, als sich ein Rad meines Kosmetikkoffers an der Bordsteinkante verkeilte und er mit fürchterlichem Getöse auf die Straße knallte. Das Geräusch hallte in der Stille der Nacht wie ein Schuss wider. Ich erstarrte, und mein Blick wanderte ängstlich zu Colins Schlafzimmerfenster hoch.

Wegen des warmen Wetters stand das Fenster einen Spaltbreit offen, und ich betete, dass die Gardinen geschlossen und das Zimmer dunkel bleiben würden: *Bitte, schlaf weiter; bitte, schlaf weiter; bitte, schlaf weiter.* Panik hatte mich ergriffen, doch ich blieb unbeweglich stehen, wie eine Statue. Ich hielt den Atem an, und ich hatte das Gefühl, als verginge eine Ewigkeit. In Wirklichkeit waren es wohl nur Sekunden, doch dann, als ich merkte, dass sich oben nichts regte, atmete ich aus und begann weiterzugehen. Jetzt schlich ich so leise wie möglich an jedem der Häuser in der Straße vorbei. Jeder meiner Sinne war geschärft, ich war jederzeit bereit, auf Geräusche oder Bewegungen in meiner Nähe zu reagieren.

Sobald ich um die Kurve am Ende unserer Straße bog, entdeckte ich Alan in seinem Auto. Er sah noch genauso aus wie vor all den Jahren, und auf seinem Gesicht erschien ein breites Lachen, als er mich bemerkte. Ich wollte ihm auch meine Freude zeigen. Ich war ungeheuer erleichtert, dass er wirklich dort auf uns wartete. Insgeheim hatte ich leise Zweifel gehabt, ob er wohl kommen würde. Doch ich konnte in diesem Moment um alles in der Welt nicht lachen. Mein Herz blutete. Ich konnte den Gedanken nicht ertragen, Moses verlassen zu haben und nicht zu wissen, ob ich ihn jemals wiedersehen würde. Ich ging jetzt schnell zum Wagen, und Alan stieg aus, um mich zu begrüßen.

»Hallo, Schnuckelchen«, flüsterte er und stellte den Kosmetikkoffer auf den Rücksitz. Daneben befand sich ein Kindersitz für Emily. Behutsam nahm er mir Emily ab und passte dabei auf, dass sie nicht wach wurde, dann schnallte er sie geschickt fest. Ich sprang auf den Beifahrersitz und begann fast sofort zu schluchzen.

»Bitte, fahr los«, sagte ich. Ich zitterte und weinte hemmungslos.

»Klaro, klaro – wir sind ja schon auf dem Weg«, versicherte Alan mir, während er den Motor anließ und rückwärts herausglitt. Dann schoss der Wagen davon, und wir fegten durch die leeren Straßen, raus aus Kidwelly.

Zehn Minuten lang konnte ich nicht sprechen.

»Alles in Ordnung mit dir, Kleine?« Als wir an einer Ampel hielten, legte Alan mir einen Arm auf die Schulter, und wir sahen uns zum ersten Mal seit Jahren richtig an. Seine sanften, freundlichen Augen waren mir so vertraut. Sie wirkten so beruhigend in diesem Moment.

»Ja«, seufzte ich und tupfte mit einem Taschentuch meine Augen ab. »Ja, entschuldige bitte, Alan.«

»He, du brauchst dich für nichts zu entschuldigen. Ich bin einfach froh, dass du es geschafft hast.«

»Schön, dich zu sehen.« Endlich gelang es mir, durch die Tränen hindurch zu lächeln.

»Ebenfalls schön, dich zu sehen.« Und damit rauschten wir davon, Richtung Norden, weiter und weiter weg von Colin, meiner Mutter, der Kirche, meiner Familie und meinem Zuhause.

Während wir viele Meilen zurücklegten, schaute ich immer wieder nach hinten zu meiner fest schlafenden Tochter. All dies war für sie geschehen. Sie einfach nur anzusehen verlieh mir Kraft und Hoffnung. Ich tröstete mich mit dem Gedanken, dass diese Reise für sie der erste Schritt in ein gutes Leben war.

Eine halbe Stunde später bogen wir in eine kleine Straße ein und hielten neben einem großen Haus.

»Ich lebe hier mit meiner Partnerin Leah und unserem Sohn«, sagte Alan leise. Er öffnete die Haustür und hob den Kindersitz hinein.

»Sie weiß über deine Situation Bescheid. Sie sagt, du seist mehr als willkommen und könntest so lange bleiben, bis du auf eigenen Füßen stehen kannst. Ich habe ihr ein bisschen über die Kirche erzählt, sie versteht also, worum es geht.«

Alan wusste, dass Colin Leiter der Kirche war, aber er hatte nur von Versammlungen und Meditation gehört. Er wusste nichts über die »Arbeit«, die wir alle im Namen der Kirche verrichtet hatten. Mir fiel ein, dass ich im Juni vor einem Jahr als Prostituierte begonnen hatte, und jetzt, keine zwölf Monate später, stand ich kurz davor, die Vorgabe der Kirche zu erfüllen. Laut meiner Strichliste auf meinem Handy hatte ich mit mehr als 1800 Männern geschlafen. Ich schüttelte den Kopf. Darüber mochte ich jetzt gar nicht nachdenken. Ich sagte lediglich zu Alan: »Das ist sehr nett von ihr.«

Ich war wie ausgelaugt. Ich hatte so viel Zeit und Energie dafür aufgewendet, diesen Moment zu planen, und ich hatte in der letzten Woche so wenig geschlafen, dass ich meine Augen kaum noch offenhalten konnte. Der Flur war dunkel und still – alle waren im Bett. Es war beängstigend, in einer fremden Wohnung in einer völlig unbekannten Stadt zu sein, aber selbst die Furcht hielt mich nicht wach. Ich konnte die Müdigkeit nicht mehr unterdrücken. Ich hatte endgültig genug – mein Kopf musste abschalten. Alan führte mich zu einem Sofa, auf dem ich mich neben Emily unter einem dicken geblümten Federbett einkuschelte und auf der Stelle einschlief.

Kapitel 18

Leben in der Außenwelt

Blinzelnd öffnete ich die Augen und wurde vom Kichern meiner Tochter begrüßt. Sie lag neben mir und spielte mit meinem Gesicht, drückte an meiner Nase und den Wangen herum und lachte. Ich öffnete ein Auge ganz, und sie begann wieder zu kichern. Dann tat ich so, als sei ich wieder eingeschlafen, und als Emily an meinem Kinn herumfummelte, öffnete ich beide Augen ganz weit und starrte sie an. Überrascht lachte sie los. Ich schloss die Augen erneut, und diesmal legte sie ihre beiden kleinen Patschhände auf meine Wangen und hielt meinen Kopf fest.

Es war eine so einfache, wunderschöne Geste, dass ich am liebsten geweint hätte. Stattdessen ließ ich meine Augen geschlossen. Genau in dem Moment, als sie sich zu fragen schien, ob ich wieder eingeschlafen sei, öffnete ich die Augen und flüsterte: »Buh!«

Sie quietschte und ließ erneut zufriedene Gluckser hören. Genau darum war es mir gegangen. Das war der Grund, weshalb ich auf einem Sofa in einem fremden Haus aufwachte, in einer Stadt, die ich nicht kannte. In diesem Augenblick dachte ich an das Haus, das ich verlassen hatte – was mochte dort gerade geschehen? Wie mochte Colin die Nachricht von meinem Verschwinden aufnehmen?

Ich rieb mir die Augen, richtete mich auf und schaute mich im Zimmer um – die Möblierung war einfach, aber elegant. Emily und ich lagen auf einem großen grauen Kordsofa, das auf einem blanken Holzfußboden gegen eine weiße Wand geschoben war. An der gegenüberliegenden Seite des Zimmers stand ein Fernsehapparat, an der Wand hinter uns hingen jede Menge Familienbilder.

Ich betrachtete die Bilder und suchte begierig nach Hinweisen, wie Alan sein Leben nach uns gestaltet hatte. Da gab es das Foto von einem Jungen, ungefähr drei Jahre alt, der auf einem Spielplatz in einem Karussell grinsend eine Runde drehte. Ein anderes zeigte Alan mit einer großen blonden Frau, beide adrett wie für eine Hochzeit gekleidet. Sie trug ein taubenblaues Seidenkleid mit Herz-Ausschnitt und einen Feder-Kopfschmuck, er war in eine Khakihose und ein modisches blaues Hemd gekleidet. Beide wirkten ausgesprochen glücklich. Für einen Moment war ich schrecklich neidisch.

»Morgen!« Alan lugte zur Wohnzimmertür hinein. »Tasse Tee?«

Ich wusste nicht, ob ich ihn richtig verstanden hatte. Wollte er, dass ich ihm eine Tasse Tee kochte? Dann bemerkte ich, dass er im Türrahmen wartete, mit einer Hand auf der Türklinke, und seine Augenbrauen hoben sich, als erwarte er eine Antwort. Plötzlich fiel der Groschen. Oh, er bot mir an, *mir* eine Tasse Tee zu bringen! Ich konnte es nicht glauben. Bislang hatte mir noch nie jemand angeboten, etwas für mich zu machen.

»Oh, ehem, ja, gerne«, stammelte ich. »Das wäre toll. Mit einem Stück Zucker bitte.«

Alan nickte in Richtung Emily, die jetzt neben mir auf dem Sofa auf und ab hopste. Sie war gerade fünfzehn Monate alt, und das Ganze war wie ein riesiges Abenteuer für sie.

»Sie ist dir wie aus dem Gesicht geschnitten«, sagte er bewundernd. »Sie ist umwerfend.«

»Oh, danke!« Ich wurde verlegen. Kaum jemand hatte

Emily und mich je zusammen gesehen, zumindest außerhalb der Kirche, daher war es ungewohnt für mich, dieses Kompliment zu hören. Ich nahm sie bei der Hand und ließ sie auf den Fußboden, während Alan in der Küche beschäftigt war. Nachdem ich ihre Windel gewechselt und ihr die Kleidung für den Tag angezogen hatte, nahm ich sie durch den Flur mit zur Toilette. Ich wollte sie keine Sekunde aus den Augen lassen.

Nachdem ich auf dem Klo gewesen war, mir die Zähne geputzt und mein Gesicht gewaschen hatte, ging ich in die Küche. Es war ein herrlicher sonniger Raum mit gelben Wänden, Schränken aus Kiefernholz und einem langen Refektoriumstisch mit Sitzbänken. Ich setzte mich an das eine Ende, während Alan das Frühstück vorbereitete.

»Leah musste früh zur Arbeit und hat Michael zur Schule gebracht«, sagte er. »Zum Abendessen wird sie bei uns sein. Wie geht es dir?«

»Ach, ganz gut«, murmelte ich. Plötzlich fühlte ich mich in Alans Gegenwart scheußlich und unsicher. Er hatte aus seinem Leben etwas gemacht – ich kam mir wie ein Eindringling vor.

»Entspann dich bitte, Annabelle«, versuchte er mich zu beruhigen. »Niemand weiß, dass du hier bist. Niemand wird dich hier suchen. Jetzt frühstücke erst mal, und danach können wir ein bisschen reden.«

Er stellte einen Becher mit dampfendem Tee und einen Teller mit Butterbroten auf den Tisch – danach reichte er mir einen anderen Teller mit Rührei, Schinkenspeck und gebratenen Tomaten.

»Ich wusste nicht, was du essen möchtest, deshalb habe ich einfach alles Mögliche gemacht.« Er lachte schief. Dann deutete er mit dem Kopf auf Emily. »Ich nehme an, du kannst ihr etwas von dir abgeben, oder?«

Ich nickte begeistert und blickte auf das leckere Essen vor mir. Meine Nase sog den herrlichen, berauschenden Duft des gebratenen Schinkenspecks auf. Unversehens packte mich der Heißhunger. Ich platzierte Emily neben mich auf die Bank und fütterte sie mit Ei und kleinen Brotstückchen, während ich mein Frühstück verputzte.

Es war wunderbar – der Geschmack von Freiheit!

Danach füllte ich glücklich und zufrieden Emilys Fläschchen mit Milch, und während sie trank, begann ich Alan ein bisschen zu erzählen, was sich so getan hatte, nachdem er fortgegangen war. Irgendwie verstrichen die Stunden wie im Flug, und ehe wir's uns versahen, war es später Nachmittag, und ich redete immer noch. Ich weihte ihn in unsere Regeln ein – aber einige wesentliche Details sparte ich aus, zum Beispiel die Sexangelegenheiten.

Mehrere Male musste ich das Zimmer verlassen, um auf die Toilette zu gehen. Jedes Mal, wenn ich aufstand, richtete sich auch Emily mit panischem Gesichtsausdruck auf und streckte die Arme nach mir aus: »Mama, Mama, Mama!«

Sie bettelte verzweifelt darum, nicht zurückgelassen zu werden. Sie war traumatisiert durch all die Male, die ich sie alleine gelassen hatte, und jetzt musste ich versuchen, es wiedergutzumachen.

Später holte Alan seinen fünf Jahre alten Sohn Michael von der Schule ab, und wir spielten mit ihm. Gegen Abend kam auch seine Partnerin Leah nach Hause – sie arbeitete als Bürokauffrau und war sehr freundlich.

»Ich möchte mich herzlich dafür bedanken, dass Sie uns aufgenommen haben«, stotterte ich, als wir uns am Abend alle über Alans selbstgemachte Pizza hermachten.

»Du bist uns herzlich willkommen, Annabelle«, erwiderte sie. »Ihr alle. Alan hat mir schon das eine oder andere über die Kirche erzählt und auch, wie nahe ihr beiden euch gestanden habt. Ich weiß, dass die vergangenen Monate für dich ziemlich hart gewesen sein müssen. Aber da du jetzt hier bist, bin ich sicher, dass alles sehr viel besser werden wird.«

Das hoffte ich auch, und als ich nachts auf dem Sofa eindöste, meinen Körper wieder beschützend um Emily ausgebreitet, begann ein Teil der Unruhe und Furcht der letzten paar Wochen von mir abzufallen. *Es wird alles gut*, sagte ich mir, während ich langsam in Morpheus' Arme glitt. *Es wird schon alles gut werden.*

Thomas tauchte zwei Tage später auf. Wie er berichtete, hatte Colin mein Verschwinden in seiner üblichen blasierten Art aufgenommen.

»Wenn sie glaubt, sie könne alleine zurechtkommen, dann soll sie doch gehen und es versuchen«, hatte er gesagt, als Thomas ihm die Nachricht überbrachte, ich sei bei Nacht und Nebel abgehauen.

Hope und Elaine waren ein bisschen aufgebracht. Laut Thomas hatte Hope geheult und mich eine »egoistische Kuh« genannt, weil ich mich abgesetzt hatte. Mir war klar, weshalb sie dachte, ich habe sie sitzen lassen. Obwohl ich es nicht passend fand, dass sie mich beschimpfte, genoss ich es nun auch ein wenig, dass sie sich über mein Verschwinden ärgerte. Meine Mutter hatte sich offenbar nicht dazu geäußert.

Ich war Thomas so dankbar für alles, dass ich die Farce, wir seien ein Paar, aufrechthielt. Er war unser Retter. Er hatte alles arrangiert, und ich wusste, dass es jetzt an mir war, meinen Teil des Abkommens zu erfüllen, damit wir als Familie zusammenbleiben konnten. Obwohl es mich schmerzte, erlaubte ich ihm, so viel Zeit mit Emily zu verbringen, wie er wollte. Was ich ihm jedoch verweigerte, war Sex – den hatte ich hinter mir. Ehrlich, ich wollte nie wieder Sex haben.

Natürlich war das Leben in der Außenwelt nicht so, wie ich es mir vorgestellt hatte. Vor allem hatte ich Angst, alleine auf die Straße zu gehen. Wir waren immer noch nur eine halbe Stunde von Kidwelly entfernt. Daher hatte ich jedes Mal einen Riesenbammel, ich könnte Colin in die Arme laufen, sobald ich einen Fuß vor die Tür setzte. Außerdem hatte ich immer noch Colins Stimme im Ohr. Nach zwölf Jahren unter seiner Kontrolle war das nicht so leicht abzuschütteln.

Ich glaubte, dass mich die Götter jetzt, nachdem ich ihnen den Rücken zugekehrt hatte, nicht mehr schützten. Ich dachte, ich könnte jeden Augenblick von einem Bus überfahren werden, wenn ich das Haus verließ, und dieser Gedanke erschreckte mich. Ich rannte nicht einmal mehr die Treppe hinab, denn ich hätte ja fallen können. Und als Emily sich erkältete, befürchtete ich, Colin und die Götter hätten einen Fluch über sie gesandt.

Wir trafen eine Vereinbarung mit Alan und seiner Familie: Für 50 Pfund in der Woche mieteten wir das Wohnzimmer, das wir in ein Schlafzimmer verwandelten, während wir darauf warteten, eine Sozialwohnung zu bekommen. Thomas arbeitete nach wie vor an den meisten Tagen, und ich blieb mit Alan im Haus, der zurzeit arbeitslos war. Eines Nachmittags öffnete er eine Flasche Jack Daniels und bot mir ein Glas an. Ich hatte vorher noch nie Alkohol getrunken, doch nachdem ich Colins Klauen entronnen war, konnte ich jetzt tun, was immer ich wollte. Ich konnte mir einen Drink genehmigen, wenn mir danach war. Es stand mir frei.

Zögernd nahm ich einen kleinen Schluck. Wow! Die feurige Flüssigkeit wanderte brennend durch die Kehle bis in den Magen hinab, und meine Wangen standen aufgrund der inneren Hitze sofort in Flammen. Ich erlaubte mir noch mehrere Schlückchen, und nun öffnete ich mich in einer Weise, wie ich es zuvor noch bei niemandem getan hatte.

»Ihr habt eine sehr enge Beziehung, du und Emily«, stellte Alan fest. Emily lag neben mir auf dem Sofa und hielt ihr Mittagsschläfchen, ich streichelte ihr lockiges dunkles Haar.

»Nicht in dem Maße, wie ich es mir gewünscht hätte«, sagte ich reumütig. »In den letzten Monaten durfte ich mich nicht richtig um sie kümmern.«

»Wirklich? Weshalb denn nicht?«

»Colin hat mich losgeschickt, um für die Kirche zu arbeiten. Na ja, er sagte, es sei für die Kirche gewesen. Ich glaube, dass es in Wirklichkeit nur für ihn selbst war. Ich habe mitbekommen, dass er jede Menge Zeug von dem Geld gekauft hat, das ich für ihn verdient habe. Autos, neue Möbel, Fernseher, Klamotten, Urlaub. Massenhaft tolle Sachen.«

»Was? Wie hast du denn so viel Geld verdient, dass er sich davon Autos und Urlaub leisten konnte?«

»Ich war Prostituierte«, erzählte ich Alan frei heraus. »Ich arbeitete drei Tage pro Woche und verdiente zwei oder drei Riesen. Ich habe den Job gehasst. Ich wollte bei Emily sein, aber Colin sorgte dafür, dass sich andere Kirchenmitglieder um sie kümmerten, und die machten es nie richtig. Emily hatte immer einen wunden Hintern, weil sie die ganze Zeit in einer vollen Windel sitzen musste. Ich habe nicht mitbekommen, wie sie ihr erstes Wort gesprochen hat oder zum ersten Mal gelaufen ist. Am Ende hatte ich sogar das Gefühl, als sei sie gar nicht mehr meine Tochter. Alle anderen schienen sie besser zu kennen als ich. Sie erzählten mir, was meine Tochter schon sagen konnte. Es war der Horror.«

Schweigen.

Alan hatte die Augen weit aufgerissen, und auch sein Mund stand vor Staunen offen.

»Was? Was zum … ich meine: Wirklich? Du warst eine Prostituierte? Colin hat dich als Prostituierte arbeiten lassen?«

Ich nickte und nahm einen kräftigen Schluck von dem Whisky. »Es waren meine Mutter, ich und noch ein paar andere. Der Job war Teil unseres Pfades. Jede von uns musste mit einer bestimmten Anzahl Männern schlafen, um unseren Pfad zu verfolgen und die sogenannte Verrufene Frau zu werden. Colin sagte, sobald wir mit einer bestimmten Anzahl von Männern Sex gehabt hätten, könnten wir mit der Arbeit aufhören. Aber meine Mutter hatte diese Zahl bereits erreicht, und sie machte trotzdem weiter, und ich war fast so weit und wusste genau, dass er mich nicht in Ruhe lassen würde, auch wenn ich die Zahl überschritten hätte.«

Es entstand eine Pause. Ich blickte zu Alan hinüber, der seinen Kopf in den Händen vergraben hatte. In seinen Augen standen Tränen, und er wirkte völlig verstört. Schließlich fragte er mit krächzender Stimme: »Bis zu welcher Zahl bist du gekommen?«

»Es waren 1800«, sagte ich und schaute ihm direkt in die Augen. In diesem Moment entrang sich ihm ein Schluchzer, und er schloss die Augen. Dann begann er zu zittern, und mir wurde klar, dass das, was ich ihm erzählt hatte, entsetzlich war, scheußlich.

»Entschuldige bitte«, sagte ich, »ich wollte dich nicht aufregen.«

Alan stand auf und kam zu mir zum Sofa. Er ging in die Knie und umarmte mich stürmisch, immer noch weinend.

»Nein, *ich* muss mich entschuldigen, Annabelle«, flüsterte er. »Es tut mir furchtbar leid. Ich habe dich im Stich gelassen. Ich habe zugelassen, dass dieses Monster sich deiner bemächtigte, und jetzt sehe ich, was Colin getan hat! Bitte verzeih mir.«

Nun begann ich auch zu weinen, und wir verharrten lange, ich von seinen mächtigen Armen umschlungen und leise vor mich hinschluchzend. Den Rest des Nachmittags berichtete ich ihm von meinem geheimen Leben als Prostituierte in Bristol. Ich hatte von Anfang an geahnt, dass diese »Arbeit« nichts Gutes war, doch erst als ich Alans Reaktion sah, verstand ich wirklich, welch grauenhaften Vertrauensbruch Colin begangen hatte, als er eine Achtzehnjährige zur Prostitution gezwungen hatte.

»Ich schätze, ein Teil von mir wusste immer, dass es nicht richtig war«, sagte ich. »Ich hasste den Job. Ich hasste jede Minute in dem Bordell. Aber ich konnte nicht Nein sagen. Niemand konnte zu Colin jemals Nein sagen. Er kontrollierte uns alle. Deshalb musste ich da ja auch raus.«

So redeten wir den ganzen Abend, bis sich schließlich in meinem Kopf alles drehte, meine Zunge vom Alkohol schwer war und ich auf dem Sofa einschlief.

Am nächsten Morgen hatte ich fürchterliche Kopfschmerzen und fühlte mich hundeelend. Jetzt wusste ich, weshalb Alkohol keine gute Idee war! Nach diesem Abend der Bekenntnisse bat ich Alan, niemandem etwas von dem zu erzählen, was ich ihm berichtet hatte, insbesondere nicht Thomas und Leah. Ich hätte es nicht ertragen können, dass Thomas von meiner »Arbeit« für die Kirche wusste, und was Leah betraf, so wollte ich nicht, dass sie schlecht über mich dachte, während ich bei ihr und Alan wohnte.

Alan versprach, mein Geheimnis zu wahren. Er war gut zu uns. Jeden Tag kochte er für uns, kümmerte sich um uns und begleitete mich auf meinen seltenen Spaziergängen. Schon früh hatte ich beschlossen, einen Kinderwagen zu kaufen, daher brachte er mich zu einem Geschäft mit Babyartikeln und wartete geduldig, während ich mich partout nicht entscheiden konnte.

Ich stand unter dem grellen Licht der Neonröhren und spürte die Panik in mir hochkriechen, während ich die vielen Kinderwagen vor mir begutachtete. Ich wusste einfach nicht, welchen ich nehmen sollte. Plötzlich konnte ich über mein eigenes Geld verfügen. Ich besaß meine Sozialhilfe und die 3000 Pfund, die ich auf die Seite gebracht hatte. Doch ich war es nicht gewohnt, in einem Geschäft etwas auszuwählen, und die Verantwortung, auch nur die kleinste Entscheidung treffen zu müssen, belastete mich wahnsinnig. Diese Entscheidung war zu viel für mich. Schließlich half mir Alan, einen Kinderwagen zu finden, aber noch Tage später zweifelte ich, ob ich wirklich die richtige Wahl getroffen hatte.

Selbst die simpelsten Fragen wie »Was möchtest du gerne zum Mittagessen haben?« versetzten mich in innere Aufruhr. Meine Grübeleien endeten meistens damit, dass ich sagte: »Einfach das, was du hast.«

Doch Alan ließ für gewöhnlich nicht locker. »Du musst entscheiden, Annabelle«, insistierte er dann. »Du kannst haben, was du willst. Denk mal ein bisschen nach. Was möchtest du?«

Was möchte ich?

Was möchte ich?

Die Frage quälte mich Tag und Nacht. Im Supermarkt konnte ich keine einzige Entscheidung treffen, ganz zu schweigen von den hunderten, die erforderlich waren, um einen normalen Einkauf zu erledigen. Dann schaute ich auf meinen Zettel, und die Buchstaben begannen bedeutungslos zu werden und vor meinen Augen zu verschwimmen.

Socken für Emily, hatte ich geschrieben.

Socken – welche Art von Socken? Welche Farbe? Welche Größe? Wie viel sollte ich dafür ausgeben? Wie viele sollte ich nehmen? Waren sie hier teurer? Sollte ich lieber billige kaufen? Brauchte sie wirklich Socken? Sollte ich vielleicht besser engere auswählen? Ich konnte mich nicht auf mein Bauchgefühl verlassen, da mir nie beigebracht worden war, ihm zu vertrauen. Entscheidungen für mich hatte immer Colin getroffen – ohne ihn war ich verloren.

Viele Einkaufstouren musste ich auf halbem Wege abbrechen. Oft stürzte ich den Tränen nahe aus dem Supermarkt.

Was wollte ich?

Ich wollte Freiheit, wollte wirklich frei sein. Jetzt, da ich es war, erwies sich der Zustand als so viel schwieriger, als ich es mir jemals hatte vorstellen können.

Im September waren wir in eine eigene Wohnung in derselben Straße wie Alan gezogen, doch dort fühlte ich mich nie wohl. Thomas hatte immer noch seinen Job in Tenby, daher war er viel unterwegs, und alleine mit Emily in der Wohnung hatte ich panische Angst. Draußen erging es mir nicht besser. Ich fürchtete immer noch, plötzlich Colin zu begegnen. Aber zumindest begann ich, Kontakte zu meinen Verwandten aufzubauen. Im Internet-Café war es mir gelungen, die Telefonnummer meiner Großeltern zu finden.

Der erste Anruf war nervenaufreibend, aber Opa schien sehr glücklich zu sein, als er meine Stimme hörte. Sie wohnten immer noch in London, und die Nachricht, dass ich Mutter geworden war, nahm er begeistert auf. Ob ich ihn und meine Oma mit Emily besuchen käme, wollte er wissen. Glücklich über jede Möglichkeit, aus Wales rauszukommen, sagte ich ohne zu zögern zu, und bereits eine Woche später saß ich im Zug, um sie zu treffen. Für Emily war es die erste

Zugfahrt, und sie war so aufgeregt, dass sie gar nicht still sitzen konnte. Alles war neu für sie, und für mich auch.

Das Wochenende bei meinen Großeltern war schön, doch nach so langer Zeit ohne Kontakt war unser Umgang miteinander steif und unbeholfen. Als sie nach meiner Mutter fragten, sagte ich, sie sei immer noch in Kidwelly, und da baten sie mich, in ihrem Auftrag mit ihr zu sprechen. Sie wollten Moses kennenlernen.

»Das geht leider nicht«, sagte ich. »Ich rede nicht mehr mit ihr.«

Sie reagierten geschockt und traurig, doch ich konnte ihnen die Hintergründe nicht erklären. Ich konnte meinen Großeltern nicht mal ansatzweise erzählen, wie sich das Zusammenleben mit meiner Mutter gestaltet hatte. Als dann meine Tante Kate vorbeikam, entspannte ich mich etwas. Sie war so erfreut, mich zu sehen, dass sie mich sofort in ihre Arme schloss. Gleich darauf zuckte sie aber erstaunt zurück, als sie Emily scheu hinter meinen Beinen hervorlinsen sah.

»Oh, mein Gott!«, rief Tante Kate begeistert. »Ist das deine kleine Tochter? Oh, Anna, sie ist wunderschön! Wirklich! Komm her, kleines Püppchen, lass dich von deiner Großtante herzen!« Emily wurde sofort warm mit ihr, und ich war verwundert, dass sie so bereitwillig zu ihr ging. Ein paar Tage später lud uns Kate ein, bei ihr zu bleiben.

Als ich einige Zeit darauf auf ihrem Sofa lag und beobachtete, wie Emily mit Kate spielte, fragte ich mich, ob es nicht angebracht sei, wieder in den Süden zu ziehen. Es war schön, in der Nähe der Verwandten und gleichzeitig weit weg von Colin zu sein.

»Kann ich Emily morgen mitnehmen, um ihr den Fluss zu zeigen?«

Kates Frage riss mich aus meinen Gedanken.

»Was?«

»Sie mag doch das Wasser, nicht? Die Themse würde ihr bestimmt gefallen. Ich könnte sie zu einer der Brücken mitnehmen, und du hättest dann den Vormittag für dich.«

»Ehem, oh, er ...« Ich wollte zu meiner Tante nicht Nein sagen; ich wollte sie nicht verletzen. Andererseits ließ ich Emily aber auch nie aus den Augen. Ich beschützte sie wie eine Löwin.

»Für wie lange?«, fragte ich schließlich.

»Ach, nur ein paar Stunden«, sagte sie lächelnd. »Das wäre schön für uns beide, so können wir uns noch besser kennenlernen.«

»In Ordnung«, stimmte ich zu, doch in meinem Magen bildeten sich schon wieder Knoten vor lauter Angst.

»Wo bleiben sie? Wo bleiben sie?« Fieberhaft tigerte ich im Zimmer herum und stellte mir die Frage wieder und wieder. Es war der Vormittag des großen Fluss-Ausflugs, und ich hatte Emily zum Abschied mit einem künstlichen Lächeln auf den Lippen und Jammer in meinem Herzen geküsst. Emily und Kate waren jetzt eine Stunde unterwegs, doch das war bereits mehr, als ich ertragen konnte.

»Was ist los mit dir?«, fragte Gavin, Kates Lebensgefährte. Ich wurde mit jeder Minute unruhiger.

»Müssten sie nicht schon längst zurück sein?«, fragte ich ihn und rang verzweifelt die Hände. »Wohin ist Tante Kate mit ihr gegangen? Glaubst du, dass sie bald wieder zurück sind?«

»Annabelle, Annabelle – komm mal langsam runter. Und setz dich um Himmels willen hin, du läufst ja noch ein Loch in den Teppich! Schau mal, du brauchst dir keine Sorgen zu machen, sie werden bald zurückkehren. Was hältst du davon, wenn wir uns eine Tasse Tee gönnen?«

Ich willigte ein, und während wir im Wohnzimmer Tee tranken, lenkte mich Gavin ab, indem er mich fragte, was ich in den letzten Jahren gemacht habe.

»Ach, weißt du«, antwortete ich geistesabwesend, »so dieses und jenes – Schule, Ausbildung, Job.«

»Ja? Du hast in Kidwelly gearbeitet?«

»Nein, auswärts.«

»Verstehe – als Pflegerin oder so was Ähnliches?«

»Nein, als Prostituierte.«

Es war, als hätte ich ihm eine Bratpfanne auf den Schädel gedonnert. »Du hast – was? Du hast als Prostituierte gearbeitet? Warum das denn? Hast du es aus freien Stücken getan?«

»Nein, alles andere als das. Ich wurde dazu angehalten.«

Und dann erzählte ich Gavin alles über Bristol und Colin. Mir fiel es leicht, mich bei ihm auszusprechen. Er war kein Verwandter, daher wusste ich, dass es ihn nicht in dem Maße aufregte, als wenn ich es Kate oder meinem Opa erzählt hätte. Dennoch weinte auch er ziemlich viel. Als Kate mit Emily zurückkam, sprang ich freudig auf und hörte gar nicht mehr auf zu lachen, weil ich meine Tochter endlich wiederhatte. Gavins Augen hingegen waren rot und geschwollen.

Kate warf ihm einen fragenden Blick zu, doch er schüttelte nur mit dem Kopf. Am nächsten Tag mussten wir abreisen, und diesmal war es Gavin, der die Fassung verlor.

»Sie darf nicht zurückfahren«, sagte er voller Entschlossenheit zu Kate. »Sie muss hierbleiben und sich ein neues Leben in London aufbauen.«

Kate wirkte verwirrt. Gavin war bestürzt darüber, dass wir uns aufmachen wollten.

»Ich muss zurück zu Thomas«, sagte ich aus Loyalität.

»Aber ich werde mit ihm darüber reden. Vielleicht können wir hierherziehen.«

Als wir aufbrachen, nahm mich Gavin fest in die Arme. »Ist es in Ordnung, wenn ich es Kate erzähle? Sie muss dich besser verstehen.«

Ich nickte. In gewisser Weise war es einfacher, als wenn ich es ihr selbst hätte erzählen müssen.

Es fiel nicht schwer, Thomas davon zu überzeugen, dass wir nach London übersiedeln sollten. Er hatte es satt, ständig zwischen Carmarthen und Tenby zu pendeln, und ich wusste, dass er ebenfalls Angst hatte, unverhofft Colin oder jemand anderem aus der Kirche zu begegnen. So zogen wir also zwei Wochen vor Weihnachten nach London in die Wohnung von Kate und Gavin. Alan war traurig, dass ich wegzog, doch ich versprach ihm, dass wir in Kontakt bleiben würden. Als wir in London aus dem Zug stiegen, hatte ich das Gefühl, jetzt könne unser Leben von Neuem beginnen. Endlich raus aus Wales, war ich wirklich frei.

Kapitel 19

Vergessen

»Raus!«, schrie ich Thomas an. »Mach, dass du rauskommst!«

»Ich gehe ja schon«, brüllte er zurück. »Ich bleibe hier keine Minute länger!«

»Super. Dann hau ab und lass dich hier nie mehr blicken!«

Die Tür knallte zu, und plötzlich herrschte Stille.

Es war einen Monat, nachdem wir nach London gezogen waren, und vom ersten Moment an hatte es Probleme zwischen uns gegeben. Ich hatte ziemlich schnell einen Job im Warenlager eines Bekleidungshauses gefunden, aber es lag am anderen Ende von London. Wir hatten unsere eigene Wohnung, doch unter der Woche pendelte ich endlos zwischen dem lausig bezahlten Lager-Job und unserem Zuhause hin und her, während sich Thomas um Emily kümmerte.

Erneut musste ich sie stundenlang verlassen, und das zehrte an meinen Kräften. Thomas und ich redeten uns immer wieder ein, diese Phase sei ja vorbei, sobald er einen Job gefunden habe, doch das erwies sich derzeit als schwierig. Außerdem verhielt er sich immer öfter komisch. Er rief mich tagsüber dauernd an, um zu kontrollieren, wo ich war. An den seltenen Abenden, an denen ich mich mit Kate traf, war er mir gegenüber besonders misstrauisch. Einmal folgte er mir sogar in den Supermarkt.

Ich drehte mich um und bekam den Schreck meines Lebens, als er direkt hinter mir stand. Das Gesicht hatte er unter seinem grauen Kapuzenpullover verborgen, damit ich ihn nicht erkennen sollte. Für einen Moment war ich zu perplex, um etwas zu sagen, doch dann wurde ich wütend.

»Was machst du hier?«, fragte ich.

»Nichts«, erwiderte er schlecht gelaunt. »Was machst *du* denn hier?«

»Ich glaub es nicht!«, tobte ich. »Geh und hör auf, mich zu verfolgen. Das ist gruselig!«

Noch am selben Tag eilte ich zu Kate und Gavin und erzählte ihnen, dass ich langsam ein komisches Gefühl wegen Thomas bekäme. Ich wusste nicht, was es war – vielleicht tat er zu viel des Guten, indem er versuchte, mich im Auge zu behalten. Auch er hatte nie etwas selbst entscheiden dürfen. Vielleicht hatte er aber auch nur Angst um Emily und mich, nachdem wir jetzt nicht mehr unter dem Schutz der Kirche standen. Alles, was ich wusste, war, dass unsere Beziehung aus dem Ruder lief und ich damit nicht mehr zu Rande kam. Ich fühlte mich bedrängt und kontrolliert, und was noch schlimmer war, Thomas hatte Kontakt zu Colin aufgenommen. Er hatte immer wieder vorgeschlagen, wir sollten ihm einen Besuch abstatten, nur um Colin zu zeigen, dass wir es alleine schafften.

Es war seltsam: Nach all dem, was wir getan hatten, um von dort zu entkommen, konnte ich nicht glauben, dass Thomas ernsthaft vorschlug, dorthin zurückzukehren. Ich wusste, dass ich die mühsam erkämpfte Freiheit schützen musste, daher schickte ich ihn nach gerade einmal ein paar Wochen unseres neuen Lebens in London zum Teufel.

Da Emily und ich jetzt alleine waren, musste ich die Arbeit aufgeben. Ich kündigte die Wohnung und zog wieder bei Kate und Gavin ein, die überaus glücklich waren, uns bei sich zu haben. Inzwischen wusste Kate alles über meine Zeit in Bristol, und nach und nach kamen bruchstückhaft weitere Informationen auf den Tisch.

Eines Abends unterhielten wir uns darüber, dass Thomas weggezogen war. Er hatte mir eine SMS geschickt, um mir mitzuteilen, er sei wieder in Kidwelly. Zu wissen, dass er ohne Umwege zur Kirche zurückgekehrt war, bestärkte mich in meiner Überzeugung, richtig gehandelt zu haben.

»Emily sieht er nicht mehr wieder«, sagte ich zu Kate, während wir eine Flasche Wein leerten. Inzwischen hatte ich Geschmack an Alkohol gefunden. Er betäubte meine Gefühle und ließ mich glauben, alles würde gut werden, obwohl ich eigentlich nicht wusste, was ich am nächsten Tag tun würde.

»Aber wird er denn nicht versuchen, per Gerichtsbeschluss Umgang mit ihr zu bekommen?«, fragte Kate besorgt. »Schließlich ist er der Vater.«

Ich schüttelte den Kopf. »Nee – er ist nicht der Vater.«

»Was? Wie meinst du das? Du hast mir doch selbst gesagt, er sei es.«

»Nein«, wiederholte ich. »Er ist es nicht. Colin ist der Vater. Er hat Sex mit mir gehabt, seit ich elf war. Er hat mich dazu gebracht, auch mit Thomas ins Bett zu gehen, sodass es aussah, als hätte ich zu Thomas eine normale Beziehung. Dadurch kam Colin unbehelligt davon, als Emily geboren wurde, verstehst du? Keiner wusste es. Niemand wusste, dass sie in Wirklichkeit sein Kind ist.«

Jetzt war es an Kate, mich entsetzt anzuschauen.

»Colin hat Sex mit dir gehabt, obwohl du noch ein Kind warst?«

Ich nickte und genehmigte mir einen weiteren großen Schluck Weißwein.

»Er hat dich missbraucht, seitdem du elf Jahre alt warst?«

»Was meinst du mit ›missbraucht‹? Colin hat mich vorher immer gefragt, ob ich die Prüfungen ablegen wollte, deshalb ging ich immer davon aus, es sei auch meine Entscheidung gewesen.«

»Du warst ein *Kind*, Annabelle.« Kate sprach bedächtig und artikulierte deutlich. »Ein Kind, das von einem viel älteren Mann missbraucht wurde. Was er dir angetan hat, ist unverzeihlich.«

»Er sagte immer, es sei meine Entscheidung, mein Pfad. Aber weißt du, ich hatte nie das Gefühl, als hätte ich in dieser Sache viel zu bestimmen.«

»Ein Kind kann nicht entscheiden, Sex zu haben«, sagte sie. »Das war Vergewaltigung, Annabelle. Du wurdest vergewaltigt, und du solltest Colin bei der Polizei anzeigen. Er darf nicht ungestraft bleiben.«

Vergewaltigung?

Ich verstand sie nicht. Ich dachte immer, Vergewaltigung bedeute, dass ein Fremder eine Frau auf der Straße überfällt, ihr ein Messer an die Kehle setzt und sie dann zum Sex zwingt. Ich hatte nicht eine Sekunde daran gedacht, dass es Vergewaltigung gewesen sein könnte, was Colin mit mir gemacht hatte. Es gab keine Gewalttätigkeit, keinen Zwang. Es war alles geschehen, weil ich zugestimmt hatte. Jedenfalls dem Anschein nach.

Nach diesem Gespräch stand ich tage- und wochenlang unter Schock. Ich schaute Emily an, und plötzlich sah ich sein Gesicht, und daraufhin musste ich den Blick abwenden. War sie das Ergebnis einer Vergewaltigung? Mein wunderbares kleines Mädchen, das mir alles bedeutete, das meine Welt war – es sollte durch Vergewaltigung entstanden sein? Das war zu viel für mich. Ich ging häufiger aus. Es gab jetzt niemanden mehr, der mich zurückhalten konnte. Ich konnte mich amüsieren, wann ich wollte, und so fing ich an, abends in die Kneipe in der Nachbarschaft zu gehen, anfangs zusammen mit Kate und Gavin, später alleine.

Dort lernte ich ein paar Kerle kennen, und einem von ihnen, einem Typen namens Liam, schien ich zu gefallen. Nachdem ich mehrere Drinks intus hatte, begann ich zu flirten, und kurz darauf knutschten wir mitten in der Kneipe. Er nahm mich mit in seine Wohnung, und in dieser Nacht schlief ich mit ihm. Um 23 Uhr schickte ich Kate eine SMS: »Habe jemand Nettes getroffen. Bleibe über Nacht. Tschüss, bis morgen früh.«

Ich war sorglos und impulsiv. Ich wusste, dass es Emily gut ging, denn Kate und Gavin waren ja da, und mit diesem Mann konnte ich mich treiben lassen. Um ungefähr zwei Uhr morgens wickelte Liam einen kleinen weißen Umschlag aus.

»Das ist Koks«, sagte er. »Möchtest du?«

Ich zuckte mit den Achseln. Warum nicht?

Eine Stunde später hielt ich mich für unbesiegbar. Das Kokain gab mir das Gefühl, gegen die ganze Welt ankämpfen zu können, und ich zeigte Liam, wozu ich in der Lage war. Es war zwar nicht so, dass ich zu diesem Zeitpunkt mit ihm schlafen wollte, aber ich war mir sicher, dass ich mich nach all diesen Monaten im Bordell gut auskannte. Und ich hatte Lust, eine Show abzuziehen. So zogen wir uns also den Koks rein und vögelten die ganze Nacht. Ich verhielt mich wie ein Pornostar und trieb ihn zum Wahnsinn. Um sechs Uhr trottete ich immer noch high und angetörnt von den Drogen nach Hause. Natürlich ging es mir am nächsten Tag hundeelend, doch inzwischen hatte mir Liam bereits eine SMS geschickt, dass er mich treffen wolle.

Und so begann er – mein langsamer, aber stetiger Weg in

die Selbstzerstörung. Ich hatte so lange an der kurzen Leine gelebt, dass ich, endlich befreit, beschloss, nur noch das zu tun, was zum Teufel mir gefiel. Ich wollte die Realität nicht mehr wahrnehmen – die echte Welt war grausam. Ich war ein missbrauchtes Kind, und meine Tochter war das Resultat einer Vergewaltigung. Das konnte ich nicht verarbeiten. Ich sehnte mich danach, meine Erinnerungen abzublocken, mich in Suff, Drogen und Sex mit Liam zu verlieren. Jetzt wusste ich, was ich wollte. Ich wollte vergessen. Praktischerweise war Liam ein Drogendealer in kleinem Stil. Daher bekam er unseren Koks umsonst. Wir trafen uns jedes Wochenende und schlossen uns in seiner Wohnung ein, um miteinander zu schlafen und so viel Drogen zu konsumieren wie möglich.

Ich begann, Emily zu vernachlässigen. Unter der Woche musste ich immer erst mal wieder runterkommen. Ich war depressiv, fühlte mich schmutzig und schämte mich. Ich brachte es kaum noch über mich, Emily anzuschauen, geschweige denn, mit ihr zu spielen. Um mit meiner Depression fertigzuwerden, begann ich, auch in der Woche Kokain zu nehmen, und wenn es mir gelang, alle meine Gefühle auszublenden, konnte ich sogar wie eine Mutter handeln, ohne wirklich eine zu sein.

Es waren Kate und Gavin, die mich retteten. Ein paar Monate nachdem ich Liam kennengelernt hatte, fanden sie eines Tages mein Koks-Versteck und rasteten aus. Sie schmissen mich aus der Wohnung und warnten mich: »Entweder du wirst clean oder du riskierst, Emily vollends zu verlieren.«

Das war der Weckruf, den ich brauchte. Ich kam bei meiner Tante Becca unter und hörte umgehend mit dem Koksen auf. Plötzlich brachen alle Emotionen, die ich so lange zurückgehalten hatte, aus mir heraus. In dem Gästebett in Beccas Wohnung liegend, weinte ich drei geschlagene Tage.

»Ich darf sie nicht verlieren, Becca«, schluchzte ich. »Ich darf Emily nicht verlieren. Sie ist alles für mich. Sie ist meine Welt, aber ich habe ihr schon wieder Schaden zugefügt. Ich habe sie wieder im Stich gelassen, Becca. Ich bin eine schreckliche Mutter.«

»Schsch!«, besänftigte sie mich und nahm mich in den Arm. »Du bist überhaupt keine schreckliche Mutter. Du hast gerade eine schwere Zeit durchgemacht. Es wird alles wieder gut. Konzentriere dich jetzt auf Emily, und sorg dafür, dass du dich wieder erholst.«

Ich machte schleunigst Schluss mit Liam. Er wusste nicht, wo ich wohnte, daher bestand keine Gefahr, dass er mich finden würde. Mein Entschluss bedeutete, dass ich einen kalten Entzug vom Kokain machen musste. Zu Beginn war das hart – emotional ging es bei mir drunter und drüber. Doch nach etlichen Wochen fand ich langsam wieder zu mir selbst. Ich besuchte Emily jetzt jeden Tag. Als ich mit Kate sprach, erkannte sie, dass ich aufrichtig bedauerte, von meiner Tochter getrennt zu sein.

»Ich bin clean«, sagte ich. »Ich weiß, dass ich zeitweilig entgleist bin, aber ich bin wieder in der Spur. Darf ich bitte zurückkommen? Ich weiß nicht, ob ich es noch länger ohne Emily aushalte.«

Kate blickte zu Gavin hinüber, und als dieser nickte, sagte sie: »Ja. Ja, natürlich kannst du zurückkehren. Sie braucht dich, Annabelle. Sie braucht ihre Mama.«

Und damit fiel ich Kate weinend um den Hals. Sie hielt mich einige Zeit fest, dann löste sie sich von mir und schaute mich streng an.

»Du hast an Gewicht verloren, weißt du das?«, sagte sie. »Du musst wieder gesund werden. Nimm ein paar Kilo zu.«

Ich nickte. Ich würde alles tun, was sie verlangte.

Doch so einfach war das nicht. Selbst als ich wieder bei Kate und Gavin wohnte, war es schwierig, zuzunehmen. Ich sah, dass meine Arme und Beine jetzt äußerst dünn waren, geradezu wie Stöcke. Kate sagte, sie mache sich meinetwegen Sorgen, und sie empfahl mir, einen Arzt aufzusuchen, damit ich gründlich untersucht wurde.

»Ich bin sicher, dass grundsätzlich alles in Ordnung ist«, sagte sie. »Ich gehe davon aus, dass es nur der Stress und die Belastungen durch die Strapazen sind, die du im letzten Jahr durchgemacht hast, aber es ist bestimmt besser, wenn du dich untersuchen lässt. Du weißt ja, nur um auf der sicheren Seite zu sein.«

Ich wusste, woran sie dachte: dass ich monatelang im Bordell mit fremden Männern geschlafen hatte. Und jetzt schien es, als würde ich schnell an Gewicht verlieren. Hatte ich mir etwas Böses eingefangen?

»Zum Arzt möchte ich aber nicht«, sagte ich. Es war schon schwer genug, mit all den Wahrheiten zu leben, die ich seit meinem Entkommen aus Kidwelly aufgedeckt hatte. Es war grässlich, mich mit meiner Vergangenheit auseinanderzusetzen. Musste ich mich jetzt möglicherweise auch noch einer lebensbedrohlichen Krankheit stellen?

»Wenn da etwas nicht in Ordnung ist«, erwiderte Kate, »ich meine, falls da etwas ist, dann sind deine Chancen umso größer, je eher es entdeckt wird. Das bist du Emily schuldig. Du weißt das ganz genau.«

Ich seufzte. Sie hatte Recht.

So hatte ich eine Woche später an einem grauen, trüben Tag im Mai einen Termin in der Praxis eines Allgemeinmediziners. Zunächst traf ich die Arzthelferin. Ich erzählte ihr meine Vorgeschichte, und als ich um einen HIV-Test bat, ging sie locker damit um. Sie stellte mir ein paar Fragen, und als sie wissen wollte, mit wie vielen Leuten ich in den letzten Jahren geschlafen habe, antwortete ich aufrichtig: »Mit vielen.«

»Mehr als zwanzig?«

»Ja, sehr viel mehr als zwanzig.«

»Haben Sie immer ein Präservativ benutzt?«

»Nein, nicht immer.« Beschämt ließ ich den Kopf hängen. Ich konnte ihr nicht in die Augen schauen.

»Nun gut, der Test ist einfach und geht schnell«, sagte sie sachlich. »Machen Sie sich keine Gedanken. Wir erledigen das hier, und Sie bekommen das Ergebnis in einer halben Stunde. Sie können in dem kleineren Wartezimmer Platz nehmen, wenn Sie wollen.«

Es war die längste halbe Stunde meines Lebens, und als mein Name schließlich aufgerufen wurde, schlug mein Herz wie verrückt. Ich musste wohl eine völlig versteinerte Miene aufgesetzt haben, denn sobald mich die Arzthelferin in den Raum geführt hatte, lächelte sie und sagte: »Beruhigen Sie sich. Der Test ist negativ.«

Erleichtert atmete ich auf. »Oh, dankeschön. Herzlichen Dank!«

»Nichts zu danken. Wenn Sie möchten, können wir die Ergebnisse etwas detaillierter durchgehen, um Ihnen einen Überblick zu verschaffen. Es sieht so aus, dass Sie frei sind von allen sexuell übertragbaren und nicht sexuell übertragbaren Infektionen einschließlich Tripper, Chlamydia, Herpes, Syphilis, Hepatitis und natürlich AIDS.«

Ich war so erleichtert, dass ich kaum sprechen konnte.

»Ist alles in Ordnung mit Ihnen?«, fragte sie.

»Ja, ja, mir geht es gut, danke«, brachte ich schließlich heraus, lachte und schloss kurz die Augen vor Erleichterung.

Es entstand eine Pause, und die Arzthelferin schaute mich offensichtlich besorgt an. »Sie haben wirklich großes Glück gehabt, müssen Sie wissen. Sie haben sich in der Hochrisikogruppe befunden.«

Das wischte mir das Lachen aus dem Gesicht.

Ihre Worte hallten noch in meinem Kopf wider, als ich an diesem trüben und bewölkten Tag wieder ins Freie trat. Ich mummelte mich in meine dünne Jeansjacke ein und hörte in Gedanken erneut die Stimme der Arzthelferin: »Sie haben wirklich großes Glück gehabt.«

Weshalb tangierte mich das so sehr? Weshalb war ich nicht einfach nur froh, sogar freudig erregt, dass ich keinerlei Infektion davongetragen hatte? Ich machte mich auf in Richtung U-Bahn, um nach Hause zu Kate und Gavin zu fahren, die auf Emily aufpassten.

Großes Glück. Ich hörte die Wörter ein weiteres Mal, während meine Stiefel auf dem Bürgersteig klapperten. Sie hatte gesagt, ich habe Glück gehabt. Eine geglückte Flucht. Glücklich.

Und dann traf es mich wie ein Blitz. Ich hatte Glück gehabt. Ich hatte Glück gehabt, weil ich da raus war! Aber Moses und Olivia waren immer noch dort. Was, wenn sie nicht solches Glück hatten? Was, wenn Colin sie auch dazu brachte, solche Sachen zu machen, und sie dann krank wurden? Ich blieb stehen und holte mein Handy heraus.

Instinktiv wählte ich Kates und Gavins private Telefonnummer.

Gavin hob ab. »Annabelle, ist bei dir alles in Ordnung? Geht es dir gut?«

»Ja, alles bestens«, sagte ich. »Keinerlei Infektionen.«

»Oh, Gott sei Dank! Das freut uns riesig für dich, Schätzchen …«

»Hör mal, Gavin«, unterbrach ich ihn, »ich will zur Polizei gehen. Ich will Colin bei der Polizei anzeigen.«

Für einen Moment war es still, dann antwortete Gavin: »Wo bist du? Ich hole dich ab und bringe dich sofort hin.«

Kapitel 20

Der Vergangenheit ins Gesicht blicken

Es war an der Zeit, meiner Vergangenheit ins Gesicht zu schauen, jenen Menschen zuliebe, die ich zurückgelassen hatte. So holte mich Gavin also an diesem Tag im Mai von der Arztpraxis ab und brachte mich sofort zur örtlichen Polizeiwache.

»Es macht keinen Sinn, damit zu warten und dann womöglich deine Meinung zu ändern«, sagte er auf der Fahrt. »Es ist besser, das Eisen zu schmieden, solange es heiß ist.«

Ich fühlte mich leicht benommen, als ich zum ersten Mal die Polizeiwache betrat. Ich hatte keine Ahnung, was ich tun sollte, daher überließ ich Gavin die Initiative. Er sprach mit dem Beamten am Empfang.

»Ihr Name ist Annabelle Forest, und sie kommt, um eine Erklärung abzugeben«, sagte er. »Es geht um viele Verbrechen. Sie war in einer Sekte, und es handelt sich um Kindesmissbrauch, Vergewaltigung und Prostitution. Es sind mehrere Leute involviert.«

Die Polizisten sagten uns, sie müssten Vorbereitungen für eine Video-Befragung treffen, und man bat uns, dafür am nächsten Morgen zu erscheinen. Immer noch glaubte ich nicht, dass mich irgendjemand ernst nehmen würde. Ich nahm an, dass die Dinge nach und nach an Dynamik gewinnen würden und die Angelegenheit lawinenartig außer Kontrolle geraten würde.

»Sind Sie wohlauf, Annabelle?«, fragte die freundliche Polizeibeamtin auf der anderen Seite des Tisches.

Natürlich hatte ich eine Heidenangst, aber ich versuchte, ruhig zu bleiben. Ich nickte, und sie gab ihrer Kollegin ein Zeichen, die Kamera laufen zu lassen. Ich war am nächsten Morgen mit Gavin zur Polizeiwache gekommen, wie man uns gebeten hatte, und jetzt waren wir alle bereit. Eine Polizistin stellte die Fragen, eine andere notierte meine Antworten, und Gavin saß als moralische Unterstützung daneben. Am Ende des ersten Tages war ich erschöpft, doch wir hatten kaum die Oberfläche angekratzt.

Am zweiten Tag waren mehr Polizeibeamte im Raum, und ich bemühte mich, mich auf die Beamtinnen zu konzentrieren, die mich befragten. Als ich in Einzelheiten schilderte, wie Colin mich dazu brachte, mit ihm und meiner Mutter Sex zu haben, schaute ich zu den anderen Beamten hinüber und sah, dass einige ihre Tränen wegwischten. Am dritten Tag, während ich meine Arbeit im Bordell beschrieb und die Tatsache, dass ich Emily dafür regelmäßig verlassen musste, weinten drei weitere Beamte. Nachdem an diesem Tag die Aufnahmen beendet waren, sagte die Polizistin, sie glaube, vorerst genug Informationen zu haben.

»Was geschieht als Nächstes?«, fragte ich.

»Wir schicken Ihre Aussagen an unsere Kollegen in Wales, und die Beamten nehmen dann auf der Grundlage Ihrer Aussagen über mutmaßliche strafbare Handlungen die erforderlichen Verhaftungen vor.«

»Welche strafbaren Handlungen meinen Sie?«, fragte ich. Ich tappte immer noch im Dunkeln. Mir war tatsächlich nicht klar, was Colin und die anderen mir angetan hatten.

»Nun, zunächst ist da mal die Vergewaltigung, dann das Sittlichkeitsvergehen, ein Kind dazu zu zwingen, Sex zu haben, und schließlich die Veranlassung von Prostitution zum Zwecke persönlicher Bereicherung. Und wir haben es bei all diesen Straftaten mit mannigfaltigen Wiederholungen zu tun.«

»Ist es wirklich Vergewaltigung?«, wollte ich wissen. Mir leuchtete diese Vorstellung immer noch nicht ein. »Ich meine, Colin hat mich doch nie zu etwas gezwungen. Er hat auch nie Wörter gebraucht, die hässlich oder verletzend waren. So war das nicht. Er sagte mir immer wieder, ich sei etwas Besonderes. Er äußerte sich immer schmeichelhaft, und dann fragte er mich, ob ich mit einer Prüfung einverstanden sei. Ich sagte ja, und das war es dann.«

»Aber Sie waren ein Kind – Sie haben doch gar nicht verstanden, wozu Sie Ja sagten«, erklärte mir die Polizeibeamtin geduldig.

»Das ist wahr.«

»Ein Kind kann seine Einwilligung zum Sex nicht geben, weil es nicht weiß, was das ist. Es ist nicht in der Lage, eine derartige Entscheidung zu treffen, deshalb ist es Vergewaltigung. Der Akt muss nicht mit körperlicher Übermacht erzwungen oder gewaltsam sein, dennoch ist es Vergewaltigung. Ungefähr neunzig Prozent der Fälle von Vergewaltigung werden von Personen begangen, die das Opfer kennen. Das erleben wir sehr viel häufiger als die Fälle, in denen ein Fremder jemanden vorsätzlich angreift.«

»Ich spürte, dass das, was mit mir geschehen ist, nicht richtig war, aber damals erschien es mir normal.«

»Das ist doch erschreckend, nicht wahr?«, sagte die Polizeibeamtin nachdenklich. »Wie leicht kann ein Kind in eine solch entsetzliche Lage versetzt werden.«

Dann fragte sie mich, ob ich glaubte, dass meine eigene Tochter missbraucht worden war, und dies war die Frage, vor der ich mich die ganze Zeit gedrückt hatte. Ich hatte nicht darüber nachdenken wollen.

Verstört und schuldbewusst sagte ich: »Ich weiß es nicht. Ich glaube es nicht, aber ehrlich gesagt habe ich keine Ahnung. Ich war ja nicht die ganze Zeit bei Emily.«

Plötzlich übermannte mich die Hilflosigkeit, die ich all die Monate empfunden hatte, wenn ich von ihr fortgeschickt wurde, der Schmerz, wenn ich ihre herzzerreißenden Schreie hörte, sobald ich zur Tür hinausging, und Tränen füllten meine Augen.

»Ich hoffe es nicht, denn …« Ich schaffte es kaum noch, ein Wort herauszubringen, so sehr musste ich schluchzen. »Ich könnte es mir nie verzeihen, wenn Colin es getan hat.«

Eine Weile weinte ich, und die Polizeibeamtin saß ruhig da und wartete, bis ich fertig war. Sie reichte mir ein Taschentuch und sagte dann leise:

»Annabelle, es gibt eine Möglichkeit, das festzustellen.«

Ich blickte misstrauisch hoch.

»Ja, es geht um … es ist nicht sehr angenehm für Emily«, gab sie zu.

»Eine körperliche Untersuchung?«, fragte ich.

Sie nickte.

»Wäre es schmerzhaft für sie?«

»Ich möchte Ihnen nichts vormachen – es ist eine ziemliche Tortur.«

Das reichte für einen Entschluss. Ich hatte meiner Tochter in den letzten zwei Jahren schon genug zugemutet. Ich ertrug es nicht, ihr noch weitere Schmerzen aufzubürden.

»Nein«, sagte ich mit fester Stimme. »Nein, ich glaube nicht, dass ihr etwas zugestoßen ist. Und ich denke auch nicht, dass es erforderlich ist, sie einer Untersuchung auszusetzen, die für sie traumatisch wäre, also belassen wir es einfach dabei.«

»In Ordnung«, erwiderte sie. »Nur, falls Sie Ihre Meinung irgendwann …«

Ich schüttelte den Kopf und verdrängte den Gedanken.

»Nein, das werde ich nicht«, sagte ich. »Ihr ist nichts passiert, und dabei bleibt es auch.«

Nach dem dritten Tag meiner Befragung entwickelten sich die Dinge mit erstaunlichem Tempo. Die Polizei rief am nächsten Tag an – man hatte meine Mutter und Colin verhaftet. Aus heiterem Himmel überkamen mich Bedauern und Mitleid. Ich konnte mir nicht helfen – schließlich war sie immer noch meine Mutter, und ich machte mir Sorgen um sie. Colin war bis vor einem Jahr der wichtigste Mensch in meinem Leben gewesen. Sie hatten gerade in der Küche gesessen, eine Tasse Tee getrunken und sich um ihre eigenen Angelegenheiten gekümmert, als ihr Leben plötzlich auf den Kopf gestellt wurde.

Jetzt hatte meine Aussage Konsequenzen ergeben, und zum ersten Mal entwickelte ich Zufriedenheit mit dem, was ich getan hatte. Moses und Olivia siedelten in eine vorläufige Pflegeunterbringung über, während meine Mutter und Colin in Untersuchungshaft kamen. Die Reaktion ließ nicht lange auf sich warten – beide stritten alles ab. Mein Gott, fragte ich mich spät in der Nacht, was habe ich getan? Wie geht das weiter?

In der Woche darauf erschienen zwei Polizistinnen aus Wales in London und befragten mich erneut. In den Wohnungen von meiner Mutter und von Colin waren sie auf seltsame Dinge gestoßen, und jetzt wollten sie wissen, worum es sich dabei handelte. Sie zeigten mir Videoaufnahmen, die sie gefunden hatten – eine davon mit mir im Alter von fünfzehn Jahren. Das hatte ich alles schon längst vergessen. Colin hatte diese Aufnahmen von mir gemacht, während ich am Fußende des Bettes stand: Erst musste ich den Rock heben, dann zog er mir das Oberteil hoch. Ich fühlte mich krank und schämte mich, während ich mir ansah, wie ich mich als schüchterne und verlegene Fünfzehnjährige auf Colins Kommando vor der Kamera zur Schau gestellt hatte.

»Annabelle, wir brauchen eigentlich nur Ihre Bestätigung, dass es sich bei dem Mädchen um Sie handelt«, sagte eine der Polizistinnen freundlich.

Dennoch fühlte ich, wie sich Ärger in mir aufstaute.

»Natürlich bin ich das«, zischte ich. »Das können Sie doch selbst sehen. Muss ich mir noch weitere solcher Filme anschauen?«

Ich hielt es nicht mehr aus, es mir anzugucken – dieses unschuldige, vertrauensselige Mädchen von fünfzehn Jahren, das so tat, als habe es nicht den geringsten Einwand gegen das, was von ihm verlangt wurde. Ja, das Mädchen tat mir leid, zugleich aber hasste ich es auch, weil es jedem von Colins Befehlen gehorchte, weil es zuließ, derartig manipuliert zu werden.

»Es war doch nicht dein Fehler!«, insistierte Kate am Abend. Ich hatte ihr von dem Video und meinen Gefühlen berichtet, die ich während des Betrachtens gehabt hatte. Und ich hatte ihr gestanden, dass ich mich vor mir selbst geekelt hatte.

»Du warst ein Kind! Nichts von dem war dein Fehler.«

»Wie konnte er nur so viel Macht über unser Leben haben?«, schäumte ich. »Das wüsste ich gerne. Wir waren erst ganz kurze Zeit dort, und plötzlich konnte Colin über alles bestimmen. Meine Mutter übertrug ihm jegliche Entscheidungsgewalt. Weißt du was, ich sehe ein, dass es nicht mein Fehler war. Ein Kind kann man zu allem bringen. Das ist es, was ich kapiert habe. Wenn man ein Kind jung genug in die Finger bekommt, kann man es dazu bewegen, dass es alles glaubt, was man will, und dann wird es auch alles tun, was man von ihm verlangt. Aber was ist mit meiner Mutter? Sie war doch kein Kind! Sie war achtundzwanzig. Wie ist es möglich, dass sie diesen ganzen Müll für ihn machte?«

»Vielleicht Liebe?«, äußerte Kate vorsichtig.

»Komische Art von Liebe«, schoss ich zurück. »Nein, das ist keine Liebe. Das ist etwas anderes. Ich weiß nur nicht, was es sein kann.«

Zum ersten Mal in meinem Leben dachte ich über alles genau nach, was mir im Lauf der Jahre angetan worden war. Ich machte mir ein Bild von den Menschen, die in meinem Leben eine Rolle gespielt hatten, und überlegte, welche Rolle das war. Nachdem ich jetzt wusste, dass es sich tatsächlich um Straftaten handelte, betrachtete ich die Dinge in einem anderen Licht, sah sie deutlicher. Mit dieser Klarheit wuchs auch mein Zorn. Jeden Tag wachte ich mit noch größerer Wut auf, und meine Entschlossenheit nahm zu, Colin und meine Mutter für das bezahlen zu lassen, was sie mir angetan hatten.

Es gab Zeiten, da war ich so aufgebracht, dass ich nicht wusste, was ich mit mir anstellen sollte. Ich saß einfach nur da, kochte vor Wut und hatte Angst, ich könnte irgendetwas Gefährliches tun, wenn ich aufstehen oder mich nach draußen begeben würde. Die Polizei bot mir eine Therapie an, doch ich hielt nur eine Sitzung aus. Ich schaffte es schlichtweg nicht, meine Gefühle über die Vergangenheit in Worte zu fassen, solange ich meine Missbrauchstäter nicht hinter Gitter gebracht hatte. Mehr als alles andere brauchte ich Gerechtigkeit. Ich wollte, dass die Öffentlichkeit meine Stimme hörte, meine Sicht der Dinge, dass sie von dem Schmerz und der Wut erfuhr, die ich in mir spürte. Es erschien mir blöde und sinnlos, mich darüber mit einer Frau in einer großen Strickjacke zu unterhalten.

In den folgenden Monaten meldeten sich weitere Zeugen; eine junge Frau, von der ich vorher noch nie gehört hatte, sagte aus, sie sei vor Jahren missbraucht worden. Ich hätte für die Unterstützung der Zeugen dankbar sein sollen, doch sie schürten nur noch meinen Zorn. Wo waren sie all die Jahre gewesen? Weshalb hatten sie Kidwelly verlassen, ohne die Polizei zu informieren? Ihr Schweigen hatte mich zu einer Kindheit mit schrecklichem Missbrauch verdammt.

Elaine, Shelley und Sandra wurden verhaftet. Jetzt bestellte mich die Polizei jede Woche zu weiteren Befragungen, und ich begann, mich ängstlich in mich zurückzuziehen. Jedes Mal, wenn ich den Mund aufmachte, wurde jemand verhaftet, daher wuchsen die Bedenken, alles zu erzählen. Schließlich waren es nur meine Mutter und Colin, die Übles mit mir angestellt hatten. Gegen die anderen hatte ich nichts – soweit ich das beurteilen konnte, waren die meisten ebenfalls Opfer von Colin, und ich wollte nicht noch mehr Leute in Schwierigkeiten bringen.

Eines Abends vertraute ich Kate meine Ängste und meine Verwirrung an.

»Du warst so unglaublich tapfer, Annabelle«, sagte sie. »Ich weiß, das alles fällt nicht leicht, aber du machst es schon richtig.«

»Wie willst du das wissen?«, fragte ich. »Wie will überhaupt einer von uns das wissen? Ich weiß doch auch nicht, ob es für Moses besser ist, irgendwo in Pflege zu sein als zu Hause bei meiner Mutter. Und was ist, wenn Unschuldige ins Gefängnis wandern?«

»Das passiert nicht«, beharrte sie.

»Nein, du *glaubst*, dass es nicht passiert, aber sicher sein kannst du nicht«, konterte ich. »Wir haben es nicht mehr in der Hand, und wer kann sagen, wo das alles endet? Die Auswirkungen scheinen immer größer zu werden. Das sind *meine* Schwester, *mein* Bruder, die in Pflegeunterbringung sind, und ich habe sie dorthin gebracht! Was glaubst du, wie ich mich fühle?«

»Ich weiß es nicht, Annabelle«, erwiderte sie ruhig. »Wie fühlt es sich an?«

»Unglaublich beschissen. Das ist ein unglaublich beschissenes Gefühl.«

Als Nächstes bekam ich auf meinem Handy Morddrohungen von einem der Kirchenmitglieder. Ich meldete es sofort der Polizei, und die Person wurde verhaftet und angeklagt. Das Gericht befand sie für schuldig, doch selbst dieses prompte Handeln verschaffte mir keine Ruhe.

Obwohl ich Hunderte Meilen von Kidwelly entfernt war, schaute ich immer noch besorgt über meine Schulter nach hinten. Nachts wurde ich von Albträumen geplagt. Einer war besonders lebendig: Ich sitze in Kidwelly in der Küche, und plötzlich kommt Colin blutüberströmt zur Hintertür herein.

Als ich Kate davon erzählte, meinte sie, das klinge so, als fühle ich mich wegen Colin schuldig. Und vielleicht hatte sie Recht – ich vernichtete ihn mit meinen Aussagen, und das löste Schuldgefühle bei mir aus.

»*Du* vernichtest ihn doch nicht«, sagte Kate. »Er selbst hat es getan. Er war derjenige, der kleine Mädchen vergewaltigte und missbrauchte. Du hast ihn doch nicht dazu aufgefordert, das zu tun. Du bist diejenige, die ihn daran hindert, es erneut zu tun.«

Ich lehnte mich zurück und seufzte: »Weißt du, ewig

lange habe ich gedacht, es ginge in unserer Kirche um etwas Sinnvolles. Unsere Religion sei wirklich wichtig, und wir alle versuchten, eine höhere spirituelle Ebene zu erreichen. Ich glaubte Colin. Wir alle glaubten ihm. Aber je länger ich darüber nachdenke, desto überzeugter bin ich, dass es bei allem nur darum ging, Colin und seinen Hunger nach Sex und Geld zu befriedigen. Das ist enttäuschend. Kannst du das verstehen? Ich dachte wirklich, er könne uns etwas Besseres zeigen, einen Pfad zu einem herrlichen Ort. Sogar jetzt frage ich mich noch, ob er das selbst alles glaubt. Er war der Mensch, auf den ich mein ganzes Leben gehört habe. Er zog mich auf, er war alles für mich. Das ist brutal. Es ist, als würde man sich den eigenen Arm abhacken.«

Kate reagierte schmallippig: »Er hat dich dazu gebracht, seine dreckigen kleinen Geheimnisse zu lange zu verheimlichen, Annabelle. Er hat sich in deinem Kopf eingenistet.«

»Das weiß ich«, sagte ich ärgerlich. »Er ist immer dort, ob es mir gefällt oder nicht. Die Polizisten können ihn wegschließen, aber aus meinem Schädel können sie ihn nicht herausoperieren!«

Dieses Jahr war so hart wie nur irgendwas, doch in dieser Zeit dachte ich viel nach und wurde erwachsener. Jeden Tag gab es Neuigkeiten von der Polizei. Die anderen Frauen weigerten sich, gegen Colin auszusagen; sie sagten, sie hätten sich freiwillig entschlossen, im Bordell zu arbeiten. Ihre Behauptung machte mich wütend, doch ich wusste, dass sie einer Gehirnwäsche unterzogen waren, genau wie ich während all der Zeit. Schließlich wurde der Gerichtstermin für Februar 2011 festgelegt. Er sollte im Gericht der Stadt Swansea in Wales stattfinden, neun Monate nachdem ich zum ersten Mal zur Polizei gegangen war. Colin, Elaine, meine Mutter und alle anderen erklärten sich für nicht schuldig. Laut Polizei hatte Colin sämtliche Anschuldigungen zurückgewiesen und sie als einen »Haufen Müll« bezeichnet.

Er hatte sogar bestritten, ein Anhänger von Crowleys »Buch des Gesetzes« zu sein. Ich war völlig baff, als die Polizei sagte, er habe ihnen erzählt, dass er das Buch zu lesen versuche, es aber aufgegeben habe. In Wirklichkeit sei er ein Mormone, der sich streng an die Bibel halte.

Gavin begleitete mich an dem Abend, bevor ich als Zeugin aussagen musste, nach Swansea. Als wir über die M4 aus London heraus zum ersten Mal seit meiner Flucht in Richtung Wales fuhren, spürte ich, wie sich meine Hände zu Fäusten ballten. Ich hatte keine Angst mehr. Ich war entschlossen. Endlich war die Zeit gekommen, der ganzen Welt zu sagen, was Colin getan hatte. Es war an der Zeit, all die Kirchengeheimnisse all der vielen Jahre ans Licht der Öffentlichkeit zu bringen.

Kapitel 21

Der Prozess

Ich machte meine Zeugenaussage über eine Videoschaltung aus einem anderen Raum. Daher sah ich weder Colin, meine Mutter und Elaine noch irgendjemanden von den anderen im Gerichtssaal. Aber auch so war jede einzelne Sekunde im Zeugenstand fürchterlich. Mein schlimmster Albtraum wurde Realität: All diese Leute im Gerichtssaal, einschließlich meiner Mutter und Colin, konnten mich sehen, während ich der für mich gesichtslosen Masse die schmutzigsten, widerlichsten Einzelheiten meiner Kindheit preisgeben musste. Es war, als stünde ich nackt vor ihnen. Meine schlimmsten Geheimnisse lagen unverhüllt ausgebreitet vor der ganzen Welt.

Als ich meine Aussage für die Staatsanwaltschaft machte, fixierte die Kamera den Richter. Daher sprach ich zu ihm, und ich versuchte verzweifelt, den Gedanken an all die anderen Menschen im Saal auszublenden und meine Scham und Verlegenheit zu kaschieren. Als mich die Rechtsanwälte der Verteidigung zu befragen begannen, richtete sich die Kamera der Reihe nach auf diese Menschen. Nicht ein einziges Mal wurden die Angeklagten gezeigt, wofür ich trotz allem sehr dankbar war.

Anfangs schienen einige der Fragen noch sehr direkt zu sein. Doch nach und nach merkte ich, dass sie den Eindruck erwecken sollten, ich sei entweder ein dummes Ding oder unfähig zu wissen, was damals wirklich geschah. Der Rechtsanwalt meiner Mutter fragte mich, welche Klassen ich in der Schule besucht habe, wobei er genau wusste, dass ich zu den schwächeren Leistungsgruppen gehört hatte.

Diese Strategie machte mich wütend. Ich wollte meiner Mutter zuschreien: *Warum streitest du es ab? Du weißt doch, dass es geschehen ist. Du weißt, dass ich keine Lügnerin bin!*

Nach all dem, was sich ereignet hatte, wollte ich doch nur, dass sie die Verantwortung für das übernahm, was sie selbst getan hatte. Zumindest das war sie mir schuldig. Aber nein, sie stritt sämtliche Anklagepunkte ab, die gegen sie erhoben worden waren. Ich weiß nicht, was schwerer wog, der Missbrauch selbst oder die Tatsache, dass meine Mutter in dieser Frage so unverfroren log und behauptete, ich habe mir das alles ausgedacht. Schließlich war es der Richter, der die Befragung beendete und sagte, dies führe doch zu nichts, und falls er nicht noch irgendwelche andere Fragen habe, solle der Rechtsanwalt wieder Platz nehmen.

Ich brachte zwei Tage im Zeugenstand zu. Da alle Angeklagten gemeinsam vor Gericht standen, musste ich die Befragung durch vier verschiedene Verteidiger über mich ergehen lassen, und jeder versuchte, mich mit unterschiedlichen Strategien zu grillen. Das alles war verwirrend und zermürbend.

Auf dem Rückweg zu unserem Hotel in Swansea stellte ich an diesem Nachmittag fest, dass ich mich an kein Wort erinnern konnte, das ich geäußert oder das jemand anderes zu mir gesagt hatte. Gavin und ich aßen schweigend, und danach ging jeder in sein Zimmer. Emily war in London, und Kate kümmerte sich um sie. Ich war müde. Ich ließ mich auf das Bett fallen und erwartete, ziemlich schnell einzuschlafen, doch die Zeit verrann, und die Stille wurde beklemmend. Ich öffnete die Augen, und der deprimierend kleine Raum schien mit jeder Minute kleiner und kleiner zu werden. Wenn doch bloß Emily hier gewesen wäre, dann hätte ich sie jetzt ganz fest drücken können! Ängstlich und mit kribbelnden Gliedmaßen stand ich auf und ging auf den Flur, wo ich an Gavins Tür klopfte.

»Kann ich bei dir Fernsehen gucken?«, fragte ich. »Ich möchte momentan nicht alleine sein.«

Vor Gericht stellte sich heraus, dass die Polizei einen DNA-Test bei Emily gemacht hatte, wodurch ein für alle Mal feststand, dass Colin der Vater war. Für Moses galt das Gleiche. Anscheinend hatte Elaine – Colins Ehefrau – keine Ahnung davon gehabt. Sie erfuhr davon erst durch den Prozess, und es musste eine ziemlich unangenehme Überraschung für sie sein. Tatsächlich war der gesamte Prozess schockierend. Ich war nur zwei Tage in Swansea, um meine Aussagen zu machen, und über den Rest der Verhandlung las ich an den folgenden Tagen in den Zeitungen. Ein Mädchen sagte aus, es sei als Fünfzehnjährige durch Geschlechtsverkehr mit Colin in die Kirche aufgenommen und danach wie Sexspielzeug an andere Mitglieder weitergereicht worden.

Ein Mann berichtete, Colin habe ihn mit Tricks dazu gebracht, mit Elaine zu schlafen. Wie mir sicherte das Gericht auch diesem Zeugen lebenslang Anonymität zu, das heißt, ihre Namen erschienen nicht in den Zeitungen, doch ich wusste auch so ziemlich genau, um wen es sich handelte. Plötzlich wurden Colins sämtliche Kirchengeheimnisse gelüftet, und er konnte nichts unternehmen, um das zu verhindern. Wir wurden endlich gehört, und je mehr Leute sich trauten, in den Zeugenstand zu treten, desto größer wurde meine Hoffnung, dass die Angeklagten nicht davonkommen würden.

Colin sagte drei Tage lang aus – jedes Wort war gelogen. Er stritt alles ab und räumte lediglich ein, zwei Mal mit mir Sex gehabt zu haben. Das eine Mal musste er zumindest zugeben, da er ja Emilys Vater war! Das war bewiesen und stand außer Zweifel – doch alles andere leugnete er kategorisch. Er behauptete immer noch, das »Buch des Gesetzes« nicht zu kennen.

Staatsanwalt Peter Murphy sprach über Aleister Crowleys »Buch des Gesetzes« und dass Colin für seine Predigten Teile daraus benutzt habe, um Vergewaltigung und Prostitution zu rechtfertigen. Eine Passage zitierte der Staatsanwalt laut:

»Einige der leidenschaftlichsten und dauerhaftesten Bindungen sind durch Vergewaltigung entstanden. Rom wurde darauf gegründet.«

Als Mr. Murphy Colin darauf ansprach, entgegnete dieser: »Vergewaltigung ist falsch.«

Mr. Murphy erwiderte: »Das entspricht aber doch wohl nicht dem, was in dem Buch steht, oder?«

Colin sagte: »Nein, das tut es nicht.«

In einem anderen Abschnitt, der verlesen wurde, hieß es: »Verachtet zutiefst alle keuschen Frauen.« Und dann: »Sex mit jeder Person ist nicht nur zulässig, sondern sollte gefördert werden. Prostitution ist zu bewundern.«

Mr. Murphy fragte: »Ist das eine Leitlinie dafür, wie Sie die Dinge gesehen haben? War das Ihre Welt, eine Welt, die Sie aufbauten, um darin Kinder und Jugendliche zu kontrollieren und zu unterwerfen?«

Colin antwortete: »Nein.«

Ich kochte vor Wut, als ich dies in der Zeitung las. Während des Jahrs, in dem ich die Aufgabe hatte, Colins Verrufene Frau zu werden, hatte er mich gezwungen, mit Hunderten Männern zu schlafen, und das alles wegen der Texte im »Buch des Gesetzes«. Jetzt stritt er ab, das Traktat überhaupt zu kennen!

Später erklärte Mr. Murphy, während der Zeit, die ich als Prostituierte für Colin gearbeitet hatte, habe ich über 45 000 Pfund für ihn verdient.

Dann fragte er Colin, wo das Geld geblieben sei. Mir verschlug es den Atem, als ich die Antwort las: »Ich habe nichts davon bekommen.«

Ich hatte jede Woche Tausende Pfund in bar abgeliefert! Alle von uns, die wir in den Bordells gearbeitet hatten, waren von Überwachungskameras aufgenommen worden, wenn wir auf der Autobahn hin- und zurückgefahren waren. Folglich konnte niemand abstreiten, was da gelaufen war. Nur sagten eben die anderen Frauen aus, sie hätten sich freiwillig prostituiert.

Als der Staatsanwalt fragte, wie Colin es geschafft habe, eine Baranzahlung von über 3000 Pfund für einen Wohnwagen von 21 000 Pfund zu leisten, obwohl er offenbar keine ersichtliche Einnahmequelle gehabt habe, behauptete Colin, er habe jährlich bis zu 10 000 Pfund durch die Zucht von reinrassigen Rottweilern und siamesischen Katzen verdient. Außerdem behauptete er, Geld bei Hunde- und Pferdewetten gewonnen zu haben. Eigentlich hätten mich diese Aussagen nicht überraschen dürfen. Colin hatte sein ganzes Leben gelogen – weshalb sollte er jetzt damit aufhören? Ich hoffte nur, dass die Geschworenen ihm den ganzen Schwindel nicht abnehmen würden.

Elaine war es schließlich, die alle überraschte. Anscheinend hatte sie vorgehabt, Colin für eine Weile zu verlassen, bevor sie alle verhaftet wurden. Als all die Geschichten ans Tageslicht kamen und ihre Welt zusammenbrach, erkannte sie nach und nach, dass Colin nicht der Mann war, für den sie ihn gehalten hatte.

Im Zeugenstand sagte sie: »Ich schäme mich, mit ihm verheiratet zu sein.« Und sie fügte hinzu: »Ich habe mich geändert. Du wirst mich nicht mehr täuschen, Colin.«

Je länger der Prozess dauerte, desto mehr schmutzige Details erfuhr ich über das Leben der Erwachsenen, die mich erzogen hatten. Elaine gestand, dass sie und meine Mutter sich an »Dreiern« beteiligt und eine lesbische Beziehung unterhalten hatten. Irgendwann kam sie dahinter, dass Colin und meine Mutter eine Langzeitaffäre hatten. Sie entdeckte es, als meine Mutter Colin eine Geburtstagskarte schickte, auf der stand: »Für meinen Gemahl«. Mir fiel es wieder ein, als ich in der Zeitung davon las. Ich erinnerte mich an eine Geschichte mit einer Karte, als Elaine vor Jahren einmal sauer auf meine Mutter war. Doch vor Gericht behauptete Elaine, sie habe nicht gemerkt, dass Colin mich missbrauchte.

In meinem Herzen wusste ich, dass auch Elaine vermutlich ein Opfer von Colin war, und in mancherlei Hinsicht tat sie mir leid. Doch wenn man bedachte, was sie den anderen angetan und wie sie Colin freie Hand gelassen hatte, dann stand fest, dass sie die Linie überschritten hatte. Dadurch, dass sie seine wirren Vorstellungen akzeptiert hatte, war sie ebenfalls zu etwas Furchtbarem geworden. Die Frau, zu der ich aufgeblickt hatte, die ich als Kind sogar geliebt hatte, betrachtete ich jetzt zum ersten Mal als Kinderschänderin, genauso wie meine Mutter.

Meine Mutter wurde nicht lange vernommen. In den Zeitungen fand ich keinerlei Berichte darüber, was sie ausgesagt hatte, und das frustrierte mich. Ich wollte eine Aussage von ihr lesen, selbst wenn sie alle Schuld auf Colin abgewälzt hätte. Ich begriff das alles noch nicht. Ich wollte es um alles in der Welt verstehen; sie musste mir erklären, wie sie sich von einer normalen Mutter, die sie in London gewesen war, zu einer Frau hatte entwickeln können, die ihr eigenes Kind missbrauchte und dazu zwang, sich an Gruppensex zu beteiligen. Wie hatte sie zu dieser Person werden können? Das wollte ich wirklich wissen.

Doch meine Mutter stritt alles ab. Es war, als wolle sie aller Welt klarmachen, dass ich log, dass ich alles erfunden hatte. Ich erwartete nicht von ihr, dass sie alle Straftaten zugab und sich entschuldigte – das erwartete ich nicht, und ich glaube auch nicht, dass ich eine Entschuldigung angenommen hätte. Aber ich wollte begreifen, wie es dazu hatte kommen können. Ich wollte eine Erklärung. Sie war eine erwachsene Frau mit einer entzückenden Familie gewesen, einem eigenständigen Leben und einem klaren Verstand. Wie hatte sie es Colin erlauben können, sie so böse zu manipulieren?

Am 9. März war ich zu Hause in London, als die Polizei anrief und mir das Gerichtsurteil mitteilte. Schuldig. Colin war in fünfunddreißig einzelnen Anklagepunkten schuldig gesprochen worden, einschließlich elf Vergewaltigungen, der Nötigung zur Prostitution und unsittlicher Handlungen an Kindern. Meine Mutter war in fünf Punkten schuldig gesprochen worden, einschließlich Beihilfe zur Vergewaltigung, Anstiftung zur Prostitution und unsittlicher Handlungen an Kindern. Elaine wurde in fünf Fällen von unsittlichen Handlungen an Kindern für schuldig befunden und Shelley in zwei Fällen. Nur Sandra wurde freigesprochen.

An diesem Abend saß ich mit Kate, Gavin und zur Feier des Tages einem Glas Champagner im Wohnzimmer und fragte mich, weshalb ich innerlich so leer war. Ich wollte mich glücklich und erleichtert fühlen, wie ich es zuvor erwartet hatte. Aber nein, da war nichts. Keine Zeichen der Zufriedenheit oder des Triumphes, einfach nur totale Leere. Das alles durchlebt zu haben und dann anderen darüber berichten zu müssen, das war so schrecklich, aber jetzt würden diese Leute für ihre Verbrechen ins Gefängnis gehen.

Das war es, was der Richter gesagt hatte: Er hatte verkündet, dass sie mit langen Gefängnisstrafen rechnen müssten. Ich war trotzdem nicht glücklich. Die Welt der Kirche, in der ich aufgezogen worden war, war nichts anderes als eine elendige Lüge zur Befriedigung der Triebe eines kranken und manipulierenden Pädophilen. Das war der wahre Kern der Geschichte. Draußen in der Freiheit hatte ich erkannt, wie verkommen das alles gewesen war.

Es deprimierte mich, akzeptieren zu müssen, dass ich all die Jahre getäuscht worden war. Wie ich in eine Gedankenwelt hineinmanipuliert wurde, in der ich glaubte, es gehe um mehr als nur Sex. So viele Jahre hatte ich mit Colin, der Kirche und deren Worten gelebt und diese Ideen aufgesogen, und es war nun schmerzhaft, das alles loszulassen. Ich brauchte noch etwas. Ich brauchte eine weitere Gelegenheit, die Wahrheit über meine Mutter herauszufinden. In dieser Nacht fragte ich Gavin: »Bringst du mich zum Gericht, zur Verkündung des Strafmaßes? Ich muss meine Mutter sehen. Ich muss ihr in die Augen schauen.«

Am nächsten Morgen um 5 Uhr verließen wir das Haus, um den Zug nach Swansea zu nehmen, wo das Strafmaß verkündet werden sollte. Wieder einmal blieb Kate in London und kümmerte sich um Emily, daher begleitete uns Becca. Erstmals betrat ich den Gerichtssaal, in dem gegen meine Mutter und deren Geliebten Colin, gegen Elaine und Shelley verhandelt worden war. Ich schaute mich um – es herrschte unheimlich viel Trubel. Journalisten rangelten um die besten Plätze zwischen Polizisten in Uniform, Rechtsanwälten in schwarzer Robe und großen Gruppen von Familienangehörigen.

Ich versuchte, mich etwas zurückzuhalten. Thomas war sicher auch irgendwo hier, und er hatte für die Verteidigung ausgesagt. Ich konnte es ihm nicht verübeln. Er kannte die Wahrheit nicht so gut wie ich. Hope hatte ebenfalls für die Gegenseite gesprochen. Ich wollte nicht auffallen.

»Alles in Ordnung?«, flüsterte Becca, als wir auf der Zuschauertribüne Platz nahmen. Sie griff nach meinen Händen und ließ sie nicht mehr los. Ich merkte, dass ich am ganzen Körper zitterte. Gleich würde ich meine Mutter zum ersten Mal seit zwei Jahren sehen, und innerlich barst ich vor widersprüchlicher Emotionen. Ich wünschte mir so sehr, dass sie sich gegen Colin wendete, und sei es zu diesem späten Zeitpunkt. Ich wollte, dass sie mir ihre Zuwendung zeigte. Heute war ihre allerletzte Chance.

Elaine kam als Erste in den Gerichtssaal. Ihre Körpersprache sagte alles – Kopf und Blick waren gesenkt, die Schultern zusammengesackt, und sie schlurfte mitleiderregend zu ihrem Sitz. Sie wirkte am Boden zerstört. In gewisser Weise tat es mir leid um Elaine. Sie war als Teenager in Colins Klauen geraten und hatte mehr als jede andere von uns an ihn geglaubt. In diesem Gerichtssaal war all das zum Einsturz gebracht worden: Er war nichts anderes als ein Verbrecher, und, was in ihren Augen wohl noch schwerer wog, er hatte hinter ihrem Rücken zwei Kinder gezeugt. Was immer er sie auch vorher hatte glauben machen können, jetzt nahm sie ihm nichts mehr ab. Shelley erschien als Nächste – sie sah so aus wie immer. Erhobenen Hauptes, das Kinn nach vorne gestreckt, arrogant wie üblich kam sie daher. Sie warf verächtliche Blicke um sich, während sie sich setzte.

Und dann wurde meine Mutter hereingeführt. Zuerst hätte ich sie fast gar nicht erkannt. Zwei Jahre waren vergangen, seit ich sie zuletzt gesehen hatte, jetzt schockierte mich ihre Erscheinung. Sie war dünn und zerbrechlich, trug langes und strähniges graues Haar wie eine alte Frau. Ich rang nach Luft. Sie wirkte so gebrechlich und schmächtig. Würde sie so das Gefängnis überleben? Schließlich erschien Colin. Im Gegensatz zu meiner Mutter hatte er während der einjährigen Untersuchungshaft ordentlich zugelegt. Früher war er spindeldürr, jetzt trug er einen unschönen Bauch zur Schau, und sein Gesicht war aufgedunsen. Er setzte sich neben meine Mutter und lächelte sie an. Dieses hässliche schiefe Lächeln mit dem einen verbliebenen Zahn.

Seltsamerweise fühlte ich überhaupt nichts, als ich Colin sah. Ich hasste ihn nicht. Die einzige Person, um die es mir ging, war meine Mutter. Die Art und Weise, wie sie sein Lächeln erwiderte und damit zeigte, dass ihre Zuneigung zu ihm ungebrochen war, brachte mich dermaßen in Rage, dass ich am liebsten zu ihr gelaufen wäre, um sie zu schütteln. Ich wollte ihr ins Gesicht schreien: *Was tust du? Weshalb schützt du ihn? Es ist vorbei. Auch wenn es dir nicht um mich geht, weshalb hast du ihn nicht wenigstens unter Moses gestellt? Weshalb willst du für Colin ins Gefängnis? Weshalb hast du dich für ihn und gegen deine eigenen Kinder entschieden?*

Aber natürlich regte ich mich nicht und sagte kein einziges Wort. Ich saß wie angewurzelt, konnte kaum Atem holen. Dann entdeckte ich, wie meine Mutter die Zuschauertribüne absuchte, und unsere Blicke trafen sich. Das Herz pochte mir wie wild in der Brust. *Mama!*, wollte ich rufen, ihr die Hand hinstrecken. Doch dann grinste sie spöttisch zu Colin hinüber und sagte so laut, dass ich es hören konnte: »Ach, schau mal, wer dort ist!«

Das war das Ende. Mit diesen nüchternen paar Worten zerstörte meine Mutter endgültig den letzten Rest an Gefühlen, die ich noch für sie gehabt hatte. Ab diesem Moment wusste ich mit Sicherheit, dass meine Mutter ein bösartiger Mensch ist. Es war nicht nur Colin. Sie hatte diese Straftaten verübt und zugelassen, weil sie es selbst so wollte. Das Böse hatte die ganze Zeit in ihr geschlummert – das Zusammentreffen mit Colin hatte es nur zum Vorschein gebracht. Nun denn, jetzt wusste ich es ganz genau, und sosehr es auch schmerzen mochte, mich von ihr zu verabschieden, um meiner Gesundheit und meines Verstandes willen blieb mir keine andere Wahl. Ich schaute weg und wischte mir heimlich eine Träne von der Wange.

Becca brauchte kein Wort zu sagen. Sie drückte meinen Arm, und ich spürte die Wärme und Kraft, die sie ausströmte.

Alles ist in Ordnung – hieß das. *Ich bin für dich da. Halte durch.*

»Bitte erheben Sie sich alle für den Vorsitzenden Richter Paul Thomas QC.« QC bedeutet Queen's Counsel, Kronanwalt.

Im nächsten Moment standen wir alle, während der Richter den Gerichtssaal betrat, um das Strafmaß zu verkünden. Als er mit seinem Bericht begann, trat augenblicklich Ruhe ein. Die Journalisten kritzelten wie wild in ihre Notizblöcke. Ich saß auf dem äußersten Rand meines Stuhls. Colin bekam zweiundzwanzig Jahre mit der Empfehlung, mindestens elf Jahre im Gefängnis absitzen zu müssen.

»Vielleicht sollten Sie nie auf freien Fuß gesetzt werden«, sagte der Richter zu Colin. »Sie haben sich zum Monarchen Ihres eigenen kranken Königreichs ernannt, in dem drei Frauen als Ihre bereitwilligen Bediensteten um sie herumtanzten. Sie wurden ihr Meister und bildeten eine Gemeinschaft innerhalb der Gesellschaft. Sie sind verantwortlich für Kindesmissbrauch, Vergewaltigung und Prostitution. Sie wurden als böse charakterisiert. Das ist meiner Meinung nach eine korrekte Beschreibung Ihres Charakters. Es ist erwiesen, dass Sie Ihr Leben seit Ihrem zwölften Lebensjahr der Befriedigung Ihrer sexuellen Triebe geweiht und dafür benutzt haben, wer auch immer Ihnen gerade zur Verfügung stand. Das Alter oder Geschlecht Ihrer Opfer war Ihnen dabei weitgehend egal.

Eines Ihrer Opfer behandelten Sie wie ein sexuelles Spielzeug, Sie beherrschten und kontrollierten sein Leben. Und Sie überzeugten Ihre Frau, sich an all dem zu beteiligen. Was geschehen ist, hat die ahnungslose Gemeinde von Kidwelly besudelt.«

Der Richter fügte hinzu: »Sie sind auch in Zukunft eine Gefahr für Kinder. Ihre Verbrechen waren Ihr Lebenswerk, einschließlich wiederholter Straftaten über viele Jahre hinweg. Die Öffentlichkeit muss vor Ihnen geschützt werden; in der Zukunft gäbe es sehr ernsthafte Risiken, falls Sie entlassen werden sollten.«

Er fuhr fort: »Sie sind den Wunschbildern Ihres Vorbilds Aleister Crowley voll gerecht geworden. Sie nutzten das Okkulte, um Ihre sexuellen Exzesse auszuleben. Kinder wurden als Spielzeug für sexuelle Befriedigung eingesetzt. Sie haben sich in grausamer Weise daran ergötzt, Kinder an den Sex heranzuführen, und deren Leben sind für immer überschattet. Es war organisierter und systematischer Kindesmissbrauch, und Sie haben sich dieser Sittenlosigkeit hingegeben.«

Danach richtete er das Wort an meine Mutter: »Sie waren eindeutig vernarrt in den Angeklagten und in sein ›Buch des Gesetzes‹, und ich betrachte Sie als seine Stellvertreterin.«

Ich war überrascht, als der Richter ihr eine Strafe von

zwölf Jahren aufbrummte. Ich hatte erwartet, dass sie mehr bekommen würde. Ihre Verbrechen verdienten mehr – ein Jahr hatte sie zudem bereits abgesessen. In fünf Jahren würde sie wohl wieder auf freien Fuß kommen. Fünf Jahre! Wenn jemand in einen Laden einbrach, musste er länger sitzen. Es war die Hälfte der Zeit, die ich Colin gedient hatte. Ich dachte an all die Male, als ich gezwungen wurde, mit ihr und ihm Sex zu haben. Ich trauerte um meine verlorene Kindheit. *Meine Mutter hätte mehr bekommen müssen.*

Der Richter verlas die anderen Urteilssprüche. Er sagte, Elaine habe sich zu einer bereitwilligen Mitwirkenden bei Colins Straftaten entwickelt, und er verurteilte sie zu acht Jahren Gefängnis. Shelley hatte die Sache mit der Prostitution organisiert und bekam fünf Jahre.

Als wir abends zurückfuhren, war ich traurig, da ich wusste, dass die Beziehung zu meiner Mutter beendet war, selbst wenn sie morgen entlassen werden würde. Zumindest konnte ich jetzt einen Schlussstrich ziehen. Ich wusste, dass kein Weg zurückführte. Was mich betraf, so konnte sie wegen der Dinge, die sie getan hatte, den Rest ihres Lebens im Gefängnis verbringen. Und selbst das war noch nicht genug. Denn unabhängig davon, wie lange sie würde sitzen müssen, gab es nichts, das meine Vergangenheit verändern konnte. Nichts konnte mir meine Kindheit zurückbringen. Das Einzige, was ich jetzt tun konnte, war, dafür zu sorgen, dass Emily und ich eine wundervolle Zukunft hatten. In dieser Nacht schwor ich, nicht zuzulassen, dass meine Mutter sie zerstörte.

Kapitel 22

Trauer

Die Urteilsverkündung traf mich hart. Ich wusste jetzt, dass meine Mutter freiwillig gehandelt hatte. Sie war nicht Colins Zauber erlegen – sie hatte die ganze Zeit gewusst, was sie tat. Und sie hatte gewusst, wie falsch es war. Jetzt musste ich den Rest meines Lebens ohne Mutter auskommen. Lange Zeit fühlte ich mich unsicher, ohne Wurzeln. Ich ging eine Straße entlang und sah junge Mädchen mit ihren Müttern, und mein Herz schmerzte vor Neid. Ich wollte wie sie sein – ich wollte eine Mutter haben, an die ich mich wenden konnte, die für mich da war, die ich liebte. Oder mit der ich einfach nur einkaufen gehen konnte. Es machte mich wahnsinnig, wenn ich hörte, wie sich kleine Kinder frech oder unflätig gegenüber ihren Eltern äußerten. Ich hätte sie am liebsten geschüttelt und ihnen gesagt, sie sollten ihre Eltern gern haben. Nicht jeder hat gute Eltern, und jene, die welche haben, erkennen es kaum.

Inzwischen ging Emily zur Schule, und ich beschloss, meine Ausbildung fortzusetzen. Ich musste eine sichere Zukunft für uns beide aufbauen. Doch in den Monaten nach den Gerichtsverhandlungen fiel es mir schwer, eine hoffnungsvolle Perspektive zu erkennen. Ich trauerte um meine Mutter und meine Kindheit, die ich in Wales verloren hatte. Sämtliche Emotionen, die ich während des Prozesses unterdrückt hatte, sprudelten jetzt an die Oberfläche, und ich wurde an den seltsamsten Orten davon überwältigt. Ich konnte mitten im Supermarkt stehen, und plötzlich fühlte ich mich verloren und auf paranoide Weise verfolgt. Weshalb starrten mich alle Leute an? Dann wollte ich nur noch nach Hause laufen und mich unter der Bettdecke verkriechen. Ich war einsamer als je zuvor.

Mitten in diesem ganzen Trubel musste ich noch einen anderen Kampf durchstehen. Das Jugendamt hatte Moses abgeholt, als meine Mutter und Colin verhaftet wurden. Nachdem diese jetzt für Jahre hinter Gittern sitzen würden, gab es niemanden, der sich um ihn kümmern konnte, daher war entschieden worden, dass er dauerhaft in Pflege kommen sollte. An diesem Punkt wusste ich, was ich zu tun hatte. Ich erkundigte mich beim Jugendamt, ob es mich als Kandidatin für die Pflege und mögliche Adoption in Betracht ziehen würde. Schließlich war er mein Halbbruder und auch Emilys Halbbruder. Wichtiger war jedoch, dass er der kleine Junge war, den ich von Beginn an großgezogen hatte.

Obwohl jetzt zwei Jahre vergangen waren, seit ich Moses gesehen hatte, betrachtete ich ihn immer noch als Sohn. Ich wollte an ihm etwas wiedergutmachen, da ich dafür verantwortlich war, dass er in Pflegeunterbringung war. Er war der Unschuldige in dieser ganzen Sache. Vor zwei Jahren hatte ich ihn verlassen; ein Jahr später hatte er am selben Tag Mutter und Vater verloren. Ich wollte nicht, dass er mit dem Gefühl aufwuchs, von allen im Stich gelassen worden zu sein, die er in seinem Leben gekannt hatte. Das war einfach nicht fair.

Zwei Vertreterinnen des Jugendamts kamen ein paar Monate nach dem Prozess, um mich zu beurteilen. Die beiden Frauen schienen nicht viel darüber zu wissen, was ich mit Colin und meiner Mutter erlebt hatte. Sie ahnten nicht einmal, dass ich in dem Fall die Hauptzeugin der Anklage gewesen war. Als ich ihnen davon berichtete, übermannten mich plötzlich die Emotionen, und ich begann zu weinen. Ich konnte nichts dagegen tun – es war, als hätten sich die Schleusen geöffnet, und ich könnte erst jetzt verarbeiten, was mir in meiner Kindheit zugestoßen war.

Die Frauen waren sehr nett und verständnisvoll, und ich dachte, es sei gut gelaufen. Doch dann bekam ich drei Wochen später einen Brief, in dem mir mitgeteilt wurde, ich sei emotional zu instabil, um mich um Moses kümmern zu können. Als ich das Schreiben las, hätte ich schreien können. Was erwartete das Amt denn von mir? Sie hatten mich über den Missbrauch ausgefragt, den ich als Kind erlitten hatte. War es nicht ganz natürlich, darauf emotional zu reagieren? Verlangten die beiden Frauen von mir, dass ich wie eine Maschine reagierte?

Es war so unfair. Wie konnte es sein, dass ich als Mutter gut genug für Emily war, nicht aber für Moses? Er gehörte zu mir; ich war seine Familie. Ich hatte ihn als Baby betreut! Wie konnten es diese Leute wagen, ihm das einzige Familienmitglied wegzunehmen, das ihm geblieben war? Noch am selben Tag tobte ich in Kates Gegenwart.

»Hier, schau dir das an!«, schäumte ich. »Lies! Da steht, dass ich ihm zwei Postkarten pro Jahr schicken darf: eine zum Geburtstag, die andere zu Weihnachten! Kannst du dir das vorstellen? Zwei Karten! Was soll ihm das bringen? In einem Jahr wird er nicht mal mehr wissen, wer ich überhaupt bin. Ich habe ihn verlassen, als er vier war, und im nächsten Jahr wird er sieben!«

In dieser Nacht schluchzte und schluchzte ich. Ich hatte das Gefühl, Moses im Stich gelassen zu haben, ihn enttäuscht zu haben. Inzwischen hatte ich auch eine Entscheidung bezüglich meines Großvaters getroffen – des Mannes, den ich als Kind so innig geliebt hatte. Ich beschloss, ihn aus meinem Leben zu streichen. Ich glaube, es geschah nicht unter dramatischen Umständen. Es war einfach nur so, dass er im Laufe des Prozesses meine Mutter im Gefängnis besuchte und immer noch gut von ihr sprach, wenn ich bei ihm war. Nachdem sie schuldig gesprochen war, hielt er weiter zu ihr Kontakt.

Einerseits hatte ich Verständnis dafür – als Mutter hätte ich es auch kaum vermocht, meine ganze Zuneigung für mein Kind aufzugeben, wenn ich erfahren hätte, dass es etwas Grauenhaftes getan hat. Andererseits verletzte es mich. Es kam zu dem Punkt, an dem ich es nicht mehr aushielt, mich bei meinem Großvater zu Hause aufzuhalten. Ich konnte nicht mal mehr mit ansehen, wie er mit Emily spielte. Auf wessen Seite stand er? Gewiss nicht auf meiner, und gewiss auch nicht auf Emilys.

Nein – es war undenkbar, ihn weiter zu besuchen, wenn er beschlossen hatte, den Kontakt zu meiner Mutter aufrechtzuerhalten. Ich las es in seinen Augen, der Art, wie er mich anschaute. Es schien, als wolle er mir vorwerfen, dass er Höllenqualen durchstehen müsse. Inzwischen litt meine Oma unter Alzheimer – und in gewisser Weise hielt ich das für eine Gnade. Sie erfuhr nie, was ihre Tochter getan hatte.

Ich fühlte mich jetzt also sehr einsam und verletzlich. Es war, als habe jemand eine Hautschicht entfernt, und ich sei bloßgestellt wie nie zuvor. Ich hatte den gesamten Schutz verloren, dessen ich mir sicher war, solange ich in der Kirche gelebt hatte. Damals hatte Colin Antworten auf alle Fragen dieser Welt – wodurch sollte ich ihn ersetzen? Es gab nichts. Ich glaubte an keinen Gott und keine Religion. Daher war es gar nicht so einfach, Colins Stimme aus meinem Kopf fernzuhalten. Sie war immer da und erinnerte mich daran, dass ich von meinem Pfad abgewichen sei. Und als Resultat meiner Entscheidung war ich verflucht, dazu verdammt, lebenslang Schmerzen zu erleiden.

Mich trieb ständig die Sorge um, mich umgebe eine Art schlechter Aura. Was ich auch anfasste, wohin ich mich auch wandte, immer gab es Probleme. Zuerst trennten sich Tante Becca und Onkel Alex nach siebenundzwanzig Jahren Gemeinsamkeit. Dann, nach dem Prozess, gingen Kate und Gavin auseinander. Ich gab mir die Schuld.

Anderes Unheil passierte, und ich dachte, Colin und die Götter bestraften mich. Ihn ins Gefängnis zu bringen war eine Sache, doch die Gehirnwäsche hatte so lange gedauert, dass es schwer war, sich vollkommen von ihr zu befreien. Wenn ich von irgendwelchen schlimmen Ereignissen hörte, wie Naturkatastrophen oder Explosionen, dachte ich immer, irgendwie stecke Colin dahinter. Er hatte mich ein für alle Mal davon überzeugt, dass er diese wahnsinnige Macht besaß. Mein Gehirn war nun so programmiert, dass es dies glaubte, selbst wenn ich genau wusste, dass es nicht stimmte. Colin war alles für mich gewesen. Er hatte seit meiner Kindheit meine Identität geprägt, und jetzt hatte ich kaum mehr eine Vorstellung davon, wer ich noch war.

Rückblickend erkenne ich, dass unsere Beziehung drei verschiedene Stufen durchlaufen hat. Zunächst war Colin eine Vaterfigur für mich, danach wurde er zum Prediger, Leiter, Missbrauchstäter, Partner, und schließlich war er der Boss. Als wir neben ihm einzogen, war er wie mein Vater. Er sagte mir, was ich zu tun hatte, legte die Regeln fest und sorgte für Disziplin. Dann wurde er der Leiter und Prediger der Kirche mit all deren Feierlichkeiten, den Lesungen und Versammlungen. Danach begannen die sexuellen Handlungen, und ich hatte Angst vor ihm – er missbrauchte mich.

Nachdem Emily geboren war, verhielt er sich eher wie ein Partner. Am Ende entwickelte er sich zu meinem Boss, und ich war nur noch seine Sexsklavin.

Colin dachte wohl, er besäße für immer Macht über mich, da er mich in so vielerlei Hinsicht geprägt, mich geformt und die »perfekte kleine Hure« aus mir gemacht hatte, die er immer in seiner Nähe haben wollte. Er glaubte, ich würde ihn nie verlassen. Doch er beging einen fürchterlichen Fehler – er machte mich zur Mutter. Als er dies tat, säte er die Saat für seinen eigenen Untergang. Die Liebe zu Emily hat seinen Zauber zerstört. Das war sein einer großer Fehler. Sonst wäre der Missbrauch vielleicht über viele Jahre hinweg weitergegangen.

Es gibt einige Sprüche, die wiederholte er so oft, dass ich dachte, ich würde sie nie aus meinem Kopf bekommen, und tatsächlich verfolgen sie mich auch heute noch. Er machte sich immer über die Tatsache lustig, dass ich flachbrüstig war. Immer und immer wieder dachte ich darüber nach, wie glücklich ich wäre, wenn ich eine Brustvergrößerung vornehmen lassen könnte und meine Oberweite ein kleines Stückchen größer wäre. Und von Zeit zu Zeit meldet sich dieser entsetzliche Gedanke immer noch in meinem Kopf, und ich verfluche meine bescheidenen Brüste für die BH-Größe A. Natürlich weiß ich tief in meinem Inneren, dass mein Busen nicht das Problem ist. Ich bin mir inzwischen gewiss, dass mein Körper wirklich schön ist und dass meine Unsicherheiten auf dieses Monster zurückzuführen sind, das mich großgezogen hat. Doch ich leide immer noch an Minderwertigkeitsgefühlen, und an Tagen, an denen ich mich niedergeschlagen fühle, können sie mich erdrücken.

Tagsüber tat ich in diesen Wochen für gewöhnlich mein Bestes, nicht über Colin nachzudenken. Ich wollte nicht eine

Sekunde meines Lebens mehr an ihn und seine Manipulationen verschwenden. Doch dann fand er einen anderen Weg, sich in mein Leben zu zwängen – über meine Träume. Das seltsamste Phänomen war dabei, dass es nicht immer Albträume waren. Ich hatte einen wiederkehrenden Traum, in dem Colin für mich und Emily sorgte und zu uns sagte: »So hatte es immer kommen sollen. Wir drei vereint zusammen.« Und in diesem Traum fühlte ich mich behaglich – ich genoss die Vertrautheit, die Sicherheit, die Gewissheit, dass Colin da war, um uns zu beschützen und sich um unsere Zukunft zu kümmern.

Natürlich wusste ich beim Aufwachen ganz genau, dass er uns nie vor Unheil bewahrt hatte, dass er mir Leid zugefügt hatte, das ich Zeit meines Lebens spüren werde. Dennoch, da ich mit der Flucht meine Wurzeln verloren hatte, war mein Unterbewusstsein wohl an das gekettet, was ich aus der Vergangenheit kannte. Ich wollte glauben, dass ich »die Auserwählte« war. Ich wollte glauben, dass gewisse Dinge im Leben geschehen sollten.

Dann gab es noch die Albträume. Manche waren so realistisch, dass die Erinnerungen daran tagsüber wie Blitze in mich einschlugen und ich mich fragte, ob das wirklich geschehen war. Ein besonders furchtbarer Traum verfolgte mich wochenlang. In ihm kletterte Colin durch das Schlafzimmerfenster, während ich schlief, hielt mir den Mund zu, damit ich nicht schreien konnte, und dann injizierte er mir irgendein Gift. Schlimm war, dass der Traum so plastisch war: eine brutale Attacke.

Ich spürte seine kräftigen Arme an meinem Körper, wie sie mich festnagelten, und ich lag total verschreckt in meinem Bett und konnte mich nicht rühren. Dann sah ich, wie diese gewaltige Nadel näher kam. Die lange Spitze glänzte im Mondlicht, und er flüsterte mit heiserer Stimme, während ich mich vergebens wehrte: »Das reicht jetzt, Annabelle. Bleib einfach ruhig liegen, sei ein liebes Mädchen und liege still. Du bist meine besondere kleine Hure, und ich will dir helfen. Das Mittel hier wird dafür sorgen, dass es dir besser geht. Liege still und entspanne dich. Entspann dich einfach.«

Colin war mir so nah, so echt, dass ich ihn riechen konnte. Es war dieser süßliche, schale Geruch von Tabak.

In diesem Moment drückte er die Nadel in meinen Arm, und dann erschien Emily am Fußende des Bettes. Ich sah, wie sie ihren Spielzeug-Flugsaurier an sich presste und vor Schreck wie gelähmt dastand. Aber das Gift machte mich ganz taub. Colin sprang von mir herunter, und ich musste hilflos zusehen, wie er auf meine kleine Tochter zuging. Ich schrie in einem fort: »NEIN, NEIN, NEIN, NEIN!« Doch ich konnte ihn nicht aufhalten, und jetzt begann Emily ängstlich zu schluchzen, während er sie hochhob. Dann tauchte die Nadel wieder auf. Ich wusste, dass sie Emily töten würde, doch ich war nicht in der Lage, irgendetwas daran zu ändern. Ich brüllte und brüllte, aber kein Laut kam heraus, und dann … und dann … und dann wachte ich auf, schweißgebadet, keuchend und zitternd vor Angst.

Seltsam war, dass ich nie von meiner Mutter träumte. Nie. Nicht ein einziges Mal.

Kapitel 23

Blick nach vorne

Ich hatte nie damit gerechnet, mich zu verlieben. Ich konnte mir einfach nicht vorstellen, wie das noch möglich sein sollte. Mein Leben war so lange durch Männer verpfuscht worden, dass ich ihnen absolut nicht mehr vertrauen konnte. Und wenn man einmal als Prostituierte gearbeitet hat, fällt es einem schwer, nicht dem Zerrbild zu verfallen, alle Männer wollten immer nur das Eine. Daher dachte ich über einen langen Zeitraum hinweg nicht mal über eine Beziehung nach. Ich wollte mich einzig darauf konzentrieren, für Emily und mich ein neues Leben zu organisieren, mich auf die bestmögliche Weise nach vorne zu entwickeln und irgendeine Form von Stabilität zu erschaffen.

Es war schon schwer genug, die wesentlichen Dinge des Alltags zu bewältigen, wie jeden Tag die Wohnung zu verlassen, die Ausbildungskurse zu besuchen, Emily zu versorgen und meine Finanzen in Ordnung zu halten. Dies waren Angelegenheiten, die ich vorher nie selbstständig hatte erledigen müssen, und es war alles andere als einfach. Nach der Gerichtsverhandlung hatte ich eine Abfindung erhalten, und mit dieser in der Tasche erlaubte ich mir einige Fehler. Ich lieh mehreren Leuten Geld und versäumte es, die Rückzahlungsmodalitäten schriftlich festzuhalten. Kurzum, ich gab Geld weg, von dem ich weiß, dass ich es nie zurückbekommen werde. Es war dumm, und ich war stinksauer auf mich, denn es handelte sich um Geld, das ich für Emily auf die Seite legen oder in ihre Zukunft hätte investieren sollen. Doch ich wollte den Leuten vertrauen. Ich wusste einfach nicht, wie ich mein Gefühl ausdrücken sollte, und ich dachte wohl, wenn ich diesen Menschen Geld gebe, dann werden sie sich auch an ihr Versprechen halten und es mir zurückzahlen. Ja, es gab noch eine Menge zu lernen, um erwachsen zu werden.

Nach meinem ersten Jahr in dem Ausbildungsinstitut fand ich einen Ferienjob in einer Catering-Firma – wir bereiteten morgens Sandwiches vor und verkauften sie mittags an örtliche Unternehmen. Es war ein angenehmer Job, da die Firma nicht weit von meiner Wohnung entfernt war. Dort arbeiteten ein paar Frauen, die alle in meiner Nähe lebten und sehr warmherzig und freundlich waren. Sie hießen mich in ihrer Welt willkommen, und es tat gut, wieder Freundinnen zu haben. Nachdem ich den Kontakt zu Hope verloren hatte, hatte ich außer meinen Verwandten keine Freundinnen mehr gehabt. Das Problem mit meinen Angehörigen aber war, dass jeder von ihnen wusste, was ich hinter mir hatte, daher lag immer etwas gedrückte Stimmung in der Luft, selbst wenn wir zusammen lachten; das Vergangene belastete unsere Herzen.

Es war schön, auf Menschen zu treffen, die normal und lustig waren. Sie nahmen mich auf den Arm, was für mich anfangs ungewöhnlich war. Ich war immer so ängstlich, was die Leute wohl über mich denken mochten, dass ich mich in der Gegenwart von mir unbekannten Menschen ziemlich zurückhielt. Ernst und ohne zu lächeln, das Gesicht jeden Tag sorgfältig geschminkt, scherzte ich nicht herum und machte auch keinen Small Talk mit anderen. Doch im Laufe der Zeit gaben mir die Frauen auf der Arbeit das Gefühl, zum Team zu gehören, und das half mir, etwas lockerer zu werden.

Maisie war ungefähr fünfundzwanzig Jahre älter als ich und eine richtige Ulknudel. Wir waren jeden Morgen sehr früh im Betrieb, um das Essen fertigzumachen, und dann fuhren wir im Lieferwagen los und verkauften unsere Sandwiches und Snacks. Ich arbeitete gerne mit Maisie zusammen, denn sie brachte mich dazu, dass ich Tränen lachte. Sie war das genaue Gegenteil von mir – extrovertiert, quirlig, laut und grell. Ihre Fingernägel waren stets in leuchtenden Farben lackiert. Sie trug gewaltige herabhängende Ohrringe, und ihre blonden Haare mit honigfarbenen Strähnen toupierte sie zu einer voluminösen Hochfrisur. Mit ihrer farbenprächtigen Kleidung und den turmhohen Absätzen war Maisie nicht zu übersehen. Während meiner ersten Wochen auf der Arbeit machte sie es sich zur persönlichen Aufgabe, mich aus der Reserve zu locken, und ich muss gestehen, es glückte ihr!

Als Maisie dahinterkam, dass ich Single war, warf sie in gespielter Entrüstung die Arme in die Luft. Dann erklärte sie, sie sei die beste Kupplerin der Welt, und versprach, sie würde mich noch vor Ablauf der Ferien mit jemandem zusammenbringen.

»Das ist doch ein Scheißverbrechen, dass du keinen Kerl hast!«, schimpfte sie eines Morgens, während sie eine Käsescheibe auf ein dunkles Brötchen legte.

»Warum das denn?«, fragte ich und schmierte Butter auf ein Baguette. »Ich brauche keinen Mann, um glücklich zu werden.«

»Schnucki, keine Frau *braucht* einen Mann!«, spottete sie. »Aber jede Frau hat gerne ein bisschen Aufmerksamkeit und Spaß, Herzchen. Nur Arbeit und kein Spiel, so ein Leben macht aus Annabelle ein tristes Mädchen.«

»Willst du mich etwa als trist bezeichnen?«

»Lass es mich mal so ausdrücken – eine Tasse warmen Kakao und *EastEnders* in der Glotze würde ich nicht gerade als berauschendes Abendvergnügen einstufen. Wann gehst du mal zusammen mit mir aus?«

»Bitte vergiss nicht, ich habe eine Tochter.«

»Entschuldigung, Entschuldigung! Aber du hast auch einen Babysitter-Service in der Wohnung deiner Tante.«

»Ja«, sagte ich lachend, »und ich habe Schiss, mit dir auszugehen, Maisie. Du hetzt mir eine Horde unmöglicher Typen auf den Hals.«

»Genau, liebste Annabelle. Genau das, was dir fehlt!«, erwiderte sie grinsend und hielt triumphierend ihr Buttermesser in die Luft.

Ich erzählte weder Maisie noch den anderen auf der Arbeit etwas von meiner Vergangenheit. Das entsprach nicht unserem Verhältnis zueinander. Wir lachten viel, wir neckten uns, aber das war es. Außerdem brauchte ich niemanden, der mich bedauerte. Ich wollte ihr Mitleid nicht; ich wollte nur so akzeptiert werden, wie ich war. Jeden Tag mit Maisie kräftig lachen zu können vermittelte mir das Gefühl, wieder ein Mensch zu sein. Ich kam mit der Welt außerhalb meiner eigenen vier Wände in Kontakt, doch diesmal geschah es zu meinen Bedingungen.

Eines Tages, als wir auf Kunden warteten und alles ruhig war, begann Maisie von ihrem Sohn zu erzählen, der ihrer Meinung nach mit der falschen Frau zusammen war.

»Mein Gott, sie ist der reinste Albtraum!«, sagte sie und seufzte dramatisch. »Ehrlich, Anna, sie macht Finn das Leben richtig schwer. Am Wochenende waren sie aus, und als sie nach Hause kamen, fingen sie an, sich heftig zu streiten. Stell dir vor, um vier Uhr in der Nacht schreit die Frau Zeter und Mordio und weckt die gesamte Nachbarschaft auf. Das Ende vom Lied war, dass mein Herr Sohn bei mir vor der Tür stand! Also muss ich mitten in dieser gottverdammten Nacht aus den Federn und meinen neunundzwanzigjährigen Ableger aufnehmen, weil seine Freundin beschlossen hatte, sie bräuchte 'nen richtig hübschen Krach. Ich sag ihm schon die ganze Zeit, dass die Frau nichts für ihn ist, aber du weißt ja, wie das ist, die eigenen Kinder hören nicht auf einen. Sie müssen offensichtlich selbst ihre Lektion lernen.«

»Wie ist dein Sohn denn?«, fragte ich. Ich war neugierig.

»Oh, Anna, er wäre genau der Richtige für dich!« Sie blinzelte verschmitzt.

»Ach, das meine ich doch nicht«, sagte ich lachend. »Du bist schrecklich. Außerdem ist er schon mit einer Frau zusammen.«

»Aber nicht mehr lange«, sagte sie finster. »Im Ernst, ich kann mir nicht vorstellen, dass das noch lange hält. Ich glaube noch nicht mal, dass er sie liebt. Finn ist da einfach so reingerutscht, und jetzt hat er den Salat. Bald wird er den Durchblick haben, und dann erkennt er, dass es außer den Streitigkeiten nicht schrecklich viel gibt, das sie zusammenhält.«

In diesem Moment hielt mir Maisie, die gerade das Display ihres Handys runtergescrollt hatte, den Bildschirm unter die Nase. Dort war ein gutaussehender blonder Bursche mit großkariertem Hemd zu sehen, der einen Arm um Maisie gelegt hatte und freundlich in die Kamera lächelte. Er hatte nette Augen und ein kesses Grinsen.

»Ach, der sieht aber wirklich ganz schnuckelig aus«, sagte ich anerkennend.

»Ja, er ist ein guter Junge«, meinte Maisie lächelnd und schaute wieder ihr Handy an. »Er hat einen prima Job in einer Buchprüfungsfirma, schlägt sich wacker und arbeitet hart. Letztes Jahr hat er eine Eigentumswohnung gekauft. Ich bin stolz auf ihn.«

Erneut reichte sie mir ihr Handy. Diesmal zeigte das Foto einen kleinen Jungen, etwa acht Jahre alt, der in einem knallig orangefarbenen Pullover, mit flatterndem Haar und einem spitzbübischen Lächeln auf einem Fahrrad fuhr. Es war eindeutig Finn als kleines Kind. Ich lachte schallend.

»Was für ein putziges Kerlchen«, sagte ich.

»Die werden schnell größer, mein Schatz.«

Ich dachte mir zu diesem Zeitpunkt nichts weiter dabei, aber eine Woche später kam Maisie während der Arbeit atemlos vor Aufregung zu mir gelaufen.

»Er hat dein Foto gesehen!«, japste sie, und ihre Augen leuchteten, die Armreife klimperten wie wild.

»Wer? Wem hast du mein Foto gezeigt?« Ich war nicht gerade erbaut darüber. Maisie hatte ein paar Aufnahmen von mir für meine Facebook-Seite gemacht, die sie mir einzurichten geholfen hatte. Aber ich wollte doch nicht, dass sie damit bei all ihren Freunden hausieren ging!

»Nun reg dich mal nicht so auf!«, sagte sie. »Nur Finn, sonst niemandem. Wir haben uns am Wochenende Bilder auf meinem Handy angeschaut, und dabei hat er dein Foto entdeckt. Er hat mich gefragt, wer du bist. ›Eine ganz Süße‹, hat er gesagt.«

Ich wurde rot.

»Ich habe ihm erzählt, dass wir zusammen arbeiten, und da hat er nochmal gesagt, dass er dich richtig hübsch findet. Warum schickst du ihm nicht mal 'ne Nachricht? Guck mal, hier ist sein Profil.«

Maisie spielte auf meinem Handy herum, bis sie Finns Facebook-Seite gefunden hatte. Ich las alle seine Kommentare in seiner Chronik und musste lachen, als ich eine Unterhaltung vom gestrigen Abend entdeckte.

Er hatte geschrieben: »Mutter, hör auf, meine Facebook-Seite zu lesen!«

Sie hatte geantwortet: »Wer ist da, bitte? Und warum hast du deine Wäsche bei mir abgeladen?«

»Das ist meine gesamte dreckige Wäsche. Dachte mir, diesmal könntest du sie vielleicht drinnen lassen, statt sie für alle sichtbar zum Auslüften nach draußen zu hängen. Hoppla, da scheine ich mich wohl vertan zu haben.«

»Ha, da hat er dich aber erwischt!«, sagte ich lachend.

»Ja, er ist einfach zu sensibel, was seine Sachen angeht.«

Ich dachte darüber nach. Mir gefiel die Tatsache, dass Finn seine persönlichen Angelegenheiten nicht öffentlich ausbreiten wollte. Mir ging es genauso.

»Los«, drängte Maisie, »schick ihm eine Nachricht.«

»In Ordnung, mache ich.«

Ich erinnerte mich an das Bild des kessen Knaben auf dem Fahrrad und schrieb daher an Finn: »Als junges Bürschlein warst du sehr putzig!«

Dann drückte ich auf »Senden«.

»Er macht Schluss mit ihr, weißt du«, sagte Maisie beiläufig.

»Ach, Maisie!«, erwiderte ich heftig.

»Was ist denn? Ich *sag* doch bloß.«

Ein paar Minuten später hatte ich eine neue Nachricht in meiner Inbox. Ich öffnete sie: »Danke, du siehst auch nicht gerade schlecht aus.«

Maisie lehnte sich zu mir herüber und knuffte mir in die Rippen.

»Hol deinen Mantel, Schätzchen, ich glaube, du hast dir einen geangelt.«

Ich rollte mit den Augen, doch im Stillen war ich einigermaßen zufrieden mit der Sache. Danach begannen Finn und ich uns über Facebook auszutauschen.

Vom ersten Moment an kam ich mit Finn hervorragend zurecht. Er war freundlich, offen und schaffte es immer wieder, mich zum Lachen zu bringen. Anfangs waren wir nur online befreundet, doch schon bald tauschten wir unsere Handynummern aus und schickten uns gegenseitig SMS. Seine Mutter zu kennen erleichterte mir die Sache. Dass er immer noch mit seiner Freundin liiert war, machte mir nichts aus, da ich keine Beziehung haben wollte.

Momentan reichte es, dass wir einfach gute Freunde waren. Ich war vorher noch nie mit einem Jungen befreundet gewesen, Colin hatte es mir nicht erlaubt. Außer im Bett durften sich Mädchen innerhalb der Kirche nicht mit Jungen abgeben, daher war das alles für mich ein ganz neues Territorium.

Im Übrigen wäre ich in den Monaten und ersten Jahren nach dem Prozess gar nicht in der Lage gewesen, mich auf eine Beziehung einzulassen. Ich hatte einfach nicht das Vertrauen, den richtigen Partner zu treffen. Colin war dermaßen dominant gewesen, dass ich befürchtete, unbewusst nach der gleichen Art von Mann zu suchen, um diese Lücke zu schließen. Jetzt musste ich erst mal auf eigenen Füßen stehen. Ich musste mir beweisen, dass ich dazu imstande war.

Im Oktober 2012, drei Monate nachdem wir uns zu schreiben begonnen hatten, traf ich Finn zum ersten Mal. Wir gingen gemeinsam mit seiner Mutter und einigen Arbeitskollegen aus. Finn und ich umarmten uns wie alte Freunde und schwatzten miteinander. Er schien selbstsicher und entspannt zu sein, und ich bewunderte, wie er spielend mit allem fertigwurde. Ich bemühte mich immer noch, im öffentlichen Leben Fuß zu fassen, und verhielt mich äußerst schüchtern. Am Ende des Abends erzählte er mir, er habe mit seiner Freundin Schluss gemacht.

»Ich würde unheimlich gerne mal mit dir ausgehen. Hast du Lust?«, fragte er zögerlich.

»Hm, also, ich weiß nicht«, murmelte ich. »Geht das nicht ein bisschen zu schnell?«

»Finde ich nicht«, meinte er achselzuckend. »Ich glaube, meine Mutter hatte die ganze Zeit Recht mit ihrer Meinung über sie. Ich war nicht glücklich. Es hat eben nur lange gedauert, bis ich aus der Beziehung rausgekommen bin.«

»Sie passt gehörig auf dich auf, was?«, sagte ich.

»Wer?« Finns Stirn legte sich vor Überraschung in Falten.

»Deine Mutter, du Blödi!«

»Ach ja«, sagte er lachend. »Nun ja, das ist ihr Job, findest du nicht? Schließlich ist sie meine Mutter.«

Ich spürte einen Stich und eine Mischung aus Eifersucht und Ärger. Ja, er hatte Recht, es war ihr Job. Nur war es eben so, dass nicht alle Mütter ihren Job liebten oder so gut machten wie Maisie.

»Du hast Glück, weißt du das?«, sagte ich ernsthaft. »Sie ist wirklich eine großartige Frau. Nicht jede Mutter ist wie sie.«

Und dabei beließen wir es. Ich weiß nicht, warum ich gleich Nein gesagt habe – vielleicht war ich noch zu unsicher. Ich mochte Finn wirklich, und ich hatte Angst, dass wir intim werden könnten. In so vielerlei Hinsicht hatte ich die normalen Erfahrungen von Teenagern nie gemacht. Äußerlich war ich eine zweiundzwanzigjährige Mutter, doch innerlich fühlte ich mich idiotisch jung. Wie mochte es sich anfühlen, jemanden zu küssen, den man wirklich mochte? Ich wusste es nicht. Wenn es um Liebe ging, war ich trotz meiner ausgiebigen sexuellen Erfahrungen immer noch eine Anfängerin, und die Angst war groß, Fehler zu begehen.

Armer Junge: Am Ende ließ ich ihn vier Monate warten, bis wir unser erstes Rendezvous hatten, aber dieser Abend, der 16. Februar 2013, war perfekt. Wir gingen Pizza essen, redeten stundenlang Unsinn und lachten über die verrücktesten Dinge. Als Finn mich dann zu Fuß nach Hause begleitete, spürte ich, wie mir das Herz in der Brust schlug, und das aus gutem Grund. War dies der Moment, da er mich küssen würde? Wir standen vor der Tür. Ich sagte ihm, es sei ein wunderbarer Abend gewesen, und dann fragte er mich, ob wir das nicht am nächsten Abend wiederholen könnten.

»Ja, prima«, erwiderte ich.

Daraufhin hob er eine Hand und schob mir sanft meine Haare aus dem Gesicht.

»Du bist so wunderschön«, sagte er einfach. »Ich mag dich sehr.«

»Ich mag dich auch«, sagte ich scheu und schaffte es kaum, ihm in die Augen zu schauen. »Aber … also, das ist schwierig für mich.«

»Warum? Was ist schwierig für dich?«

»Ach, womit soll ich anfangen? Ehrlich, Finn, es ist eine lange Geschichte und furchtbar kompliziert.«

»Ich laufe nicht weg«, sagte er.

Danach herrschte Stille. Ich wusste nicht weshalb, aber ich hatte das Gefühl, ich müsste ihm von meiner Vergangenheit erzählen. Wenn wir überhaupt eine Chance auf eine Beziehung hatten, musste er die Wahrheit kennen. Würde er immer noch mit mir zusammen sein wollen, nachdem er erfahren hatte, was ich getan hatte? Ich hoffte es, doch ich musste es erfahren. Ich konnte es mir nicht leisten, mich zu verlieben, wenn Finn beim ersten Anzeichen von Schwierigkeiten Reißaus nahm.

»Lass uns erst mal drüber schlafen, ja?«, schlug ich vor. »Ruf mich morgen früh an.«

Und so kam es, dass ich Finn bei unserem zweiten Rendezvous das Wichtigste über mein bisheriges Leben erzählte. Wir hatten uns noch nicht mal geküsst, und ich breitete meine Vergangenheit vor ihm aus – Colin, meine Mutter, Wales. Ich gab ihm sogar Hinweise auf die vielen Artikel, die im Internet über mich stehen, sodass er es selbst nachlesen konnte. Das fiel mir nicht leicht. Eigentlich wollte ich es nicht, doch ich wusste, dass es umso härter werden würde, wenn ich nicht gleich von Beginn an ehrlich wäre.

Nachdem ich mit meinem Bericht fertig war, lehnte er sich auf dem Sofa zurück, mit einer Hand auf der Stirn und einem Gesichtsausdruck, als habe ihn gerade ein Zehn-Tonnen-Laster gerammt. Dann atmete er geräuschvoll aus. Er schüttelte erschrocken den Kopf und blickte mir in die Augen.

»Das gibt's doch gar nicht«, waren seine ersten Worte.

»Was gibt es nicht?«

»Das gibt's doch gar nicht, dass du das alles durchgestanden hast«, sagte er. »Anna, wie schaffst du das nur? Du wirkst so normal! Ich habe Mädchen kennengelernt, die haben ihr Leben lang nie Schwierigkeiten gehabt und sind völlig verkorkst. Du bist bewundernswert.«

Mir traten Tränen in die Augen. Ich war so erleichtert, dass er in diesem Moment nicht aufgesprungen und aus dem Zimmer gerannt war.

»Ich versuche einfach, mit meinem Leben zurechtzukommen«, sagte ich und zupfte an dem Kissen auf meinem

Schoß. »Es war Emily, die mich gerettet hat. Ohne sie säße ich heute nicht hier. Ich wollte, dass du das alles weißt, bevor sich etwas zwischen uns entwickelt, weil, nun ja, ich will dich nicht anlügen. Es wäre falsch.«

Finn lächelte und nahm meine zitternden Hände in seine. »Du brauchst dir meinetwegen keine Sorgen zu machen. Ich mag dich, und wie gesagt, ich laufe nicht weg.«

»Ich möchte es langsam angehen lassen«, sagte ich.

»Mir ist's recht. Immer geradeheraus. Anna, du brauchst nichts zu tun, wozu du nicht Lust hast. Ich würde nie etwas unternehmen, das dich verletzt.«

Und damit schlang er die Arme um mich und drückte mich an sich, und wir verharrten lange so. In diesem Augenblick, in dieser Umarmung fühlte ich mich zum ersten Mal sicher, seit ich denken kann. Und glücklich.

Finn und ich mögen langsam begonnen haben, doch nachdem wir die erste Klippe gemeistert und zueinander Vertrauen gefasst hatten, gab es für uns kein Halten mehr. Finn zu küssen war eine Offenbarung. Es war überwältigend! Ich hätte ihn ewig lange küssen können. Es ist wohl nur natürlich, dass sich die Dinge zwischen uns weiterentwickelten, und so zog ich im Juli bei ihm ein. Einen Monat später stellte ich fest, dass ich schwanger war. Zunächst waren wir beide geschockt, und ich fragte mich, ob wir nicht ein zu hohes Tempo eingeschlagen hatten. Letzten Endes war es Finn, der mich überzeugte, dass meine Schwangerschaft ein Segen sei.

»Schau mal, wir lieben uns doch«, sagte er. »Früher oder später wäre es doch sowieso passiert. Ich bin damit einverstanden, und du scheinst es auch gut zu finden, wer also sollte sagen, dass es zu schnell ging? Ich war jahrelang mit einer Frau zusammen, und es lief alles schief. Ich habe lange genug gesucht, bis ich dich gefunden habe. Jetzt will ich keine Zeit mehr vergeuden und bin bereit, mit dir zusammen eine Familie zu gründen.«

Mehr brauchte ich nicht. Ich wusste, dass Finn einen großartigen Vater abgeben würde: Emily und er waren bereits beste Freunde geworden, und schließlich spürte ich, dass ich die Stabilität gefunden hatte, nach der ich die ganze Zeit gesucht hatte. Mir war klar, dass ich mit Finn, Maisie und dem Baby neue Wurzeln schlagen und in diesem Leben einen Raum für mich selbst schaffen würde. Eine kleine Welt, in der ich mich wohlfühlen konnte, glücklich und gesund.

Epilog

Im Februar 2014 war unsere kleine Familie komplett, als ich meinen prächtigen Sohn zur Welt brachte – Finn junior. Emily ist jetzt sieben und genießt es, für ihr kleines Brüderchen die große Schwester spielen zu dürfen. Was mich betrifft, so mache ich aus jedem Moment das Beste. Ich erfreue mich an den ersten Wochen der Mutterschaft, erlebe sie ohne Stress und die Furcht, die ich bei Emily hatte, als ich noch in Wales lebte. Ich kann jene Mutter sein, die ich sein möchte, und das von Anfang an.

Das heißt jedoch nicht, dass alles problemlos gelaufen ist. Nach wie vor werde ich von Albträumen verfolgt, manchmal höre ich noch Colins Stimme in meinem Kopf, und zuweilen fühle ich mich durch die Außenwelt überfordert. Es gibt Tage, an denen möchte ich mich verkriechen und niemanden sehen. Es gibt Zeiten, da kann ich keine Entscheidungen treffen, selbst hinsichtlich der unbedeutendsten Sachen, und ich tendiere dazu, Finn einfach nachzugeben. Doch er akzeptiert das nicht immer – ihm kommt es darauf an, dass ich meine eigene Stimme finde und meine eigenen Entscheidungen treffe, wie schwer mir das auch immer fallen sollte.

Er stellt nicht zu viele Fragen über die Vergangenheit. Ich weiß, dass es ihn schmerzt, daran zu denken, daher reden wir nicht über die Dinge, die ich getan habe oder die mir angetan wurden.

»Du wurdest zu diesen Sachen gezwungen, Anna«, sagt

er. »Wenn ich diesem Mann jemals begegnen sollte, dann würde ich ihn töten.«

Es ist schwierig, Finn zu erklären, wie kompliziert meine Gefühle gegenüber Colin sind. Er versteht nicht, weshalb ich Colin nicht auch hasse. Ich kämpfe ja selbst mit mir, das Geschehene zu verarbeiten.

Und dann gibt es Zeiten, da mag ich einfach nicht reden. Dann schotte ich mich von der Außenwelt ab und mache auch Finn gegenüber dicht. Dann muss er sich gewaltig anstrengen, mich wieder zurückzuholen, denn es ist fast so, als würde ich in meinem Inneren abtauchen. Äußerlich verhalte ich mich ganz ruhig – ein Fremder würde wohl kaum auf den Gedanken kommen, dass in mir ein Orkan tobt.

Eine Sache, die ich neu lernen musste, war, Finn meine Emotionen zu zeigen. Außer bei Emily bin ich gewöhnlich äußerst zurückhaltend, jemandem meine Gefühle preiszugeben. In der Vergangenheit war das eine Schwäche, die in einem Krieg der Manipulationen gegen mich selbst eingesetzt wurde. Ich war geübt darin, eine Maske aufzusetzen und mich dahinter zu verbergen.

Finn macht das wahnsinnig.

»Du brauchst dich doch nicht zu verstecken«, sagt er. »Gefühle sind keine Schwäche. Wenn du weinen musst, dann ist das doch in Ordnung. Und wenn du sauer auf mich bist, dann sag es mir. Es ist schwer, eine Beziehung mit jemandem zu haben, der sich ständig verkriecht.«

Gelegentlich übermannt mich Einsamkeit, wenn ich sehe, wie Finn und seine Mutter miteinander rumflachsen. Sie stehen sich so nahe. Gleichzeitig sind sie sehr sensibel und beziehen mich in alles mit ein. Mit Maisie verbindet mich ebenfalls eine besondere Beziehung. Sie ist ein total verrücktes Huhn, und ich liebe sie abgöttisch! Schließlich habe ich ihr mein Glück zu verdanken. Wenn ich mitbekomme, dass Finn respektlos mit seiner Mutter umgeht, macht mich das wütend. Dann möchte ich ihm sagen, wie froh er sein kann, dass er sie hat. Ich wünsche mir immer noch, ich hätte eine solche Mutter wie sie gehabt. Sich an ein Leben ohne Mutter zu gewöhnen ist hart, sehr hart.

Mit meinem Vater habe ich keinen Kontakt aufgenommen, seit ich in London bin. Ich weiß nicht genau, weshalb. Wahrscheinlich hoffe ich in meinem tiefsten Inneren, dass er sich eines Tages bei mir meldet. Ich hege ihm gegenüber keinen Groll. Ich verstehe, dass nichts von all dem sein Fehler war. Ich hoffe einfach, dass er mich irgendwann zu sich einlädt. Das wäre sehr schön.

Ich vermisse meinen Bruder und meine Schwester. Olivia sehe ich von Zeit zu Zeit, aber sie führt jetzt ihr eigenes Leben. Sie ist nicht mehr in Pflege und hat einen Freund. Sie ist achtzehn, und ich weiß, dass ich eines Tages mit ihr über unsere Mutter und Colin reden muss. Ich warte damit, bis sie bereit ist. Bis dahin hoffe ich, dass sie weiß, dass ich immer für sie da sein werde, so wie Finn immer für mich.

Ich werde immer noch wütend, wenn ich an die Vergangenheit denke. Es wundert mich bis heute, dass es so viele Menschen gab, die in Kontakt mit uns »Kirchenkindern« standen und nie etwas gesehen haben wollen, das bei ihnen die Alarmglocken hat läuten lassen. Wir lebten in einer Sackgasse neben einer Menge anderer Häuser – und die Nachbarn, die nicht zu der »Kirche« gehörten, sahen oder hörten nie, was da vorfiel. Selbst die Leute, die die Sekte verlassen hatten, waren zu verängstigt, den Behörden die Wahrheit mitzuteilen. Letzten Endes litten wir, weil jeder weggeschaut hat.

Heute versuche ich, die bestmögliche Mutter zu sein. Und ungeachtet all dessen, was ich mitgemacht habe, betrachte ich mich als glücklich. Glücklich, einen gesunden Sohn und eine zufriedene und gesunde siebenjährige Tochter zu haben. Emily bringt mich jeden Tag zum Lachen – die Art, wie sie aus der Schule hereingehüpft kommt und wild darauf ist, mir ihre neuesten Zeichnungen zu zeigen, oder wie begeistert sie ist, wenn wir ein neues Dinosaurier-Buch finden. Ich liebe es, wie sie mich umklammert, wenn sie aufgeregt ist, so als wolle sie mich nie mehr loslassen. Ich mag auch, wie sie mir die Zunge herausstreckt, wenn sie einen Wutanfall bekommt. Und jetzt weiß ich, dass sie nicht nur mich hat – neben mir hat sie auch all die anderen Menschen in ihrem Leben. Menschen, die sich um sie kümmern, die sie lieben und nie fallen lassen werden. Ich schaue in ihre Augen und sehe diese Kraft und Lebendigkeit, und ich weiß, dass ich sie nie, niemals im Stich lassen werde.

Ich werde niemals wegschauen.

Informationen

Colin Batleys Sekte basierte auf der Schrift »The Book of The Law« (deutsch: »Buch des Gesetzes«), die Anfang des zwanzigsten Jahrhunderts von Aleister Crowley veröffentlicht wurde. Das Leitprinzip kann in einem kurzen Satz zusammengefasst werden: »Tu, was du willst.« Crowley war Okkultist, Möchtegern-Magier, Schriftsteller und Bergsteiger, und er gründete die Religion und Philosophie von Thelema. Crowleys ausschweifender Lebensstil als bekennender Bisexueller, Drogenkonsument und Gesellschaftskritiker führte dazu, dass ihn die Presse damals als »den verruchtesten Menschen der Welt« bezeichnete.

Laut Crowley lag dem »Buch des Gesetzes« eine Vision zugrunde, in der ihm gesagt wurde, die Menschheit gehe einer neuen Epoche entgegen. Er sei derjenige, der als ihr Prophet zu dienen habe, indem er die Philosophie verbreiten müsse, dass die Menschen grundsätzlich ihrem eigenen Pfad folgen sollten, egal worum es ihnen in ihrem Leben ging. Verehrung und Anbetung wurden in seiner Sekte durch sadomasochistische sexuelle Rituale mit beiden Geschlechtern, durch Zaubersprüche zur Erweckung der Bösartigen Götter und durch harte Drogen vollzogen.

Crowleys Philosophie wurde von Colin Batley benutzt, um andere Menschen zu kontrollieren und zu dominieren, um sie dazu zu bringen, seine sexuellen Launen zu befriedigen und ihre eigenen moralischen Grenzen zu überschreiten.

Unschuldigen Kindern wurden Schäden zugefügt. Der Richter in dem Prozess gegen Colin Batley und seinen Harem bezeichnete Crowleys Schrift als »eindeutig lächerliches Dokument«.

Verschiedene Prominente äußerten sich angetan davon, dass Aleister Crowley den sogenannten Ordo Templi Orientis gegründet hatte, auch als OTO bekannt; allerdings stellten nur wenige Verehrer den Zusammenhang zwischen Crowley und dessen perversen modernen Nachfolgern wie Batley her.

Ein erschütternder Bericht über das Leben in der Sektenhölle und eine spektakuläre Flucht

Lea Saskia Laasner / Hugo Stamm
ALLEIN GEGEN DIE
SEELENFÄNGER
Meine Kindheit in
der Psychosekte
320 Seiten
ISBN 978-3-404-60859-1

Leas glückliche Kindheit ist jäh zu Ende, als ihre Mutter einem Guru verfällt. Auf einer riesigen Ranch in Zentralamerika lebt sie ohne Schulunterricht, ohne Kontakt zur Außenwelt und ohne Privatsphäre. Demütigende Rituale wie Partnertausch und Pranger bestimmen den Alltag der Sekte. Mit dreizehn Jahren wird Lea die Auserwählte des Gurus und wird von ihm zum Sex gezwungen. Die Übergriffe des sehr viel älteren Mannes belasten sie: Lea entwickelt eine Essstörung und will sich sogar umbringen…

Für die Taschenbuchausgabe hat Lea ein neues Kapitel geschrieben, in dem sie von ihrem Leben nach der Flucht und ihrem neugefundenen Familienglück erzählt.

Bastei Lübbe

Das erste Opfer der Cleveland-Entführung erzählt seine Geschichte

Michelle Burford / Michelle Knight
DIE UNZERBRECHLICHE
Elf Jahre in
Gefangenschaft. Wie ich
überlebte
Aus dem amerikanischen
Englisch von
Isabelle Lorenz,
Bernhard Schmid
292 Seiten
mit zahlreichen
Abbildungen
ISBN 978-3-404-60856-0

Michelle ist 21, als sie in die Fänge des Schulbusfahrers Ariel Castro gerät. Er entführt sie, quält sie und hält sie elf Jahre in seinem Haus gefangen. Verzweifelt hofft Michelle auf Rettung, doch niemand sucht nach ihr, und die Nachbarn bemerken nichts. Nicht einmal, als Castro zwei weitere Frauen zu ihr sperrt – unvorstellbar! Nach der Befreiung im Mai 2013 erregt die Cleveland-Entführung weltweit Aufmerksamkeit und Entsetzen, und Michelle Knight, die »Unzerbrechliche«, wird für ihren Durchhaltewillen und Lebensmut bewundert. Hier erzählt sie ihre erschütternde Geschichte.

Aktualisierte Ausgabe mit neuem Vorwort

Bastei Lübbe

Werde Teil
der Bastei
Lübbe Welt

f
t
You Tube

www.lesejury.de

Lesen,
rezensieren,
Bücher
gewinnen

Lerne Autoren,
Verlagsmitarbeiter
und andere
Leser kennen

BASTEI
LÜBBE
www.luebbe.de